扬州大学中国大运河研究院科研项目
扬州市社科联重大课题资助出版项目

扬州大学·大运河文库

中国大运河·扬州

姜师立 ◎ 编著

中国建材工业出版社

图书在版编目（CIP）数据

中国大运河·扬州 / 姜师立编著． -- 北京：中国建材工业出版社，2020.1

ISBN 978-7-5160-2750-9

Ⅰ．①中… Ⅱ．①姜… Ⅲ．①大运河－介绍－扬州 Ⅳ．① K928.42

中国版本图书馆 CIP 数据核字（2019）第 271582 号

中国大运河·扬州
Zhongguo Dayunhe·Yangzhou

姜师立　编著

出版发行：**中国建材工业出版社**
地　　址：北京市海淀区三里河路 1 号
邮政编码：100044
经　　销：全国各地新华书店
印　　刷：北京天恒嘉业印刷有限公司
开　　本：787mm×1092mm　1/16
印　　张：18
字　　数：400 千字
版　　次：2020 年 1 月第 1 版
印　　次：2020 年 1 月第 1 次
定　　价：**128.00 元**

本社网址：www.jccbs.com，微信公众号：zgjcgycbs
请选用正版图书，采购、销售盗版图书属违法行为
版权专有，盗版必究。本社法律顾问：北京天驰君泰律师事务所，张杰律师
举报信箱：**zhangjie@tiantailaw.com**　举报电话：（010）68343948
本书如有印装质量问题，由我社市场营销部负责调换，联系电话：（010）88386906

序

  这次来扬州参加会议,见到了久违了的老朋友姜师立先生,分外亲切。自 2014 年中国大运河申遗成功以后,我们的联系不多,但我知道他一直围绕着大运河的保护利用奔走呼号、笔耕不辍,佳作连发,保持了一个大运河文化专家的活力和影响力。这次他又兴致勃勃地跟我谈起即将问世的新作,并嘱我写点文字用作序言。我虽然还有才学不配的自觉,但盛情难却,于是便恭敬不如从命了。

  众所周知,大运河是一条文化之河。在千百年的疏浚、修筑过程中,其流经的各个城市都被赋予了不同的文化特征,在为沿线城市提供着地理、交通、经济与文化联系的同时,也促使运河两岸城市自身不断发展,形成了一个以运河为渊薮的城市共同体。沿线城市中与大运河关系最密切、运河文化特点最明显的,当属有"运河长子"之称的扬州。姜先生的这本新作以扬州运河文化为切入点,以《中国大运河·扬州》为题,主要介绍扬州运河的发展脉络和遗产资源,从运河文化产生的动因以及扬州独特的地理环境,归纳出扬州运河文化的个性特点,进而探讨扬州运河文化对城市发展的影响,为扬州的大运河文化带建设探路。本书紧紧扣住扬州来写运河,分为扬州运河变迁史、扬州牵头中国大运河申遗、扬州运河串珠(物质遗产)、扬州运河非遗、扬州运河文化的特征及对城市精神的塑造、大运河文化带建设的扬州实践、打造扬州大运河文化带建设示范区、从牵头申遗到牵头保护、传承、利用——"运河长子"的时代担当八章内容,还有一个附录:大运河申遗成功现场亲历记。全书共 40 万字,配有 300 多幅精美图片,特别是记录大运河申遗历程的珍贵历史照片,图文并茂,资料性、思想性俱佳。

作为首批全国历史文化名城，扬州文化博大精深，多年来，研究扬州文化的图书有很多，但对扬州地域文化成因的研究却不多。姜先生认为，扬州一切文化的根源都离不开大运河，大运河作为扬州的母亲河，孕育了扬州的一切，更是扬州文化的唯一来源。我对此高见深表赞同。大运河的历史是大运河城市发展史。沿运河水陆网络在广阔空间上扩展开去的城市与乡村，它们在社会结构、生活习俗、道德信仰以及人的气质与性格上，无不打上了深深的"运河"烙印。扬州运河文化有着深厚的历史渊源，扬州是中国唯一一座因运河而生，因运河而兴的城市，可以说，没有大运河，就没有扬州。2500年前吴王夫差的开邗沟、筑邗城造就了千年大运河，也造就了一座千年古城扬州。可以说，扬州任何文化的形成都与运河有着不可分割的关系。大运河成就了扬州的数度繁荣，也见证了近代扬州的兴衰；大运河造就了扬州的一草一木，也浸染了扬州的文化血脉；大运河塑造了扬州一个个文化面孔，更促进了扬州的文化自觉。在2500年的运河历史中，扬州的经济繁荣吸引了众多文化名人，也催生了扬州本土众多文化名家，他们用优美的诗文、高雅的书画和巧夺天工的艺术，塑造了扬州独特的运河文化。

姜先生从扬州文化的成因入手，由扬州运河的特点去分析扬州文化的特点，该书区别于这几年写扬州运河的其他图书，也是首部从运河文化的角度对扬州运河进行研究的图书。本书既有对扬州运河历史的回顾及现有遗存的介绍，又有对今天扬州运河保护传承利用情况的分析，同时展望扬州运河文化发展的未来。通过对扬州运河文化特点的剖析，提出扬州运河文化对城市高质量发展的作用，从而让读者既能够了解到博大精深的扬州运河文化，又能了解到今天扬州大运河文化带建设的现实。从运河文化的研究层面上，该书具有一定的学术价值、历史价值、文化价值。从文化传承、文化认同和文化走出去等层面，该书具备较高的出版价值和文化积累价值。特别是本书对当前正在开展的大运河文化带建设进行了探讨，对扬州大运河文化带建设的实践进行了回顾与分析，提出了大运河文化带建设存在的不足，对下一步扬州的大运河文化带建设提出了目标与路径，从方法论上为扬州运河文化的进一步传承发展弘扬提供了一种思路。从扬州运河文化的利用层面上，该书努力探索大运河文化带建设的扬州经验，必将产生一定的经济效益。

与以往写扬州运河书籍的不同还有，本书不只是写历史上扬州的运河，而且写扬州运河的今天、扬州运河的未来，特别是围绕扬州运河文化来展开本书的脉络，阐述后申遗时代的扬州运河文化与大运河文化带建设的关系，重点探讨扬州运河文化的利用方法与路径，提出要通过创新性发展、创造性转化扬州运河文化，推动城市高质量发展，为建设人们心目中的扬州——争创城市"第四次辉煌"提供思想保障和文化支撑。姜先生的这些真知灼见，无论是对想了解扬州运河文化的普通读者，还是对运河文化研究者，以及大运河文化带建设的实践者，都是有所裨益的。

中国博物馆协会主席
原国家文物局副局长　**刘曙光**
原中国文化遗产研究院院长

2019年9月28日于扬州

第一章　扬州运河变迁史 / 1

　　一、扬州的历史变迁 / 3

　　二、扬州段运河开凿变迁的四个阶段 / 6

　　三、扬州段运河的代表性价值 / 24

第二章　扬州牵头中国大运河申遗 / 27

　　一、牵头城市花落扬州 / 29

　　二、扬州牵头大运河申遗的贡献 / 34

　　三、扬州牵头大运河申遗的收获 / 46

　　四、牵头大运河成功申遗给扬州的启示 / 50

　　五、扬州申遗大事记（2006—2014 年）/ 53

第三章　扬州运河串珠 / 63

　　一、运河水工遗存 / 65

　　二、运河附属遗存 / 80

　　三、运河相关遗存 / 81

　　四、运河聚落遗存 / 94

　　五、大运河扬州段遗产保护管理要求 / 97

第四章　扬州运河非遗 / 103

　　一、大运河非物质文化遗产的界定 / 105

　　二、扬州运河非遗概述 / 107

　　三、扬州运河非遗介绍 / 116

　　四、扬州运河非遗的保护传承基本情况 / 126

　　五、扬州运河非遗的保护、传承、利用路径 / 129

第五章　扬州运河文化的特征及对城市精神的塑造 / 135

一、扬州运河文化的起源 / 137

二、扬州运河文化的特征 / 145

三、运河文化对扬州城市精神的塑造 / 148

四、传承弘扬扬州运河文化，推动城市高质量发展 / 153

第六章　大运河文化带建设的扬州实践 / 161

一、大运河文化带建设的意义 / 163

二、扬州大运河文化带建设的资源优势及主要内容 / 166

三、扬州大运河文化带建设的目标 / 173

四、扬州大运河文化带建设的生动实践 / 182

五、扬州大运河文化带建设存在的不足 / 193

第七章　打造扬州大运河文化带建设示范区 / 197

一、扬州大运河文化带建设的定位 / 199

二、坚持文化引领路径，打造人们心目中的扬州 / 205

三、坚持以人民为中心，建设世界人民向往的扬州 / 212

四、坚持融合发展理念，争创城市"第四次辉煌" / 219

第八章　从牵头申遗到牵头保护、传承、利用——"运河长子"的时代担当 / 235

一、在保护上体现联动 / 240

二、在传承上体现联手 / 248

三、在利用上体现联合 / 256

附　录　决胜多哈：大运河申遗成功现场亲历记 / 267

后　记 / 277

第一章 扬州运河变迁史

一、扬州的历史变迁

（一）扬州名称的由来

扬州是一个古老的地名。《尚书·禹贡》记载：淮海惟扬州。淮即淮河，海就是大海。说大禹分封九州，将淮河以南直至今天越南北部的中国东南地区封为扬州。据说，扬州的"扬"字释义就是"水波兴焉"。扬州自古就多水。当时的扬州包括今天的江苏、安徽、浙江、福建、江西、广东等好几个省。汉武帝时置监察机构十三刺史部，扬州刺史部是其中之一，范围相当于今天的安徽淮河和江苏长江以南，江西、浙江、福建三省和湖北、河南的一部分。三国时魏、吴各置扬州，一为寿春，一为建业。西晋时，两处扬州合并，治所在建业，即今天的南京。因此，南北朝梁朝时《小说》中提到的"腰缠十万贯，骑鹤上扬州"指的是今天的南京。而李白的"烟花三月下扬州"才指的是现在的扬州，因为李白的诗名叫《送孟浩然之广陵》。今天的扬州，当时叫江都、广陵，隋文帝九年（589年）在这里设扬州总管府，才享有扬州这个专名。隋炀帝（图1-1）在《泛龙舟》诗中对扬州有具体描述："借问扬州在何处，淮南江北海西头。"

图1-1　隋炀帝画像

（二）扬州土地上的人类活动

现今的扬州这片土地是古九州之一扬州的组成部分，这片土地有六七千年（龙虬庄）的文明起源与发展史和2500多年的建城史。扬州这块土地上现今发现的最早的人类活动遗迹是公元前5000年—公元前3000年的龙虬庄遗址（图1-2），当时扬州的先民们已种植水稻，产生了原始的稻作文化。后来在夏商时这里是被称为淮夷的东夷部落居住的地方。周灭商后，将商的一个封国干（hán）国迁徙到这片土地。因此扬州之地最早建立的国家是干国（据说春秋时的铸剑名师干将就是干国人）。干国在商代就建

图1-2 龙虬庄遗址

图1-3 古邗沟遗址

图1-4 古邗沟碑

国,在濮阳附近,周灭商后东迁到淮河下游,即今天的扬州这块土地上。春秋时,吴王阖闾灭掉了干国。公元前486年,吴王夫差为了北上伐齐,在邗地筑城,开邗沟(图1-3、图1-4),并将都城迁到邗,吴王又称为邗王("干"读"hán",古代筑土为城,"干"成为"邗",像这样的造字还有邵、郝、郁、邰等)。《春秋左传》记载:"(鲁)哀公九年(公元前486年),吴城邗,沟通江淮。"这既是扬州建城的开端,也是大运河的开端。邗城成为扬州这块土地上最早的城市,邗沟成为中国大运河最早的一段,从此扬州城市的发展、兴衰与运河息息相关,扬州城是中国运河城市中与运河同生共长的典型。

(三)扬州运河概述

扬州段的运河在整个中国大运河体系中称为淮扬运河扬州段,淮扬运河又称"里运河",是连接长江和淮河两大自然水系的人工河道,大运河扬州段北起宝应段的京杭大运河与二里排河交汇点,南至瓜洲入长江。《中国大运河申遗文本》这样评价:"淮扬运河扬州段是延续使用时间较长,反映了很长时期里在人工干预下河段沿线河湖水系变迁过程的河段。"[1]扬州段运河并不是世界上最早开凿的运河,但肯定是世界上沿用时间最久的运河。公元前5世纪开凿的邗沟,直至今天仍是江淮之间的主要水运通道,历时2500多年。在中国

---

[1] 国家文物局.中国大运河申遗文本,2013.

大运河体系中,扬州段的古邗沟是有文字记载的最早开凿的一段,因此,将扬州称为中国大运河的长子是实至名归。

淮扬运河跨越江淮平原,流经区域为黄河、淮河与长江的冲击扇,整体地势北高南低,河段纵比降约为0.09‰。就地貌而言,地形原为南高北低;后因黄河夺淮,淮河两岸逐渐淤高,至明中叶逐渐转为北高南低,对由南向北航运行船造成较大的困难。淮扬运河由古邗沟发展演变而成,是大运河全线最早开凿的一段。明清时期称淮扬运河,近代始称里运河。淮扬运河南有长江,北有淮河,其间河湖相连,水源条件较好。淮扬运河在明末至近代以来曾起过分泄淮河洪水入海、入江的作用,现在是一条综合利用的河道,既可航运、分泄淮河洪水,又是南水北调东线的输水干线,其东堤则是保障里下河地区安全的屏障。目前航道达二级标准,可通2000吨级船舶。

现淮扬运河以西地区原有很多洼地,即今天白马、宝应、高邮、邵伯诸湖的前身。这一系列湖泊早先利于借自然水系航运行船,无论吴王夫差在春秋时开邗沟,还是汉代的陈登穿沟,以及隋代的邗沟东道、西道,都曾利用了天然的湖泊,辅以较短的人工水道串联起天然湖泊,构成了连通江淮的邗沟水系。但后期由于湖中风浪较大对航运造成一定的影响,从宋代开始,直至明代,治水官员逐步在湖的里侧又开了一条专门的运河,摆脱了借湖行船的历史,这就是里运河(图1-5)。

大运河扬州段是漕运及漕粮转输重地(图1-6)。长江流域及南方漕粮都必须经过扬州北上。明清时利用大运河堤作为驿道,大运河边水陆驿站并举,扬州段就有安宜驿、界首驿、高邮驿、邵伯驿、广陵驿、扬子驿、真州驿等,保障了国家通信体系的有效运作。大运河扬州段同时是盐的流通要道与集散中心。隋唐与明清时期大运河扬州段在国家专卖商品盐的流通中起了重要作用。大运河扬州段对沿线城镇的兴起繁荣起了很大的作用,并创造出独特的运河文化与生活。如宝应因河而盛,界首因驿成镇,

图1-5 里运河故道

图1-6 淮扬运河扬州段

邵伯因埭成镇,瓜洲因渡口成镇,扬州城在经济与文化方面一直都是中国历史城市的典范。大运河对沿线的城镇聚落的文化与生活方式的影响至今仍清晰可见。

二、扬州段运河开凿变迁的四个阶段

(一) 初创时期

从公元前486年吴王夫差筑邗城、开邗沟,沟通江淮间水道至东汉可视为扬州段运河开凿的初创阶段。在春秋战国时期,诸侯国林立,诸侯之间战争不断,由于军事征伐和政治、经济交流的需要,为了弥补天然河流的限制,于是就出现了人工开凿的运河。这一阶段的运河主要表现为区间运河,如徐国开凿的陈蔡运河、楚国开凿的江汉运河、魏国开凿的鸿沟、秦国开凿的灵渠,还有齐国在山东淄、济之间开凿的运河,而大运河扬州段,即古邗沟,也是开凿于这个时期的区间运河。但它却是这些区间运河中沿用时间最长、作用发挥最为明显的一段运河。这一阶段扬州段运河主要的事件有:

1. 吴王夫差开邗沟

春秋时期,扬州附近就是长江的入海口,扬州以西才具江型,扬州以东是开阔的海湾,当时的江岸就在蜀冈南边。吴国地处水乡泽国,"以船为车、以楫为马"[1]北上与齐国争霸,靠车马运输军事物资比较困难,而水路运输是最经济和可行的方案。而当时吴国北上中原有两条水路:一条是由长江入海,北上后入淮河向西,但海上风浪大,行船没有保障。另一条是开凿由长江到淮河的人工水道。公元前486年,吴王夫差在今扬州市西北的蜀冈尾闾修建邗城,引江水入淮,因名邗沟。当时的邗城就在长江边上,因为当时江岸在今天的仪征西北的胥浦、扬州东面的湾头和江都宜陵一线,而今天由于长江江岸的南延,扬州城已离长江15公里了。春秋时期左丘明所著《春秋左传》曾记载的"哀公九年,吴城邗,沟通江淮",其路线是从邗城下挖沟,引江水经茱萸湾北上,在武广湖(今邵伯湖)和陆阳湖(今绿洋湖)之间,下注樊良湖(今高邮湖),折而东北入博芝、射阳二湖,出湖西北经夹耶至末口(今淮安)入淮河。清代刘文淇在《扬州水道记》中叙述:"春秋之时,江淮不通。吴始城邗,沟通江、淮。此扬州运河之权舆也。于邗筑城穿沟,后此因名之曰邗沟,一曰邗江。而由江达淮,皆统谓之邗沟。"[2]古代长江与淮河间的分水岭并不明显,大致位于今扬州市江都区邵伯镇东至仪征陈集

---

[1] 吴越春秋.卷6.
[2] [清]刘文淇.扬州水道记.卷1.扬州:广陵书社,2011:1.

镇一线。凿通这一分水岭，沟通江淮，始于公元前486年邗沟的开挖。为减少工程量，当时邗沟尽量利用天然河道和湖泊，以较短的人工渠道相沟通。在大运河扬州段，自北至南，由白马湖、宝应湖、高邮湖、邵伯湖等一系列天然湖泊连缀在一起。早期扬州段运河，正是充分利用了天然湖泊水域，通过人工挖掘，将这些天然湖泊连缀成一条畅通的水路。吴王夫差开邗沟的目的在于连通长江与淮河，北上与齐国争霸。但由于时间仓促，邗沟开凿得不够理想，第二年吴国北上伐齐也是由江入海，再由淮入泗的。但这条邗沟经过后代的不断开凿与拓展，到了隋代贯通，北通淮河与汴水，南贯长江与江南运河、浙东运河相通，直抵大海，成为贯通中国南北、连接东西的黄金水道，成为中央集权的多民族封建国家的经济命脉与制度支撑。

邗沟是中国大运河水系中有文献记载的最早的运河之一，也是世界上较早的运河之一。复旦大学首席教授、博士生导师邹逸麟先生分析道："中国运河的开凿，最早发韧于江淮地区。一方面是因为江淮地区水系比较发达，早期运河大多是加工天然河流而成，并非平地开挖，江淮地区具备了这种条件；另一方面，是因江淮地区是中国南北自然和人文的过渡带，古代南北的政治、经济和文化的交流需要通道，而水运是理想的交通方式。"[1] 同时，扬州段运河与自然环境的密切联系在此阶段已经表现得非常充分，包括运河主航道与众多湖泊的关系、长江岸线对运河入江口及入江河道的影响。这些特点始终贯穿在扬州段运河之后两千余年的发展历程中，对江淮之间地区的社会经济和文化发展也有深远的影响。

2. 吴王刘濞开运盐河

在扬州的历史上，西汉初的吴王刘濞给扬州带来了第一次辉煌。这一辉煌离不开运河。刘濞（公元前215—公元前154年）是西汉的诸侯王，高祖刘邦的侄子，公元前195年封为吴王，建都广陵。为了便利运盐，吴王刘濞于公元前179年年始开邗沟的支流——上官运盐河，从扬州茱萸湾至海陵仓，再通海安到如皋，长98公里。运盐河的开凿，发展了扬州及东部的属地（今泰州、南通地区）的经济，利用东南沿海自然条件煮海为盐，奠定了盐业在扬州经济中的主导地位，为"吴地繁荣"乃至后世繁荣发展夯实了基础。吴国成为汉初诸侯国中最强盛的诸侯国，造就了扬州这片土地的第一次繁荣。而运盐河也奠定了淮扬间运河南北主航道与东西运盐河道交织的空间格局，将海岸线与运河联系在一起，同时也为盐业在扬州经济中占据重要地位奠定了基

---

[1] 邹逸麟. 舟楫往来通南北——中国大运河[M]. 南京：江苏凤凰科学技术出版社，2018：11.

础（图1-7）。

汉文帝时，刘濞的儿子吴国太子在京城与汉文帝皇太子（后来的汉景帝）下棋时出现争执，吴太子无礼，被皇太子杀。刘濞痛失爱子，于是在封国内大量铸钱、煮盐，以扩张割据势力，图谋篡夺帝位。汉景帝采取御史大夫晁错建议，削夺王国封地。刘濞以"清君侧，诛晁错"为名，联合楚、赵等七国，在景帝前元三年丁亥（公元前154年），公开叛乱，史称"吴楚七国之乱"。后被汉军主将周亚夫击败，刘濞兵败被杀。夫差（图1-8）和刘濞两位吴王尽管结局都不好，但两人开凿的运河让扬州的繁盛延续了2000年。扬州百姓修建了"二王庙"，纪念大运河的这两位始祖。二王庙在20世纪50年代被毁。2007年，扬州市在古邗沟旁重修了"邗沟大王庙"（图1-9）。

图1-7　通扬运河的前身就是西汉时开凿的运盐河

图1-8　夫差雕塑

图1-9　邗沟大王庙

3. 东汉陈登穿沟

东汉建安二年（197年），广陵太守陈登因射阳湖风涛大，损坏船只，重开邗沟，将河线向西移动，不再经过博芝湖，而是由樊良湖北口穿过白马湖，再转向射阳湖入淮。因此原来的河线称为东道，改变后的称为西道。

陈登，字元龙，下邳淮浦（今江苏涟水西）人。为人爽朗，性格沉静，智谋过人，少年时有扶世济民之志，并且博览群书，学识渊博，东汉末期任广陵太守。《扬州水道记》记载："汉建安二年（197年）陈登为广陵太守，是时射阳以南之路不通。缘东道不通，故陈登更于西，别通运道也，其曰'更凿马濑，百里渡湖'者。（陈）登于白马湖滨开凿水道使白马、津湖相通，遂由白马湖达津湖，而入樊良湖也（津湖即界首湖，今统名高邮湖）。自（陈）登凿马濑之后，凡由北而南者入夹耶，贯射阳西至白马湖，渡津湖入樊良湖。其由南而北者出樊良湖，西北入津湖达白马湖，东贯射阳湖，西北出夹耶。"[1] 这次重开的邗沟，裁弯取直，缩短了江淮之间的航运距离。陈登任职期间还筑有捍淮堰（高家堰前身）、破釜塘、陈公塘等沿运水利设施，发展农田灌溉，使汉末迭遭破坏的江淮地区农业得到一定程度的恢复。如今仪征龙河一带有陈公塘，相传就是陈登所开用于运河补水及农业灌溉的。

扬州段运河始于公元前486年开的古邗沟，是有确切记载的大运河最早开通的河段（图1-10），至今仍在运用。由于扬州段运河所处位置的重要性和路线规划的科学性，自其开通后，无论在哪个时期，它始终是整个中国大运河不可或缺的关键一环。两千多年来，虽然实施过各种整治措施，但路线基本未变。

图 1-10　古邗沟射阳湖段曾经是古邗沟的一部分

（二）发展阶段

从东晋长江岸线南移至1194年黄河夺淮，可视为扬州段运河的发展阶段。这一阶

1　[清] 刘文淇. 扬州水道记. 卷1. 扬州：广陵书社，2011：22.

段也是中国大运河第一次大贯通阶段。这一阶段扬州运河的主要事件有东晋谢安建邵伯埭、隋文帝杨坚开山阳渎,隋炀帝杨广开邗沟贯通大运河,唐代开伊娄河和七里港河,唐代李吉甫筑平津堰,宋代开扬州新河、第一座复式船闸真州闸的修建等。长江岸线的变化造成的运河入江口的变化是这一时期河道变化的重点。晋代运河河线就曾经历过三次大变迁:第一次是东晋时长江岸线南移,江滩淤积,江都(今扬州)入江口不通畅,因此在永和年间(345—356年)在欧阳(今仪征附近)筑埭,引江水入运,并开河30公里,至广陵与邗沟相接,使漕船在长江中的航路减少了几十里。该段运河史称"仪真运河"。第二次也在永和年间,开凿了樊良湖水道。第三次是在晋哀帝兴宁年间(364—365年),又自津湖南口沿东岸侧凿渠10公里,避开津湖,至此,邗沟中段全改为人工河道,"行者不复由湖"[1]。从春秋时期首次开挖之后,经过几次改线,到东晋时期邗沟形成了相对固定的线路(图1-11)。

1. 东晋谢安建邵伯埭

谢安(320—385年),字安石,陈郡阳夏(今河南太康)人,孝武帝时,位至东晋宰相。据《晋书》记载,"东晋太元十年(385年)谢安镇守广陵的步丘"[2]。谢安到广陵后,在步丘修筑新城。这座新城,据李斗《扬州画舫录》载"当在今新城之东北隅",也即今扬州的东北。谢安在新城中建"甲仗楼",大约是作为瞭望和保卫之用。他考察了步丘的地势,发现西面高,湖水浅,常为干旱所苦;东面低,湖水涨,常为涝灾所困。于是,谢安下令在步丘以北二十里处,筑一条南北拦水大堤,当时称为"埭",以调节上下水位。他在埭的两侧各建一个斜坡,连接邗沟的上下游。当船只过坝时,就在斜坡上敷以泥浆增加润滑,然后用人力或畜力以绞关方式牵引船只过埭。邵伯埭的建造,使邗沟保持一定的水深,既免除了旱涝之忧,又给航运带来了便利。埭筑成后,高地无旱,低地不涝,民皆称颂。从此,渔农聚居者日多,日久便形成了繁荣的集镇,百业兴旺,贸易繁忙。史书记载:"谢安筑埭於新城北,百姓赖之,比之扶周之召伯,故名召伯埭。"正因为老百姓将谢安比为召伯,"召"通"邵"字,这个地方后来就称作邵伯镇。《诗·召南·甘棠》载:"蔽芾甘棠,勿翦勿伐,召伯所茇。"意为:召伯曾在甘棠树下办公,要求人们对甘棠树的一枝一叶,从不要砍伐、不要毁坏到不要折枝,可谓爱之有加,这种爱来源于对召公德政教化的衷心感激。因此邵伯又称甘棠,如今镇上还有一棵古老的甘棠树。邵伯人还建了谢安广场,正在筹建谢太傅祠,这些都充分体现了邵伯人民对谢安的感激之情(图1-12)。

---

[1] 郦道元.水经注·淮水.
[2] 晋书·谢安传.

图 1-11 古代借湖行船的高邮湖　　　　图 1-12 谢安雕塑

2. 隋文帝杨坚开山阳渎

隋开皇七年（587 年）四月，隋文帝于扬州开山阳渎（因北起山阳县境，故起名为山阳渎），以通运。山阳渎河线的走向，由茱萸湾向东（今湾头镇）至今江都市宜陵镇，转而向北经今樊川镇接高邮、宝应三阳河至射阳湖，再沿用山阳水道旧道入淮，历史上称此河线为邗沟东道。《寰宇记》则认为："淮阴山阳渎即古之邗沟，旧水道屈曲，多设梁埭，隋文帝重加修掘通利焉。"邗沟东道在修建时主要是作为军事用途，为隋朝攻打南朝输送军队和物资。到隋炀帝继位以后重新疏通大运河的主航道时，就放弃了邗沟东道。此后，邗沟东道结束了作为运河主航道的历史。从此改称三阳河，成为一条排洪、运盐的辅助河道（图 1-13、图 1-14）。

图 1-13 老山阳河河道遗址

图1-14　现今三阳河与新老通扬运河的交汇处

3. 隋炀帝杨广开邗沟贯通大运河

隋朝时,扬州附近的江岸已向南延伸至今扬子津,大业元年(605年),隋炀帝开邗沟"自山阳至扬子入江",并在大运河入江口的扬子津筑临江宫以临江赏景。

图1-15　扬州西湖镇新发现的隋炀帝墓

《资治通鉴》记载:"隋炀帝于大业元年(605年),自大梁之东,引汴水入泗,达于淮,又发淮民十余万,开邗沟,自山阳至扬子入江。渠广四十步(约70米),渠旁皆筑御道,树以柳。此邗沟由江都茱萸湾入高邮樊汊,以达于淮之始。"[1]

隋炀帝(图1-15)开凿大运河,目的是发展南方地区的经济,同时也是为了保障以都城为中心的北方地区的粮食和物资供应,加强对新收入版图的南方地区的控制。在扬州段运河,他放弃了隋文帝开通的山阳渎,而以东汉时的邗沟西道为基础重新疏通和拓宽,并对许多弯道进行了裁弯取直,使邗沟变得更宽、更平直顺畅,大大提高了邗沟的通航能力。这也使隋

---

[1] 司马光.资治通鉴.卷180.

炀帝的龙舟能够从洛阳直抵扬州，特别是为后来的漕运奠定了航道基础。

4. 唐代开伊娄河和七里港河

唐代以后，长江江心淤积出瓜洲，瓜洲沙涨，渐与北岸连为一体，长江北岸南移20里许，横亘在扬子津入江口前，致使漕船不得不绕行瓜洲，在长江风浪中损失严重。《旧唐书·齐浣传》记载："开元二十五年，迁润州刺史，充江南东道采访处置使。润州北界隔吴（吴，指扬州。后周改南兖州为吴州，隋改吴州为扬州）。江至瓜步沙（瓜洲）尾，纡汇六十里，船绕瓜步，多为风涛之所漂损。浣乃移其漕路于京口（今镇江）塘下，直渡江二十里（10公里）。"说的是开元二十六年（738年）冬，润州刺史齐浣主持开凿了贯通瓜洲的伊娄河（图1-16），使江南漕船渡江的距离从30公里缩短到10公里，大运河入江口也因此再次向南推移至瓜洲渡口。瓜洲与仪征成为运河的两大通江口岸。

唐宝历二年（826年），盐铁使王播为提高运河通航能力，主持修建七里港河，自城南七里港引江水进入运河，并改变了扬州城内运河的走向，提高了运河的通航能力。

图1-16 伊娄河是瓜洲运河的前身

唐代扬州城以蜀冈上下分为子城和罗城，蜀冈上为子城，亦称"衙城"或"牙城"，为官衙府署所在地，水系发达；蜀冈下为罗城，是居民和工商业区，其西护城河即是今瘦西湖春台祝寿景区以北一段的前身，而位于城中的"保障河"则是今虹桥至小金山一段的前身，是唐代扬州罗城内的重要运输河道。

5. 唐代李吉甫筑平津堰

唐宪宗元和年间，李吉甫出任淮南节度使。在任期间，他在高邮筑富人、固本二塘，灌溉良田万顷。因为运河漕渠不能蓄水，于是筑堤以防不足、泄有余，这座堤就叫平津堰。《明史稿》记载："唐元和中李吉甫为淮南节度使，复大修陂塘、筑堰于高邮，泄有余，防不足，以通利漕运挽旁，灌田千余顷，今所谓平津堰者也。"现存的平津堰遗址（图1-17）是明代为了抵御洪水泛滥，

图1-17 平津堰遗址

由陈瑄在原平津堰的基础上，用条石砌成的石堤，南侧堰体为11层，北侧堰体为15层。

6. 宋代开扬州新河

公元9—11世纪，随着扬州城区的发展，淮扬运河不断扩建，通航能力不断提高，运河主线逐渐绕开扬州城市最早发展的区域，逐渐形成了今天的淮扬运河"扬州古运河"段。

为解决船只过往卸粮频繁，造成船只易于损坏的问题，1018年避开穿城路线，开扬州运河。宋天禧三年（1019年），为避开扬州古城内水浅、船只难行的情况，发运使贾宗整理河道，拆毁龙舟、新兴、茱萸三堰，开扬州运河，于城外绕城东南开河接古运渠，自此运河主线避开了城市内部，由南门外向东再转向北，绕城而过至黄金坝与运河主线相接（图1-18）。从此，古邗沟扬州城区段不再作为运河的主航道使用，逐渐淤塞。

清嘉庆《扬州府志·河渠六》中记载，宋雍熙年间乔惟岳在扬州也开河一道，从今天扬州市解放桥北侧运河边至今扬州市广陵区的霍桥，名为沙河（1959年开挖六圩入江口后被隔断），这为邗沟又多设了一个进出长江的口门。

在运河南北主航道一线，既要以湖泊为水源又要避开湖上风浪，同时还要避免夏季高宝诸湖湖水泛滥，采取的措施是使航道逐渐渠化。宋天禧四年（1020年）江淮发运副使张纶于高邮北沿湖筑堤100公里，并在湖堤上用巨石砌建了10座石闸，以供湖

图1-18　扬州城区段运河

水涨溢时宣泄，此为大运河有西堤之始。

宋元祐年间（1086—1093年），宝应地区修筑土堤200余里，修涵洞180座，石堰斗门36座。

南宋绍熙五年（1194年），淮东提举陈损之新筑江都县至淮阴大运河大堤180里，名绍熙堤。邵伯湖东侧的大堤最早也形成于这次修筑。

至北宋景德年间（1004—1007年），运河西堤（湖东堤）基本完成，运河主航道位置则较古邗沟略有东移。运河之淮扬运河"湖漕"的特点逐渐清晰。

7. 第一座复式船闸真州闸的修建

这一阶段还有一个重要事件就是建造了世界上第一座复式船闸——真州闸。自邵伯往南至长江地势高差较大，为接纳江潮、调节运河水，在入江口和入江河段，设置相应的水工设施。从东晋时的邵伯埭到北宋的真州闸，都是为了引潮节水。仪扬河上的真州闸（复闸）是第一座复式船闸。北宋科学家、龙图阁直学士沈括（图1-19）的《梦溪笔谈》中有一篇文章叫《真州复闸》，其中记述了这件水运史上的大事："淮南漕渠，筑埭以畜水，不知始于何时。旧传召伯埭谢公所为。按李翱《来南录》，唐时犹是流水，不应谢公时已作此埭。天圣中，监真州排岸司、右侍禁陶鉴始议为复闸节水，以省舟船过埭之劳。是时工部郎中方仲荀、文思使张纶为发运使、副，表行之，始为真州闸。岁省冗卒五百人，杂费百二十五万。运舟旧法，舟载米不过三百石。闸成，始为四百石。其后所载浸多，官船至七百石，私船受米八百余囊，囊二石。自后北神、召伯、龙舟、茱萸诸埭，相次废革，至今为利。予元丰中过真州，江亭后粪壤中见一卧石，乃胡武平为《水闸记》，略叙其事，而不甚详具。"文章说：仁宗天圣三年，监管真州排岸司、右侍禁陶鉴，倡议修建复闸，以节制水流、节省行船过埭的劳力，当时工部郎中方仲荀、文思使张纶任正、副发运使，赞同、上表并获准，建成了真州闸。闸成后，每

图1-19 《梦溪笔谈》作者沈括居住过的镇江梦溪园与《梦溪笔谈》书影印本

年可省去多余的河卒五百人、杂费一百二十五万。船运旧法规定,一条船载米不得超过三百石。闸建成后,开始时可装运四百石,以后载运数量逐渐增多,官船达到七百石,私船可装米八百多袋,每袋是二石。自此之后,北神、召伯、龙舟、茱萸等埭,都相继废除,建为复闸,至今成为水运之利。真州闸作为中国第一座有文字记载的复式船闸,比欧洲同类船闸早了约400年,在世界运河史上也具有一定的首创意义。因此可以说扬州段运河发展的这一阶段标志着中国运河技术史发展到一个新阶段。

经过隋、唐、宋三代的经营,淮扬运河形成排引得当的工程体系,元明清大运河的淮扬段基本是这一时期运河的继承。

良好的入江口岸,与长江入海口合适的距离,国家的稳定统一,这些条件使位于长江和运河交界处的扬州在隋唐时期发展成为一座繁华的国际性大都市。当时曾有"扬一益二"的说法。《旧唐书》卷八十八《苏瑰传》载:"扬州地当冲要,多富商大贾,珠翠珍怪之产。"因为水上运输业的繁荣,除了商业,扬州的造船业也十分发达。《大业杂记》中记载:隋炀帝游江都的龙舟"高四十五尺,阔五十尺,长二百尺,有五楼船五十二艘,三楼船一百二十艘,二楼船二百五十艘,舳舻相继二百余里"。这些船只4年时间就全部造好,送到洛阳,可见当时扬州造船业的发达。而在唐朝,唐玄宗时在扬州设立了十个造船场。随着漕运的发展,扬州造船业从一个满足皇帝享受的行业,发展为一个影响整个国家经济命脉的基础行业。

(三)完善阶段(里运河阶段)

1194年黄河夺淮至1855年黄河改道为扬州运河变迁的第三阶段。这一阶段是淮扬运河摆脱借湖行船独立行运的阶段,因此称为里运河阶段。公元12世纪黄河向南改道,沿原淮河河道东流入海,对淮河河水下泄造成了很大的困难,并且其泥沙问题显著地影响了大运河的持续通航,带来了运口处理、淮河下泄等一系列工程难题和挑战。淮扬运河南端的瓜洲运河由于长江带来的泥沙淤积以及长江水流条件的不断变化,造成了长江北岸线的不断变化,淮扬运河入江口位置和入江线路也不断变化。汉代以后,长江北岸线逐渐向南推进。至清代,由于长江水流改变造成长江北岸坍塌,原瓜洲运口和瓜洲镇都没入长江,现在均已经不存。现瓜洲为原瓜洲镇北的四里铺村。这一阶段的主要事件有:

1. 里运河的开凿

元明清时期,由于黄河南袭,淮扬运河与黄河、淮河交汇于淮安清口一带,使得形势异常复杂,治理更为困难。公元15—16世纪,为避免借湖行运的扬州北部运河受到湖面风浪的影响,逐步在淮扬运河中部的几个湖中筑堤,分段修建月河,并把各段月河连接起来,初步实现了河湖分开,并最终奠定了明清时期淮扬运河的主线。

黄河夺淮后,淮水经洪泽湖通过运河入江,从而改变了扬州段运河的一个基本特征,即运河水的流向从自南向北引江入淮变成了自北而南,引淮水入江。及时有效地泄水以保证漕运航道的通畅是这一时期运河治理的主导思想,归江十坝和归海五坝的修建也都是分黄引淮总规划的一部分。

一方面,运河南端的入江口仍是修浚的重点。除了原来的仪征和瓜洲,明永乐年间陈瑄又在江都与泰兴之间开凿了白塔河(图1-20),通过通扬运河连接起大运河,既增加了大运河的入江口,又便捷了江南漕船北上运河,缩短航程20多公里,避开了瓜洲附近长江的风浪,保障了运河航道的通畅。

另一方面,为分泄从洪泽湖经高邮湖等湖泊而来的淮河水,形成了两种解决方案,或通过东西向减河归海;或由运河南端归江。相应的代表性的水利工程设施就是归海五坝和归江十坝,因此,大量东西向减河以及减水闸坝的出现是这一时期扬州段运河的重要特点。淮扬运河东岸有归海五坝,高邮的南关坝就是归海五坝中的一座(图1-21),高邮段的子婴河就是一个减河,现在扬州城往东的"七河八岛"地区就是归江十坝的所在地。

图1-20　今天的白塔河

图1-21　高邮南关坝

洪武元年（1368年），修浚宝应县宋泾河，于宋泾河南建板闸1座，于北筑堰1道，与宝应湖隔开，运道改由宝应城西湖中行走，宋泾河不再作为运河主道。

洪武九年（1376年），按宝应水利专家柏丛桂的建议，重筑宝应、高邮湖堤30多公里，两侧砌石护岸，以防御飓风袭击。又在界首到槐角楼之间，开直渠20公里，此为大运河有东堤之始。

洪武二十八年（1395年），为了船只航行安全，朝廷采用水利专家柏丛桂的建议，发动民夫5.6万，首次尝试河湖分开，自宝应槐楼湾至今高邮界首，沿湖东开直渠20公里，堤防位于湖东，渠仍在湖内，又增建石（石达）18座，不久废弃。

永乐十三年（1415年），陈瑄（图1-22）开凿清江浦河，改变了邗沟与淮河的连接方式，船只由白马湖直达淮安，扬州运道从此不再经过射阳湖达淮。

宣德七年（1432年），陈瑄在老堤之西，傍湖为渠。此为高邮新开湖傍湖有渠之始，但不久即废。

正统三年（1438年），宝应大运河堤被易以石堤。

成化十四年（1478年）三月，根据汪直的建议，筑重堤于老东堤外。

弘治三年（1490年），为避高邮新开湖、甓社湖风涛之险，开始逐步在湖中筑堤，分段修建月河，在湖东自高邮州北三里杭家嘴至张家沟，两岸筑堤，开新河实施河湖分开，名为康济河。

图1-22　陈瑄治水纪念馆

正德十六年（1521年），根据都水郎中杨最的建议，于氾光湖东修内河。将旧堤增石积土，以为外堤。

万历三年（1575年），高邮清水潭决口，冲毁老西堤，河、湖汇成一体，西堤不复存在。

万历四年（1576年），总督漕

运侍郎吴桂芳修复高邮老湖堤，紧靠西堤挑筑康济越河20公里，并以中堤为东堤，原有东堤遂废。

万历五年（1577年），根据御史陈世宝的建议，于石堤之东复筑一堤，并于湖堤补石堤以固其外。傍老堤重开康济河，使运道脱离了高邮湖。

万历六年（1578年）九月，总督河漕都御使潘季驯筑宝应八浅（宝应地名）石堤。

万历七年（1579年），营田道佥事史邦直督修宝应石堤，自南门至槐楼10公里。河臣潘季驯堵塞白马湖决口，又在湖东筑堤，于是白马湖旁修长了月河，使运道脱离了白马湖。

万历十二年（1584年），挖成宏济河，长18公里，筑堤九千余丈，其中石堤占1/3。建宏济河南北闸（后改为平水闸）于两端。通宋泾河，并将耀龙关（今跃龙关）所放进的水穿过城东流入望直港。兴建刘堡减水闸。清代顺治、康熙年间均进行过大修，乾隆年间淤塞。大运河基本以宏济河为运输航道，宏济河西堤基本以万历七年所修老石堤为基础，宏济河东堤基本以原氾光湖湖堤为基础。

万历十三年（1585年），宝应宏济河开挖以后，运道不再走氾光湖（宝应湖）。

万历十六年（1588年），总河潘季驯开宝应月河，自宝应南门外北至黄浦，长10公里，从此运道不再经由白马湖。

万历十七年（1589年），河臣潘季驯加筑宝应月河，自黄浦至三官庙前筑土堤一道，长10公里，以束漕水，防止水多旁溃入湖。

万历二十四年（1596年），江都知县张宁将三阳河筑坝堵塞，仅留一洞通水灌溉。

万历二十六年（1598年），总督刘东星筑成东西大堤，开界首月河，南起永兴港，北至双桥口止，长约6公里，建南北金门石闸二座，从此，运河不再经由界首湖；又自露筋庙向南至一沟铺开邵伯月河，长9公里，从此运道不再经由邵伯湖。初步实现了河湖分开，并最终奠定了明清时期大运河扬州段的主线。

万历二十八年（1600年），开挑邵伯、界首月河，使运道离开邵伯湖、界首湖。宝应月河、康济河、宏济河、邵伯月河、界首月河相继开成，连成了一条长河，宝应至邵伯之间实现了河湖分开，至此运河河线基本固定下来，奠定了以后运河的路线。

康熙初年，高邮险工段清水潭屡屡决口，不仅漕船受阻，还使得里下河地区频遭水灾。

康熙十七年（1678年），河道总督靳辅在清水潭采取避深就浅的方式绕开原来的河线，重新开河一道，改筑东西堤与旧河相连接，使得这部分河线形成了一个大型缓冲河湾，称为马棚湾（图1-23）。因为清水潭经常决口，复改筑永安新河（今马棚湾）

图1-23 马棚湾

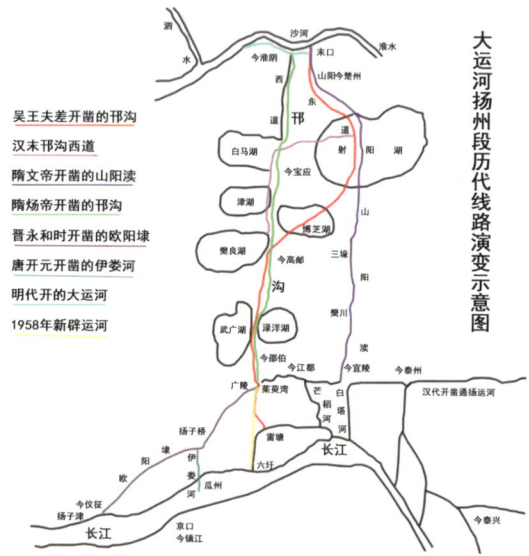

图1-24 大运河扬州段变迁图

图1-25 扬州运河三湾

建东西土堤两道，东长2公里，西长3公里，首尾皆与旧堤相连。

康熙五十三年（1714年），修建邵伯大运河东岸石工，自大码头至庙巷口，长1320米，称为邵伯古堤，同时修建4座码头。

康熙五十四年（1715年），长江江流北移，瓜洲开始时断时续地坍江。

雍正四年（1726年），潘鸿重造邵伯大码头潘家古渡。

道光三十年（1850年），在邵伯镇西的湖中修建土堤一道，以保护东堤，同时使月河由三沟闸延长至邵伯镇南的梁家港。从此，邵伯镇附近的河道与邵伯湖分开，成为独立的水道。大运河扬州段变迁如图1-24所示。

2. 扬州运河三湾的修建

万历二十五年（1597年）四月，江都（今扬州）运河南门二里桥一带因蓄水困难，水流直泄，影响盐船和漕船的安全行驶。巡盐御史杨光训令扬州知府郭光复进行整治，将原本平直的河道改为曲折式的河道。从二里桥河口起，向西165丈，再折向南410丈，又折回东165丈，总计六七里，从姚家沟汇入大运河扬州城区段。通过延长河道增加河流比降，从而使得河水下泄缓慢，上游水位得以抬高，解决了运河浅阻问题。这段河道当时被称为新河或宝带河，现在多称为"运河三湾"（图1-25、图1-26）。

图 1-26　今天的运河三湾

咸丰五年（1855 年），黄河自河南兰封（今兰考）铜瓦厢决口北徙，夺山东大清河入海。从此，黄河不再行经安徽和江苏，与运河改在山东交叉，打乱了大运河扬州段的总格局，使大量工程失效。由于淮水不能恢复故道，由三河闸直入长江，淮扬运河北段水源几乎断绝，南段可以作地区性航运。

光绪二十一年（1895 年），位于长江北岸的瓜洲城在江流作用下全部坍入江中，今天的瓜洲是原瓜洲的北关外的四里铺，如今的瓜洲运河也比唐代缩短了 10 公里左右。

总体而言，这一阶段整治运河的着眼点都是保证漕运通畅，河水泛滥带来的里下河地区洪水频发的问题并未得到有效解决。由于管理的原因，复闸技术也被放弃。

在河湖关系方面，仍继续河湖分离，大量开月河，直至清代淮扬运河几乎全以月河行舟，使得运道更向东移。作为国家漕粮运输的重要水上通道，大运河扬州段不断完善河道的渠化。今天，大运河扬州段形成了河湖并行的独特景观。

（四）提高阶段（近现代扬州运河的大整治阶段）

1855 年黄河再次改道之后，洪水的威胁稍有减轻。1855 年以后的扬州段运河有三次大整治。这一阶段是现代运河的形成阶段，形成我们今天所见扬州段的运河格局。主要事件有：

1. 民国时期的苏北运河整治

民国时期，淮扬运河的治理纳入导淮的统一计划中。1933 年完成的张福河初步疏浚工程自洪泽湖口高良涧起，至运河口马头镇止，全长31公里，解决了淮扬运河的给水问题，使航运和运东各县受益。

1934—1935年，建造了邵伯船闸。相对于今天的邵伯三闸，这座闸被称为邵伯老船闸。所有运河西堤通湖各缺口一律堵塞，各涵闸均重新维修，改善了大运河扬州段的通航条件。

1936年邵伯大运河改线，邵伯码头也随之逐渐失去功能。三阳河口逐渐淤塞，冬季断流，不能通航。在邵伯明清运河故道以西建成邵伯老船闸（图1-27），此后大运河主航道改由该船闸通过，这段河道失去航运功能。

图1-27　建于1935年的邵伯老船闸

2. 20世纪中期的里运河裁弯取直

20世纪50年代，沿淮扬运河扬州段开凿了较深、较宽的新运河，相邻的原运河河道遂被废弃，但现河道仍清晰可辨，与新建运河平行。新建运河仍被称作"里运河"，作为淮扬运河扬州段的一段承担着主要航运功能，现为二级航道。

20世纪50年代，政府开始组织进行运河的恢复和扩建工作，维修沿岸大堤，堵闭旧海堤，整顿和改建沿河闸坝。因古邗沟河道淤浅曲折，曾3次拓宽疏浚，局部裁弯取直，引水通航有所改善。

1952年，为控制邵伯明清运河故道的水位，于邵伯镇竹巷口处的运河故道上建设双孔节制闸。

1958年对运河全线进行大规模的整治和建设，从瓦窑铺（湾头北）到六圩开辟了19.6公里的新航道。从此，大运河扬州段由六圩入江，扬州城区段运河和瓜洲运河不再作为大运河航运主河道。

1959年，进行大运河整治拓宽工程，大运河西堤以西开新运河筑新堤。残留于新老大运河之间的大运河西堤（基本为万历十二年宏济河西堤对万历七年氾光湖东石堤裁弯取直后的部分，图1-28），称"中埂"。由于施工需要，新大运河线内的万历七年（1579年）石堤被部分拆除，而万历十二年（1584年）所造大运河东堤未受影响。

1970年建瓜洲节制闸（图1-29）。

1972年建扬州闸。

图1-28 里运河裁弯取直时让道保塔保住的镇国寺塔　图1-29 瓜洲节制闸

1977年新三阳河开通以后,三阳河横沟河以南部分基本废弃,横沟河以北至杨明河作为生产引排河道,杨明沟至樊川河床淤浅严重,亦作生产河道使用。

3. 20世纪80年代以来扬州段运河的现代化改造

1980年以后,对大运河扬州段又开展了大规模的续建工程。在此期间,扬州段建设了邵伯和施桥复线船闸(图1-30),并对全河道进行拓挖。同时新建、扩建抽引长江水补水站8座,以确保运河航运用水。

1982年,扬州市政府将古邗沟列为市级文物保护单位,并对大运河进行整治拓浚,挖出土方被用于中埂切除工程。在中埂切除工程中,在宝应城南至南窑镇南段,于河底高1米处发现以排桩和砖石柜为主的万历七年(1579年)明石堤残段。石堤断续出露,4次横穿河床,

图1-30 邵伯湖三线船闸

南北蜿蜒 9.85 公里，与今天运河线路基本相符。

1998—2004 年，扬州陆续对城区段大运河进行大规模综合整治，搬迁了沿线化工类企业，截断了流入大运河的污水。

2004 年，扬州城区段古运河停航。

2006 年，淮扬运河扬州段作为京杭大运河一部分，被国务院公布为第六批全国重点文物保护单位。

2014 年，由扬州牵头的中国大运河申报世界遗产成功，淮扬运河扬州段作为中国大运河重要的遗产区被列入世界遗产名录，扬州段的 151 公里运河河道和 10 个遗产点成为世界遗产。

三、扬州段运河的代表性价值

扬州运河拥有两千多年的历史，是有文献记载的大运河最早开通的河段，也是持续运用时间最长的关键河段。它首次沟通了淮河与长江两大水系，规划设计的线路使用两千多年至今基本不变，代表了当时的先进水平。

《中国大运河申遗文本》认为，淮扬运河在线路规划设计上的科学性主要体现在如下几个方面：

一是淮扬运河主河道线路的规划设计。在运道沿线地形高差较大处采用弯道技术，放缓河道比降，降低流速，以利航行。如运河扬州高旻寺向北段采用"乙"形大弯，达到了三弯抵一坝的功能。

二是淮扬运河主河道"河湖分离"规划设计。明以前，淮扬运河以相互连通的众多湖泊为运道。为避免船行湖中屡遭覆溺局面的发生，宋代尤其是明代后陆续修建运河东西二堤，逐渐实行运河与湖泊的分离。这不仅避免了船行湖中的风浪之险，还使高邮湖、宝应湖、邵伯湖成为调节运河水量和水位的水柜。

淮扬运河的价值还体现在处理与黄河和淮河的关系方面。1128 年黄河夺淮后，黄河、淮河与运河在淮扬运河北端淮安相互纠结，从而使淮扬运河成为大运河沿线形势最严峻、工程最密集、管理最复杂的河段。明清时期，清口枢纽成为处置好与黄河、淮河的纠结关系，确保漕运畅通的关键，反映了中国古代高超的水利工程勘测、设计、施工和维护技术。[1] 如图 1-31、图 1-32 所示。

---

[1] 国家文物局. 中国大运河申遗文本，2013.

第一章　扬州运河变迁史　25

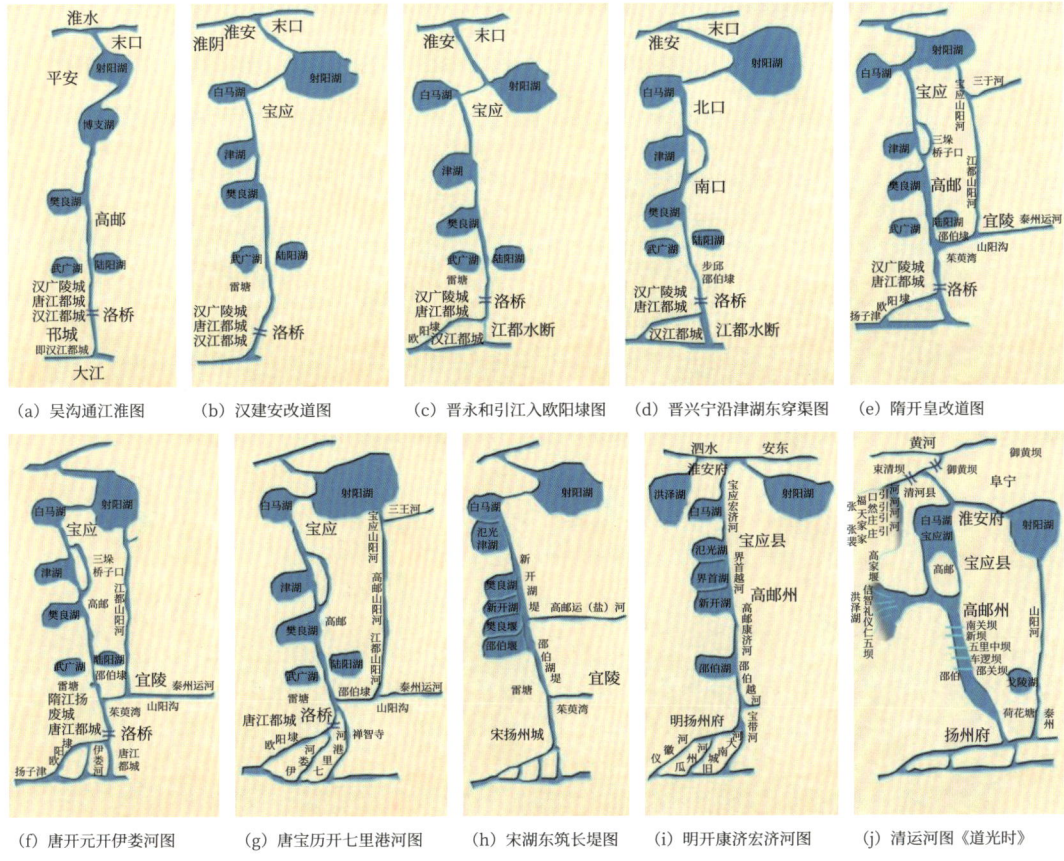

图1-31　淮扬运河历史变迁示意图

此外，扬州段运河中采用的泄洪工程设施和技术也是颇具价值的，其中以里运河归江水道工程的设计为典型代表。

图1-32　大运河扬州城区段地图

第二章
扬州牵头中国大运河申遗

从公元 2007 年开始，运河古城扬州有了一个新的历史使命，那就是牵头中国大运河申遗。有 35 个城市参加的中国大运河申遗是由扬州牵头的，8 年时间的牵头申遗，扬州贡献巨大，同时也收获满满，既让扬州的诸多运河遗产得到了更好的保护，也提升了扬州人的文化自觉。

一、牵头城市花落扬州

（一）北京会议的竞争

大运河申遗之初面临着非常困难的局面。由于历代兴废、黄河改道，隋唐大运河早已成为遗址，埋于地下。20 世纪初，漕运终结以后，京杭大运河济宁以北部分也淤塞、断流，运河遗产大多年久失修。此外，由于过去我们一直没有将大运河整体作为文化遗产进行专门的研究和保护，导致大运河遗产整体保护起步非常晚，面临工作基础薄弱、遗产家底不清、保护状况较差、多头管理等一系列问题。由于大运河线性活态的特点，造成跨区域管理、多头管理，大运河被分隔成一段段的小运河，亟须有一个城市来牵头组织大运河保护与申遗工作。

2007 年，中国文化部决定在大运河沿线城市中选出一个城市牵头组织"大运河申遗办公室"，带动大运河沿线相关城市建立合作、协商和对话机制。2007 年 6 月 20 日，国家文物局在北京召开"大运河保护与申遗协调会"，会议将确定哪个城市成为联合申遗的牵头城市。当时扬州、无锡和济宁都希望竞争大运河申遗的牵头城市。会上，济宁以明清两代河道总督府所在城市，以及中华文化标志城的优势，志在必得，并且提出给申遗办四层楼房作为办公场所。无锡则以吴文化的发祥地及近代工业的发源地作为优势，提出每年给数千万元的办公经费。而扬州的申办词则比较平实，既介绍了扬州与运河同生共长的关系，又提出了扬州这些年对运河的保护与整治，特别是分析了大运河申遗的难点，给专家留下了深刻的印象（图 2-1）。

图 2-1　大运河标志

（二）扬州胜出

2007 年 9 月 26 日，首届世界运河名城博览会暨运河名城市长论坛在扬州开幕。开幕式上，国家文物局文物保护（世界遗产）司司长顾玉才宣读了国家文物局的决定，扬州从国内数座运河城市中胜出，成为大运河申报世界文化遗产牵头城市。顾玉才介绍说，国家文物局组织的审议专家委员会在评估中，认为扬州与大运河有深厚历史渊源，确定扬州作为大运河申遗的牵头城市。与此同时，大运河联合申报世界文化遗产办公室设在扬州。时任国家文物局局长单霁翔亲自为大运河联合申报世界文化遗产办公室揭牌（图2-2）。从此，大运河申遗进入了正式的工作阶段。

其实，扬州之所以能够牵头大运河申遗，一是因为扬州段运河的突出价值，二是因为扬州在运河保护工作方面的杰出努力。扬州段运河是有文字记载的历史上最早的运河，《春秋左传》载"哀公九年，吴城邗，沟通江淮"。扬州与运河是同生共长的关系，运河兴则扬州兴。扬州是运河博物馆，

图2-2 国家文物局领导为大运河联合申遗办揭牌

有各个历史时期的运河遗迹：最古老的邗沟、汉代的运盐河、晋代的仪扬运河、隋代的山阳河和邗沟西道、唐代的伊娄河、宋代的新河、元代的扬州古运河、明代的白塔河、清代的里运河故道、民国时期的邵伯老船闸，以及1958年新开的大运河。大运河对扬州的影响巨大，无论是汉代吴王刘濞"即山铸钱，煮海为盐"成为最富的诸侯国，唐代作为全国最大的商业城市取得"扬一益二"地位，还是清代因盐业使扬州成为全球十座50万以上人口的城市之一，扬州的数度繁荣都来自运河的恩赐。扬州依靠运河赋予的区位优势和巨大能量，集南北文化于一城，融东西文明于一体，形成了独特的运河文化。

进入新世纪，扬州加大了对大运河的保护力度，对城区13公里的运河沿线进行了环境整治，搬迁了几十座工厂，治理了水环境，使城区段运河成为美丽的风光带。对运河沿线建设行为进行了严格控制，运河两岸30米范围内禁止新建任何建筑，在30米之外的50米作为建设控制地带，对建筑的体量、高度、形制都有严格要求，有力地保护了运河的视觉空间。对郊野地带的运河遗产注意保护其堤岸的真实性、完整性，使运河与周边环境相协调。许多专家都认为扬州堪称大运河全线保护的典范（图2-3）。

图 2-3　扬州古运河

（三）当上城市联盟盟主

按照线路遗产申遗的要求，中国大运河申遗采用的是城市联盟联合申遗的形式，申遗的主体就是大运河保护与申遗城市联盟。2008 年 3 月出席大运河保护与申遗工作会议的 33 座城市在扬州共同组成了大运河保护与申遗城市联盟，会上还通过了《大运河保护与申遗城市联盟章程》（图 2-4）。这 33 座城市为：北京市（通州区）；天津市；河北省（邯郸市、邢台市、廊坊市、沧州市、衡水市）；江苏省（无锡市、徐州市、常州市、苏州市、淮安市、扬州市、镇江市、宿迁市）；浙江省（杭州市、湖州市、嘉兴市）；安徽省（淮北市、宿州市）；山东省（枣庄市、济宁市、泰安市、德州市、聊城市）；河南省（郑州市、开封市、洛阳市、安阳市、鹤壁市、商丘市、新乡市、焦作市）。2009 年，随着浙东运河列入中国大运河，绍兴和宁波也成为申遗联盟城市，城市联盟扩展到 35 个成员。扬州成为大运河保护与申遗城市联盟的盟主，正式承担起牵头申遗的重任。大运河联合申遗办作为城市联盟的秘书处，具体负责联盟的各项事务。

（四）组建联合申遗办

中国大运河申遗工作是在国家文物局领导下开展的，大运河申遗的常设工作机构是大运河联合申报世界文化遗产办公室（联合申遗办）。大运河联合申报世界文化遗产办公室于 2007 年 9 月 26 日揭牌后，扬州开始着手组建联合申遗办，从最初的副处

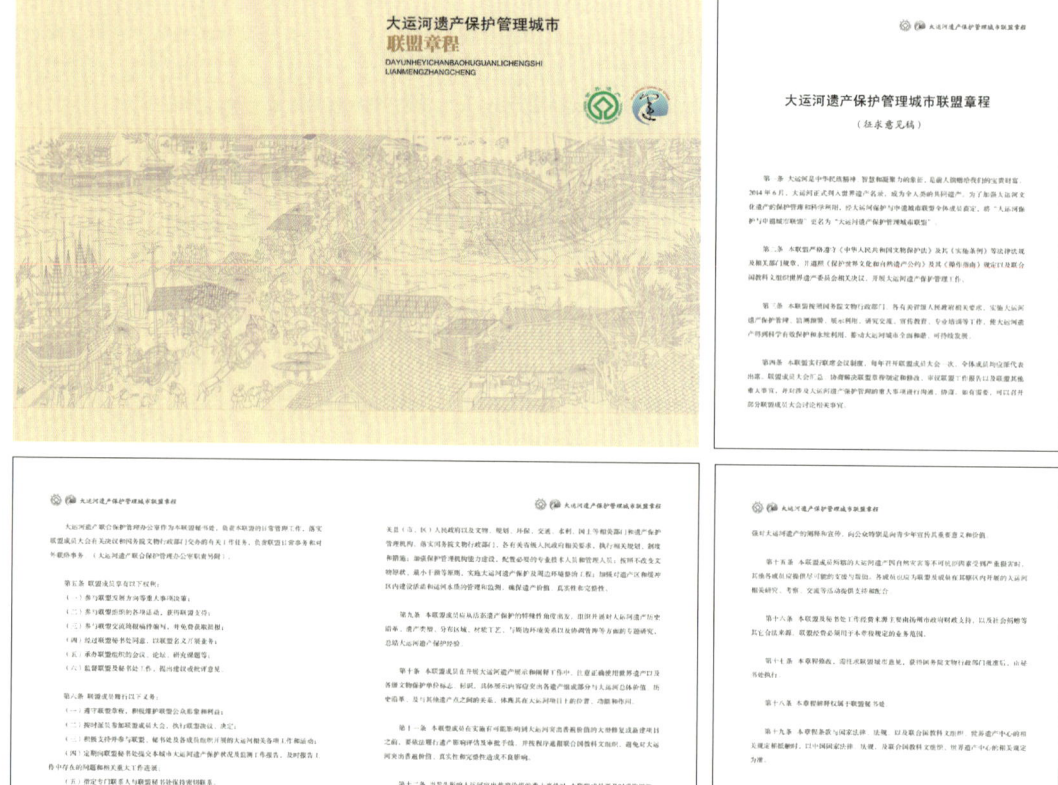

图 2-4　大运河保护与申遗城市联盟章程

级建制只有三个人逐步发展为拥有 10 个全额拨款事业编制、10 个借用人员、三位领导的市政府直属正处级办事机构，与扬州市申遗办两块牌子、一套班子。

大运河联合申遗办基本职责

1. 具体负责大运河保护与申遗日常组织协调、调研和联络工作，向城市联盟年会汇报工作。
2. 负责起草、修订大运河申遗工作方案和工作计划，经城市联盟认可，组织、协调各城市开展申遗各阶段工作。
3. 在国家文物局的领导和规划编制单位的指导下，组织协调大运河沿线各省（直辖市）相关保护规划的编制，并形成大运河保护总体规划。
4. 在国家文物局的领导和规划编制单位的指导下，组织协调大运河申遗文本的编制,组织召开专家论证会议,征求各方面意见和建议。
5. 组织专家指导大运河沿线各项文化遗产保护和环境整治工作。
6. 对参与大运河保护与申遗的沿线8省35城市的工作进行调研和督查。
7. 对大运河保护和申遗工作中的相关问题进行研究,提出建议。对跨地域、跨行业等方面的难点问题,报请大运河保护和申遗省部际会商小组和国家相关部门协调解决。
8. 负责收集、整理、汇总大运河的各类信息资料,建立大运河文化遗产记录档案。
9. 组织开展大运河文化遗产宣传报道工作;组织开展大运河文化遗产的研究工作,出版相关成果。
10. 负责建立和维护大运河申遗网站。
11. 组织、承办大运河保护与申遗相关工作会议。
12. 组织大运河保护与申遗相关专业培训。
13. 协同国家文物局负责联合国教科文组织申遗事务相关考察接待工作。
14. 定期编发大运河保护与申遗工作简报。
15. 承担大运河保护与申遗的其他工作。

在申遗过程中,大运河联合申遗办积极办好大运河遗产保护与申遗简报、大运河遗产网站,连续5年举办"大运河遗产保护通讯员培训班",推进大运河遗产保护管理的宣传工作。承办每年一度的大运河保护与申遗工作会议,配合国家文物局做好大运河申遗具体事项的组织协调工作。积极参与大运河遗产价值研究和申遗文本、保护规划编制工作,配合中国文化遗产研究院做好遗产点遴选工作。为加强全线的大运河遗产保护管理和申遗后期保护利用研究工作,联合申遗办按照国家文物局要求,制定了大运河遗产点段专项巡查及申遗后期保护利用专题研究工作方案,组织对各遗产地的巡查并编制了《大运河遗产点段专项巡查报告》,编印了《大运河遗产保护管理手册》,组织大运河遗产保护利用课题研究。在大运河遗产保护统一立法受阻的情况下,联合申遗办还起草了《大运河沿线城市关于大运河遗产保护的联合协定》,并由35座城市政府负责人共同签署,作为中国大运河遗产保护的法律文件,提交联合国世界遗产中心。联合申遗办与中国文化遗产研究院合作开展了大运河——淮扬运河段现存遗产体系研究,为全线运河遗产现存体系的研究提供范例和制定标准。

大运河申遗成功后,国家文物局于2014年9月26日在扬州召开大运河遗产保护管理工作会议。会上,决定将大运河保护与申遗城市联盟更名为大运河遗产保护管理城市联盟,制定了联盟章程,决定继续由扬州牵头大运河保护与管理工作(图2-5)。

并在扬州市设立了城市联盟的秘书处——大运河遗产保护管理办公室,作为大运河沿线城市协调管理责任单位。时任国家文物局局长励小捷在讲话中说:"在大运河申遗阶段,大运河申遗办发挥了重要作用。在今后的大运河保护管理工作中,希望大运河保护办要进一步加强机构建设和人才培养,要在大运河遗产档案管理、监测预警、专题研究、宣传推介和教育培训等方面发挥积极作用,尽快成为名副其实的大运河遗产保护中心、研究中心、培训中心,带动各遗产地保护管理整体水平提升。"

二、扬州牵头大运河申遗的贡献

作为牵头城市,扬州围绕大运河申遗做了大量的工作,做出了杰出的贡献。时任国家文物局局长励小捷(图2-6)在2014年9月26日召开的大运河遗产保护管理工作会议上充分肯定了扬州的工作。他说:"作为大运河申遗牵头城市,扬州市委、市政府始终将大运河遗产保护放在全市工作重要位置,纳入各级政府绩效考核指标。通过多年如一日的坚守与努力,扬州古城的整体风貌和运河遗产点段得到妥善保护。如今走在运河盐商私宅聚集的瘦西湖畔,可以看到遗产周边景观风貌和重要视线廊道得到妥善保护,看不到任何不和谐现代建筑物或构筑物。此外,扬州市还建立起了覆盖全部遗产点段、监测指标较完备、多部门联动的大运河扬州段遗产监测预警体系,为其他大运河遗产组成部分监测预警体系和国家级总平台建设做出了重要贡献。"总结起来,扬州贡献主要体现在发挥了两个作用。

(一)牵头协调作用

作为大运河申遗的牵头城市,8年来,扬州积极配合国家文物局做好大运河申遗

图2-5 大运河遗产保护管理办公室揭牌

图2-6 时任文化部副部长、国家文物局局长励小捷在大运河遗产保护管理工作会议上讲话

的沟通联络、调研督查、协调推进、宣传动员等工作。承办每年一度的大运河保护与申遗工作会议,调研督查沿线省市申遗工作,利用简报、网站等传媒做好大运河保护与申遗宣传工作,牵头制定并发动沿线城市共同签署了《大运河遗产保护联合协定》,建设大运河遗产监测预警通用平台,并复制到大运河沿线的31个遗产区,在迎接世界遗产专家考察中发挥了积极的作用。

1. 做好大运河申遗组织和督查工作

每年承办好国家文物局召开的大运河保护与申遗工作会议,积极配合国家文物局做好会务工作,为沿线各城市共商运河申遗和文化遗产保护大计提供了良好的环境。作为大运河保护与申遗城市联盟的盟主城市,扬州每年还举办中国扬州世界运河名城博览会和世界运河城市论坛,邀请大运河沿线城市和国外运河城市及国际组织的代表、专家,共聚扬州,共同探讨运河遗产保护的理论和方法。作为城市联盟的秘书处,按照国家文物局要求,设在扬州的大运河联合申遗办多次组织调研组赴大运河沿线城市调研督查大运河申遗工作进展情况,了解各地工作中存在的问题,督促各城市严格按照大运河保护与申遗工作会议精神以及国家文物局的相关文件要求,扎实有效地推进大运河保护与申遗工作(图2-7)。

图2-7　大运河联合申遗办赴沿线城市督查

2. 做好大运河保护与申遗的宣传工作

在大运河申遗过程中,扬州从市宣传文化部门抽调宣传工作专家到联合申遗办从事大运河保护与申遗宣传工作,共编辑发行了《大运河保护与申遗》简报100多期,每期报送全国政协教科文卫体委员会、全国政协文化文史和学习委员会、国家发改委、环境保护部、住房城乡建设部、交通运输部、水利部、文化部等部委,以及沿线各省(直辖市)有关部门,运河沿线各城市人民政府、文化(文物)局。建成开通了大运河申遗中文网站和英文网站,开通了英文网站的新闻栏目。组建了由大运河沿线城市40名通讯员参加的宣传队伍,多次举办通讯员培训班,出台了考核办法,构建了覆盖全线的宣传网络。印发了《大运河申遗知识读本》和《大运河(扬州段)遗产点画册》,

图2-8 大运河申遗宣传资料

下发到基层单位和运河沿线的乡村学校。配合中央电视台拍摄了8集人文纪录片《大运河》，配合江苏省电视台拍摄了3D片《活态遗产江苏段大运河》，配合浙江电视台拍摄了《大运河申遗宣传片》。通过简报、网站、画册、新闻媒体等平台及时传达大运河申遗的最新动态、分享申遗经验、宣传申遗知识、普及文化遗产保护理念（图2-8）。

3.联合制定大运河保护规范性文件

在大运河申遗过程中，立法保护是《世界遗产公约》规定的必备程序。我国政府也一直十分重视大运河遗产的立法保护，在省部际会商小组成员中就有国务院法制办的代表。但后来因为种种原因，由国家层面统一立法没有成功。在这关键时刻，由扬州市政府倡议，并由大运河联合申遗办牵头草拟了《大运河遗产保护联合协定》，在征求国内各方面专家意见的基础上，又征求各沿线城市的意见，并在2012年的中国·扬州世界运河名城博览会上由大运河沿线35个城市代表联合签署（图2-9），和文化部制定的部门规章《大运河遗产保护管理办法》一起，代替了统一立法递交世界遗产委员会。

附：大运河遗产保护联合协定

第一条 为加强对大运河遗产的保护，规范大运河遗产的利用行为，促进大运河沿线经济社会文化全面协调可持续发展，根据《中华人民共和国文物保护法》（以下简称文物保护法）及相关法律法规，制定本规定。

图2-9 大运河遗产保护联合协定签署现场

第二条　本规定所称大运河遗产，包括隋唐运河、京杭大运河、浙东运河的水工遗存，各类伴生历史遗存、历史街区村镇，以及相关联的环境景观等。

近代以来兴建的大运河水工设施，凡具有文化代表性和突出价值的，属于本规定所称的大运河遗产。

第三条　大运河遗产保护实行统一规划、分级负责、分段管理，坚持真实性、完整性、延续性的原则。

第四条　大运河沿线市、县人民政府及其文物主管部门，依照文物保护法、本规定和其他有关法律法规，负责本行政区域内的大运河遗产保护工作。

大运河沿线市、县人民政府应当建立本行政区域大运河遗产保护的协调工作机构。

国土、环保、交通、水利等主管部门在各自的职责范围内，做好有关的遗产保护工作。

第五条　公民、法人和其他组织都有依法保护大运河遗产的义务。

鼓励公民、法人和其他组织参与大运河遗产保护。

第六条　大运河沿线市、县人民政府及其有关部门应当建立大运河遗产保护志愿者工作制度，开展志愿者的组织、指导和培训工作。

第七条　大运河沿线市、县人民政府应当将大运河遗产保护经费纳入本级财政预算。

第八条　大运河遗产保护实行批前公示制度。批准保护规划、有关建设工程、决定其他重大事项，应当依照有关规定进行批前公示。

第九条　大运河遗产保护实行专家咨询制度。各地成立包含文物、水利、交通、规划、建设等领域的专家组。制定保护规划，审批有关建设工程，决定其他重大事项，应当依照有关规定听取专家意见。

第十条　大运河沿线市、县人民政府决定大运河遗产保护中的重大事项，应当通过听证会等方法，听取公众意见。

第十一条　大运河沿线市、县文物主管部门对已调查登记并认为属于大运河遗产的不可移动文物，应当根据文物认定的管理规定予以认定，并由同级人民政府核定公布为文物保护单位。

第十二条　大运河遗产保护市级规划应当由市级文物主管部门会同同级有关部门，依照文物保护法、本规定和保护工作的实际需要制定，并与国务院公布实施的总体规划和省级人民政府公布实施的省级规划相一致。

大运河遗产保护市级规划应当由市级人民政府颁布实施。

第十三条　大运河遗产保护规划应当明确大运河遗产的保护标准和保护重点，分类制定保护措施。

在大运河遗产保护规划划定的保护范围和建设控制地带内进行工程建设，应当遵守文物保护法第十七条、第十八条的规定，并实行建设项目环境影响评价制度。

除防洪、航道疏浚、水工设施维护、输水河道工程外，任何单位或者个人不得在大运河遗产保护范围内进行工程建设。防洪、航道疏浚、水工设施维护、输水河道工程建设实施前要征求当地文物部门意见，确保工程建设风貌协调，不影响遗产保护。

第十四条　大运河遗产保护市级规划公布后，相关市、县人民政府制定本行政区域的国民经济和社会发展规划、土地利用总体规划和城乡建设、水利、航运、环保等规划，应当与其相协调。

第十五条　大运河遗产跨行政区域边界的，其毗邻的市、县人民政府应当定期召开由相关部门参加的联席会议，研究解决大运河遗产保护中的重大问题。

第十六条　将大运河遗产所在地辟为参观游览区，应当坚持科学规划、原状保护的原则，并应当具备下列条件：

（一）安全状况适宜公众参观游览；

（二）文化遗产有明确的保护机构，已依法划定保护范围和建设控制地带，并已建立保护标志和档案；

（三）符合大运河遗产保护规划的要求；

（四）符合其他有关法律、法规的规定。

在参观游览区内设置服务项目，应当符合大运河遗产保护规划，以及所在地市、县人民政府及其文物主管部门各项保护措施的要求。

大运河遗产参观游览区保护、展示、利用功能突出，示范意义显著的，可以公布为考古遗址公园。

第十七条　大运河沿线市、县文物主管部门应当会同同级教育主管部门，制定学校利用大运河遗产开展教育教学活动的措施。当地中小学要结合课程设置，合理安排学生到大运河遗产地开展学习实践活动。

第十八条　大运河沿线市、县人民政府及其文物主管部门，应当对在大运河遗产保护中作出突出贡献的组织或者个人给予奖励。

第十九条　违反本规定，造成大运河遗产被破坏，构成犯罪的，依法追究刑事责任；尚不构成犯罪，违反有关文物保护和治安管理法律规定的，由主管机关依法给予处罚。

行政机关不履行职责的，由上级行政机关责令改正，通报批评；对负有责任的主管人员和其他直接责任人员，由主管机关依法处理。

第二十条　本规定自签署之日起施行。

4. 做好遗产点监测系统和档案系统建设工作

扬州严格按照国家文物局要求，承担了大运河遗产监测的试点工作，首先完成了大运河扬州段监测预警中心和遗产档案中心软硬件建设，完成了两批纸质档案资料的收集、分类、编码和归档工作，并将数字化档案上传至大运河扬州段遗产监测管理平台（图2-10、图2-11）。在大运河扬州段遗产监测管理平台的基础上，受国家文物局委托，开发建设了大运河遗产监测预警通用平台软件，并在大运河沿线31个遗产区部署实施。同时，协助国家文物局、中国文化遗产研究院开发建设了大运河遗产监测总平台和档案中心，实现了与各遗产地的信息共享，建成了大运河遗产"两级平台、三级管理"的监测体系，在国际专家对大运河现场考察评估中发挥了重要作用。大运河遗产监测管理的"扬州经验"被国家文物局向沿线城市推广。扬州段的遗产档案中心建设成为全段的示范工程。

（二）示范引领作用

作为牵头城市，扬州是大运河文化遗产最集中的城市，扬州段的保护与申遗工作不仅对扬州具有重要现实意义，而且对沿线其他城市具有重要示范作用。8年来，扬州积极示范引领，率先做好大运河扬州段保护与申遗工作，主要体现在6个方面。

1. 构建了协调推进的工作机制

一是构建了强有力的组织机构。申遗工作一启动，为了做好大运河申遗的组织协调工作，扬州成立了以市长为组长，市委、市政府分管领导为副组长的申报世界文化遗产工作领导小组，市水利、交通、文物、申遗、建设、环保等相关部门作为申遗协调小组的成员单位，建立了部门间的协调机制。每年召开会议，落实国家文物局相关

图2-10　大运河扬州段遗产监测工作会议

图2-11　大运河扬州段遗产监测管理平台

要求，协调解决工作中遇到的重大问题（图2—12）。

二是建立了严格的考核机制。从2011年开始，市委、市政府每年都对申遗工作目标责任进行分解落实，将申遗工作作为一票否决的内容纳入对相关部门的年度目标考核，各相关县市区和部门都有相应的任务，如达不到一定的分数，单位不得参加评先评优，部门领导不得提拔任用。市领导提出了两个服从的原则："城市建设服务古城改造复兴，古城改造复兴服从申遗工作。"规定所有牵涉大运河遗产的建设项目在上规划委员会讨论前，必须书面征询市申遗办的意见，从而在规划层面为运河遗产保护设置了红线。先后叫停了高邮明清运河故道房地产项目等一批有可能对运河遗产造成破坏的建设项目。特别是从挖掘机利爪下夺回遗产的故事直到今天还被高邮人时常谈起。

高邮明清运河故道纵贯高邮，南北共26.5公里，前身是历史上的古邗沟高邮段，也是明清时期运河的主要航道。1956年，在大运河拓宽裁弯取直过程中，这里就形成了"一湖二河三堤"的特殊地理环境。20世纪80年代，为确保运堤的安全，里运河故道被基本填平，但河道的形状、走向及块石护坡仍然清晰可见。2006年，这里作为京杭大运河的一部分被定为全国重点文物保护单位。2011年1月，正是北风呼啸的隆冬，时任联合申遗办副主任的笔者收到整治组交来的一封群众来信，信中反映，高邮明清运河故道杨家坞段正在实施一项房地产开发工程，这将严重破坏运河故道遗址。接到来信的当天，在向顾风主任汇报后，笔者就带领整治组负责人孙明光等赶赴现场，到了现场以后，高邮市文广新局杨德彪副局长和老文保科长李国耀等早已到达施工工地。在现场，高邮市二桥南侧的高邮湖东岸，四台挖掘机正在作业，明清运河故道上尘土飞扬。笔者在向当地相关部门了解情况后，立即要求高邮文物行政部门下达停工通知书。经过调查发现，这个别墅项目没有规划和土地批文，建设方只有一纸省水利厅关于加固运河堤防的通知，是典型的违建项目。收到停工通知书的第二天，建设方就找到市申遗办，提出妥协意见：将建设面积从7万平方米减少到1万平方米。笔者斩钉截铁地

图2—12　大运河扬州段保护整治工作会议

强调：一个平方米也不能建。为了尽快解决这件事，笔者与整治组的同志一起形成了书面材料汇报市委市政府领导。汇报中申明了高邮明清运河故道对于大运河申遗的意义："该河道在2009年我市颁布实施的《大运河（扬州段）遗产保护规划》保护范围之中，2010年已被列入立即进入大运河申报世界文化遗产预备名单。该处遗产点是大运河扬州段运河变迁（由湖漕变为河漕）的重要实证，在大运河申遗工作中具有重要的价值，也是大运河申遗专家屡次来扬实地考察必到的遗产点。该项违法工程如不能得到及时制止和纠正，将会严重影响大运河扬州段的申遗工作，还可能在全国造成严重的不良影响。"扬州市主要领导听了汇报后，立即致电高邮市领导要求停止该项目。接到扬州市领导的指示后，高邮市委、市政府也高度重视，副书记金春林、副市长钱富强召开协调会议，讨论如何抢救保护运河遗产，会议决定采纳市申遗办的意见，邀请东南大学编制高邮明清运河故道保护展示方案，并上报国家文物局批准。随即，笔者带领整治组的同志会同高邮市的有关领导、高邮文物局的同志一起前往东南大学建筑学院对接高邮明清运河故道保护展示方案制定工作。东南大学建筑学院历史所陈建刚所长、诸葛静教授挂帅编制方案。违建工程被引导为遗产保护展示工程，高邮明清运河故道保护展示方案如期上报国家文物局，并获得了4000多万元的国家重点文物保护补助资金支持。回顾这段往事，笔者一直认为阻止该违建项目，从挖掘机的利爪下挽救大运河遗产和保住高邮明清运河故道这片绿地是作为一名文化遗产工作者应尽的义务。目前高邮明清运河故道已经打造成了运河遗址公园，"一湖两河三堤"的美丽风光成为高邮人的骄傲，故道成为高邮市民的后花园、外地游客来高邮必去的景点（图2-13）。

三是建立了高效的部门协调机制。市申遗办与水利局、交通局等相关单位在保护与申遗工作中密切配合，沿线的县市区积极参与，形成了比较顺畅的沟通协调机制，同心协力推进大运河遗产保护与申遗工作。相关部门在涉及大运河遗产的各类事务与工程时，都与申遗办有良好沟通、征求意见或会商。2012年水利部门在编制瓜洲运河综合整治方案时，向申遗办征求意见，并根据申遗办提出的修改意见，对原有方案进行

图2-13　高邮明清运河故道风光

了相应修改，降低直立式挡墙的高度，建设生态式护坡，减少对运河风貌的影响。同时将原来只做水下清淤、驳岸工程，改为水下与沿岸环境保护一并进行，提升了瓜洲运河的环境风貌。在此基础上，市申遗办又会同邗江区文体新局编制了瓜洲运河保护展示方案，增加了文物保护的内容，上报国家文物局，得到国家文物局批准。2011年9月初，宝应县博物馆得到消息：在大运河宝应段东堤运河码头归并项目整治中，发现部分条石及砖工。宝应县博物馆工作人员立即赶到现场，对遗迹进行了调查并上报。接到宝应县文化部门的汇报后，笔者带领省市文物专家赶赴宝应实地勘测，初步确定为水闸遗址。第二天，面对施工单位不肯停工的现状，联合申遗办主任冬冰和笔者又赶赴宝应，与宝应县的分管副县长杨洪国会面，叫停施工，召开相关会议了解情况。在会议中，水利部门和文物部门达成共识：停止施工，对遗迹现场进行清理、保护，组织力量进行抢救性考古发掘，尽快恢复并展示其历史面貌，力争为大运河申遗增加一处新的遗产点。经过宝应县博物馆和扬州市考古队的清理发掘，一个古代减水闸展现在世人面前。减水闸摆手偏向西北，东距淮江公路约80米。主体部分由石工构成，整座石闸下方由地钉顶托，地钉呈排桩形式，排列紧密，木质依然有韧性。石闸顶部有部分砖工，对水闸起整合作用。石工与砖工均以石灰和糯米浆黏合而成。水闸设计合理，整体保存良好，闸槽清晰可见。经过查阅相关资料，发现这座水闸为刘堡减水闸，是明清时期淮扬运河段水利工程的一部分，是调节水量、保障济运的节点之一。通过考察，可以推测出明清时期江淮之间宏济河和里运河的水位关系。该水闸为研究古运河的变迁，以及明清时期淮扬运河水利设施与施工技术提供了重要依据。联合申遗办邀请中国文化遗产研究院的相关专家到现场考察，决定将其补充列入大运河申遗的遗产点名单，并组织专家编制了保护与展示方案，得到国家文物局批准，并获到400万元的修缮保护经费，经过修缮，刘堡减水闸成为宝应唯一一个世界遗产点，也成为淮扬运河扬州段唯一的闸坝遗产（图2-14）。

2. 开展了卓有成效的环境整治和本体保护

市政府专门下发了《大运河扬州段遗产点段修缮整治任务分解表》，加大遗产点保护管理工作的监督力度，加大对

图2-14 修缮整治后的刘堡减水闸

违法建设项目的执法督查力度。先后叫停了一批有可能对运河遗产产生破坏的项目，确保大运河扬州段遗产点段不因城乡建设项目的实施而遭受新的建设性破坏。对大运河扬州段沿线违章设置的采砂点、堆货场、修船厂等严重破坏遗产点段整体环境的设施限期整治。在环境整治过程中，扬州申遗部门敢于动真碰硬，与违法建设行为作斗争。广陵区茱萸湾古闸闸塘中有一个违章建筑，市申遗办督查发现后要求广陵区予以拆除。湾头镇政府有关负责人强调这是有合法手续的，不能拆。市申遗办一方面汇报市领导，通过市长交办件的形式给广陵区施压；另一方面调取相关材料核查，结果发现这是因为当时古闸旁的一户农民房屋紧张，1989年当时的湾头乡政府批准该农户在正房旁建一个灶屋的批复，而现在该农户早就盖上了楼房，根本不存在房屋不够住的问题。调查清楚后，市区两级文物部门要求湾头镇政府立即拆除该违章建筑。同时，市申遗办还组织相关专业机构先后编制了邵伯大码头及周边运河遗产保护工程、扬州盐业历史遗迹保护展示、淮扬运河主线保护整治工程等项目方案，大运河（扬州段）遗产标志系统建设方案，在大运河沿线设立了16块标志牌和326根界桩，有效规范了运河遗产保护工作（图2-15）。

图2-15　大运河遗产标志牌和界桩

3. 建立了科学完善的遗产监测系统，借助科技手段保护好运河遗产

2011年10月开始，受国家文物局委托，扬州率先建设了大运河扬州段监测预警平台，运用空间信息技术、视频实时监控等手段，给大运河守护装上"电子眼"，对影响运河遗产价值的各项指标全面监测。环保、园林等相关单位监控探头也接到了大运河扬州段监测预警平台，既减少了重复投资，也让专业部门的人员参与监测，起到事半功倍的作用。2013年，又在大运河扬州段监测预警平台的基础上，开发了大运河遗产监测预警通用平台，并复制到大运河沿线的31个遗产区，以统一的接口、统一的指标体系，向大运河遗产监测预警总平台上报监测数据，实现了大运河遗产全线的监测预警（图2-16）。

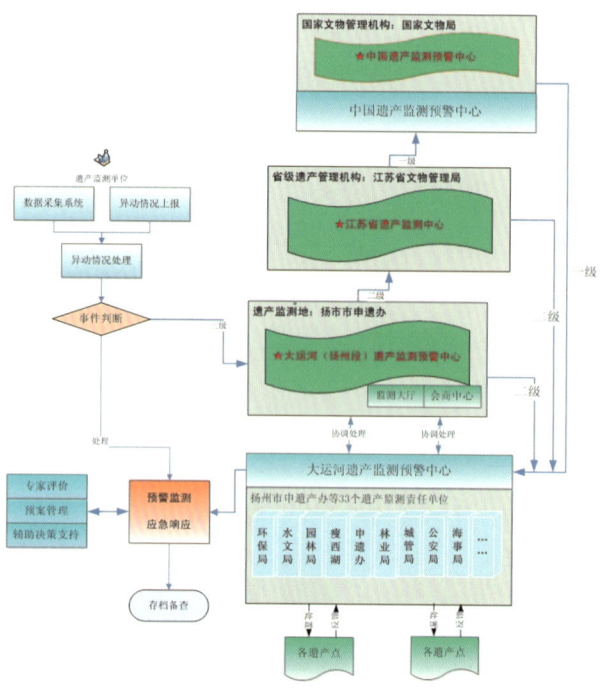

图 2-16 大运河遗产监测系统

图 2-17 市申遗办调研督查遗产保护工作

4. 较早启动了立法和规划制定工作

2009年9月,扬州在申遗联盟各城市中率先公布实施《大运河(扬州段)遗产保护规划》,这也是指导扬州开展运河遗产保护的根本依据。在扬州的带动下,沿线城市也纷纷出台地方保护规划。2013年10月1日,《扬州市大运河遗产保护办法》正式实施。这是大运河沿线城市中最早制定的大运河遗产保护地方规范性文件(图2-17)。

5. 开展影响广泛的志愿服务活动

2013年6月8日是第八个中国文化遗产日,运河古刹天宁寺内,"扬州市大运河遗产保护志愿者总队"正式成立。志愿者总队由交通、环保、建设、水利等10个大运河遗产保护志愿者支队组成,总人数达2000人。在2013年的大运河保护与申遗工作会议上,扬州市大运河遗产保护志愿者总队作为大运河沿线首家成立的志愿服务组织获国家文物局领导授旗,扬州市代表大运河保护与申遗城市联盟向沿线城市发出了关于开展大运河遗产保护志愿服务活动的倡议。这一年,保护京杭大运河志愿服务大行动被中央文明办纳入全国保护山川河流重点项目,这也是江苏省2012年创立"江苏省沿运河八市历史文化保护志愿服务大行动"的拓展和延续。"关爱自然,保护大运河"成为扬州大运河遗产保护志愿者的共同主题。清洁家园、环保监测、防止船舶污染、植绿护绿、生态保护、文化传播……都是志愿者的自觉行动。扬州市大运河遗产保护志愿者为大运河保护理念的普及和深入人心做了基础发动工作,运河沿线企事业单位、社会组织和各界民众自觉投身运河遗产保护,营造了全民申遗的氛围（图2-18）。

6. 组织了广受好评的现场迎查工作

扬州作为大运河联合申遗牵头城市，是国际专家现场考察的重点。市政府两次召开大运河扬州段申遗迎接国际专家考察动员会，就接待方案、考察线路、保护管理情况报告等具体事项进行培训。收集整理全面完整的申遗基础资料，并按照大运河遗产档案中心的统一编码，整理归档，建起了功能完备的档案中心。2013年9月23—24日，受联合国教科文组织世界遗产委员会的委托，来自韩国的国际古迹遗址理事会专家姜东辰先生一行现场考察评估了大运河扬州段的保护和申遗工作。考察组高度评价了大运河扬州段的保护和申遗工作，认为扬州从各个方面体现了大运河的历史价值，对大运河扬州段的保护和申遗工作表示非常满意。无论是遗产状态，还是档案中心、监测平台、保护措施都成为全线的典范，扬州在大运河申遗专家考察中获得了高分（图2-19）。

图2-18 国家文物局领导向扬州大运河遗产保护志愿者总队授旗

在大运河申遗成功后接受记者采访时，笔者将扬州的示范引领工作总结为几项第一：2009年9月，扬州在申遗联盟各城市中第一家公布实施市段保护规划——《大运河（扬州段）遗产保护规划》；2012年10月1日，第一家颁布实施大运河保护地方性规范性文件——《扬州市大运河遗产保护办法》；2012年3月，第一家建成大运河遗产监测管理平台——大运河扬州段监测预警平台；2013年3月，在沿线城市中第一家成立大运河遗产保护志愿者总队（图2-20）。

图2-19 国际专家考察大运河扬州段

图2-20 大运河遗产保护志愿组织活动

三、扬州牵头大运河申遗的收获

（一）一批重要遗产点段列入世界遗产名录

正是因为扬州的运河遗产价值高、保护状况好，淮扬运河扬州段遗产区共有瘦西湖、个园等10个遗产点，以及151公里河道列入世界遗产名录，成为全线列入遗产最多的遗产区。

在10个遗产点中，宝应明代刘堡减水闸也是在大运河扬州段申遗过程中唯一被列入遗产点的"新发现"。刘堡减水闸这一重要的古遗迹重见天日，并进行妥善的保护展示，就得益于多部门的合力。2011年9月水利部门在实施运河码头整治归并施工过程中，发现大量的条石、大砖和木桩，以及用大砖、条石垒砌的石堤断续绵延。宝应县申遗办、文体广新局接到报告立即赶赴现场，查勘后，向建设单位下发停工通知书，实施现场保护。扬州市申遗办派专家勘察。扬州市文物考古研究所经过一个月遗址清理和考古调查，认定此处应是明代运河堤岸和水利设施工程的遗存。与此同时，宝应县文体广新局组织本土文史专家查阅县志、水利志等历史文献，初步判断刘堡减水闸始建于明万历十二年（1584年）。当年，此闸通过泄洪排水，既可保障漕运的畅通，又可给里下河抗旱供水，对研究明代运河水利史、明代水闸构造工艺、明代堤防结构具有极高的科学、艺术、历史研究价值。国家文物局、省文物局、中国文化遗产研究院专家还多次到现场察看，对这一运河遗产点的发现给予高度评价。作为考古新发现，刘堡减水闸成功列入遗产点名单，使扬州多了一个水工设施类的遗产。目前，刘堡减水闸经过保护展示工程的实施，成了运河沿线一个重要的遗产点并得以展示。

图2-21　个园游客

列入大运河申遗文本的10个遗产点大多成为对外开放参观的游览点：瘦西湖、个园、盂城驿本来就是对外开放的景点；高邮明清运河故道、邵伯明清运河故道及周边遗产经过保护工程的实施，目前已成为吸引游客的新的遗产展示场所；汪鲁门盐商住宅、盐宗庙通过在申遗过程中的修缮和周边环境整治，也具备了对外展示的条件，目前，汪鲁门盐商住宅已被作为扬州大运河盐文化展示馆对外开放，而盐宗庙也在重新布展，以扬州盐业历史遗迹的面貌向游客开放。特别是瘦西湖、个园等扬州园林列入世界遗产名录（图2-21、图2-22），弥补

图 2-22 瘦西湖作为运河城区水系列入世界遗产名录

了扬州园林未能以江南园林联合申遗的形式进入世界遗产名录的缺憾。扬州瘦西湖、个园加上卢氏盐商住宅、盐宗庙、天宁寺、盂城驿这样一批旅游景点列入大运河世界遗产名录,大大提升了扬州旅游的国际化程度。扬州又开通了城区古运河水上游览线和扬州至邵伯、高邮的大运河游览线,大运河遗产点串联成线,扬州运河旅游蓄势待发。

(二)遗产保护水平得到极大提高

在大运河申遗过程中,扬州市遗产保护部门积极向上争取项目资金,成果丰硕。通过及时跟踪国家文物保护资金投向,积极策划上争项目,文物保护项目资金上争工作连续四年获得佳绩。作为一名长期从事宣传工作的宣传干部,笔者参与大运河申遗最大的收获就是学会了如何策划编制文物保护方案,如何向上级争取文保资金:2012年,扬州申报了 13 个项目,争取到国家、省各类文物保护专项经费 9137 万元,其中大运河保护经费 7200 万元,占当年国家文物局下拨的全部大运河保护资金的一半。2013 年,向国家和省级文物部门申报项目 20 多个,其中大运河项目 9 个,仅国家下拨项目经费就达 1.3 亿元。2014 年,争取了 2.4 亿元国家文物保护专项资金,占当年江苏全省所获国家文保资金的一半以上。2015 年,争取了 6000 多万元国家专项资金。四年五个亿,这在扬州文物保护史上是开天辟地的。据扬州老文物人统计,扬州从新中国成立以来,一直到 2011 年获得的国家文物保护专项资金加起来还不足 5000 万元。在大运河申遗过程中,一年争取的国家文保资金超过了以前几十年的总和。

为了用好这批文保资金,扬州市遗产保护部门认真制定了相关的工作规范,出台《专项经费管理办法》,规范了《遗产点修缮标准及流程》,确保遗产保护修缮工作科学、有序。通过一批遗产修复工程的实施,大大地提高了扬州大运河遗产保护的整体水平,扬州段运河遗产的真实性更加突出,完整性得到加强。

(三) 世界遗产理念深入人心,扬州文化自觉显著增强

1. 大运河的申遗使世界遗产的保护理念深入人心

大运河申遗过程中,世界遗产的保护理念在包括扬州在内的中国8省(市)、13个部门和占中国总人口六分之一的人群中得到广泛传播并深入人心。大运河申遗作为一项重大的遗产保护工程,数以万计的各学科专家、专业人员和广大民众参与其中。我国曾经一度由于各种历史原因,忽视了自己的传统文化,个别地区甚至人为破坏、摧毁自己的传统文化。现在,民族崛起和国力振兴,唤醒了大家的文化认知和自信力,这代表了一个民族精神上的复兴、精神上的升华。对一个城市也一样,自己城市的文化遗产品牌,特别是世界遗产,标志着深层的文化象征和特殊的精神符号,不仅仅是名义头衔。对扬州来说,尤其是在当前经济文化跨地域渗透、充分交融的形势下,大运河这样的线路遗产是展示城市文明气度、文化风度、历史厚度,实现城市复兴战略的文化形象。扬州人通过大运河申遗,对自己历史文化的自觉和反思性在提升,文化自信心在提升(图2-23)。

图2-23 时任文化部部长蔡武调研大运河扬州段

2. 大运河申遗形成了跨部门跨地区的遗产保护协调机制,推进了大运河遗产的保护

大运河保护和申遗工作得到了党中央、国务院和沿线各地政府的高度重视、大力支持。在申遗过程中,2006年、2013年国务院相继将京杭大运河和中国大运河整体公

布为全国重点文物保护单位。2009年,国务院批准开展大运河保护和申遗工作,大运河保护成为国家重大文化遗产保护工程。在国务院指导下,文化部、国家文物局牵头,沿线8省(市)和国务院13个部门建立了跨地区、跨部门协商机制;扬州建立了完善的协调机制和考核机制,颁布实施了大运河遗产的专项保护法规,制定了市级保护规划;完成了大运河全线遗产资源调查;组织实施了一批大运河遗产保护、展示工程;建立了大运河遗产档案和监测系统,大运河遗产的保护管理水平得到显著提升,特别是牵头大运河沿线35个城市联合申遗,积累了经验。

3. 大运河申遗唤起了全社会对大运河遗产的保护意识

大运河申报世界文化遗产具有重要意义。在大运河申遗巨大影响力和号召力的推动下,扬州社会各界对大运河保护给予高度关注,掀起认识、研究、保护大运河的社会热潮,吸引大量社会资源向大运河遗产保护领域聚集,使遗产保护状况在短时间内得到显著改善。扬州大运河保护和申遗(图2-24)始终坚持将运河遗产保护与延续运河功能相结合,与城镇发展建设相结合,与历史文化展示相结合,与生态环境保护相结合,推动保护和申遗工作助力遗产地的经济社会发展,引导并推动沿岸城镇文化品位提升、沿岸民众的生活环境和品质改善。大运河不仅成为增强文化凝聚力、创造力、亲和力的精神家园,更逐步成为广大民众宜业宜居的美好家园,成为地方文化建设和经济社会发展的新亮点。

图2-24 联合申遗办代表在世界遗产大会现场

4. 大运河申遗促进了运河沿线经济社会文化的大发展

大运河申遗成功,意味着大运河遗产将成为中国乃至世界范围内一项有号召力的存在,对于整合运河资源、放大运河文化影响力、拓展运河经济,将起到重要作用。扬州从历史上看是因运而兴的城市,从地理上看是一个完全沿运河展开的城市。大运河申遗的成功,让扬州人重新认识到作为帝国时代的"高速公路"大运河枢纽在历史上的连缀与畅通曾经给扬州城带来的无穷福祉。因为大运河,唐代扬州的商品经济水

图 2-25 扬州段运河迎来中外游客

平一直居中国前列。同样因为大运河,18世纪中期,盐业贸易异军突起,把扬州建造成一个商业繁荣、文化发达、人文荟萃的城市,也使之达到了当时世界城市经济与文化的巅峰。同样在今天,扬州提出了建设"三个名城"、争创"第四次辉煌"的目标就是要紧紧追赶现代交通、现代通信、现代物流的核心磁场,构建人流、物流、信息流的现代枢纽环境。通过大运河申遗,促进了扬州沿运河地区的经济发展,对于扬州运河文化产业和运河旅游将起到极大的助推作用(图2-25)。

四、牵头大运河成功申遗给扬州的启示

启示一:增强自信意识。大运河文化遗产不管从历史价值还是从现在知名度上看,它实际上是反映了在整个中国经济、政治等方面和平崛起的过程中,人们对自己历史文化的自觉和反思,也反映了自己的文化自信心在提升(图2-26)。包括扬州人在内的中国民众现在又开始很认真地回过头来看自己的文明、自己的文化。

启示二:树立遗产意识。大运河申遗成功,使得全社会都更准确地理解什么叫货真价实的世界遗产。它告诉我们,文化遗产所呈现的美好精神家园,既不能靠"假古董",也不能仅靠书本记载的传说,而是要用那些真真实实、简简单单的"一草一木、一砖一瓦"进行实证,世界遗产是邵伯古镇厚重的大堤,是盂城驿沧桑的墙垣。只有用人类共有的、真实完整的标准去看大运河(图2-27),才会意识到它的伟大。我们品味大运河,不仅需要从文

图 2-26 中国代表团在第 38 届世界遗产大会现场

图 2-27 大运河扬州段夜景

物的、民族的、独有的角度去理解它深远的价值，而且要遵循世界文化遗产的标准，真实性、完整性的判断准则。对于扬州来说，活态的大运河遗产既是一种幸存的文化样本，也是一种珍贵的文明化石。按照世界文化遗产的标准，古老的大运河及其周边环境，包括现存的非物质文物遗产，能为已消逝的文明或文化传统提供特殊的见证。当下，如何保护大运河和控制周边环境，避免现代化的城乡规划、城乡建设发展带来的对其个性和传统的影响，成为历史文化名城扬州城市保护和特色发展的关键问题。

启示三：强化世界意识。大运河申遗的成功，极大地提高了扬州在世界的知名度，使扬州成为名副其实的世界遗产城市，使扬州有可能变成世界文化名城（图 2-28）。扬州是中国历史文化名城。大运河申遗成功后，扬州有 10 个遗产点、151 公里河道成为世界遗产，将更多地吸引世界的目光，"运河长子"在世界的知名度将大大提高，扬州有望成为一个具有世界影响、富有中国特色的历史文化名城，也就是从中国历史文化名城有可能变成世界历史文化名城。那些零散的文保点被集中打包形成世界遗产系列，这是大运河申遗成功对扬州文化最具里程碑意义的影响。这一重大突破，使"世界名城""世界公园"等概念的提出和实施成为可能，扬州古城、瘦西湖、个园、古镇、盐商住宅等文化遗产被赋予了突出的世界价值，获得了国际社

图 2-28 世界遗产大会现场播放的扬州图片

会的高度认同。瘦西湖会更快地走向世界,对旅游业的带动作用将是巨大的。"世界名城""世界公园"成为名正言顺的称号,彰显了扬州出类拔萃的城市精神,强化了扬州文化和旅游的品牌效应与核心竞争力。扬州要在世界名城中找到自己的参照系,以开放的心态,建设世界名城。

启示四:延伸牵头意识。历史上,扬州作为帝国时代的"高速公路"、大运河的枢纽曾经数度繁荣。今天,扬州不能被抛弃于现代交通枢纽和信息化枢纽之外,在大运河申遗过程中,扬州承担了牵头的责任,申遗成功后,要继续发挥牵头的作用,转化大运河申遗成功的经济和人文效应,给沿线城市的名城建设、经贸合作、对外交往、城市形象和文化影响力带来广泛的综合效益。在八年牵头联合申遗的基础上,扬州应该继续发挥引擎作用,牵头大运河遗产保护,示范大运河文化带建设,通过大运河沿线的城市合作平台,助推沿线城市文化事业和产业的发展,通过对历史文化遗产资源的保护、传承、利用来实现人文效益和经济利益的双赢,为大运河沿线城市建立历史文化层面和现代经济发展意义上的纽带关系(图2-29、图2-30)。

图2-29 中国扬州世界运河名城博览会

图2-30 大运河扬州段繁忙的航运

五、扬州申遗大事记（2006—2014年）

2006年

2006年5月25日，京杭大运河整体公布为第六批全国重点文物保护单位，首次在国家层面明确了大运河作为文化遗产的价值和法律地位。

2006年，国家文物局重设了《中国世界文化遗产预备名单》，大运河位列35个项目之中。

2007年

2007年9月25日，扬州成功举办首届中国·扬州世界运河名城博览会，签署了《世界运河城市市长论坛扬州宣言》。会上，与会领导出席了大运河联合申遗办公室落户扬州揭牌仪式，扬州正式成为大运河申遗牵头城市。

2008年

2008年3月，国家文物局在扬州召开大运河保护规划编制研讨会。

2008年3月24日，大运河保护和申遗第一次工作会议在扬州召开，明确了大运河申遗的工作方案，决定以城市联盟的形式联合申报世界文化遗产。会议还决定将隋唐大运河整合进来，把"京杭大运河申遗"改为"中国大运河申遗"，涉及城市则扩大到33个。

2008年9月，大运河联合申遗办承办了大运河遗产第一阶段保护规划编制工作部署会。

2008年9月25日，扬州举办第二届运博会（图2-31），大运河沿线33座城市的领导者汇聚扬州，通过"大运河保护与申遗扬州共识"，成立了"大运河保护与申遗城市联盟"。

2009年

2009年3—4月，大运河联合申遗办分赴浙江、安徽、天津、河北等沿线省市调研督查。

2009年3月，大运河联合申遗办参加了在京举行的大运河规划编制研讨会。

2009年4月23日，大运河保护和申遗省部际会商小组第一次会议在北京召开，标志着会商小组正式成立。会议讨论了大运河保护和申遗省部际会商

图2-31 扬州举办第二届运博会

小组工作制度和文件、大运河保护和申遗2009—2010年工作及经费计划以及《关于加强大运河保护和申遗工作的意见》（征求意见稿），浙东运河被列入中国大运河行列，参与申遗。

2009年5月，大运河联合申遗办成功承办了第六期世界文化遗产保护管理培训班。

2009年9月12日，扬州市委、市政府召开申遗工作专题办公会议，原则通过了《大运河（扬州段）遗产保护规划（2010—2030）》。

2009年9月25日，扬州举办第三届运博会（图2-32），52座国内外运河城市的市花在东门古城墙上依次绽放。这一届运博会上，确定了扬州为运博会永久性会址。

2009年9月25日，大运河保护和申遗工作会议在扬州召开。国家文物局局长单霁翔出席会议并发表讲话。

2010年

2010年3月8日，大运河保护和申遗专家研讨会在京举行。

2010年4月2日，大运河保护和申遗省部际会商小组第二次会议在文化部召开。

2010年5月4日，中国大运河核心价值与遴选标准专家座谈会在北京中国文化遗产研究院会议厅举行。

图2-32　扬州举办第三届运博会

图2-33　国家文物局在扬州召开"大地与水"学术研讨会

2010年6月30日，大运河申遗预备名单遴选专家委员会会议在北京召开。

2010年7月6日，2010年大运河保护和申遗工作会议在扬州市召开。时任国家文物局局长单霁翔出席会议并作重要讲话，时任扬州市市长谢正义出席会议并致辞。

2010年9月25日，第四届运博会在扬州南门遗址广场隆重开幕，中国大运河学术研讨会同时召开。

2010年11月11日，由国家文物局主持召开的大运河申遗预备名单遴选专家会议在京召开，通过集体评审产生了列入大运河申遗预备名单的推荐项目。

2010年11月23—24日，"大地与水：景观美的认知"国际学术研讨会在扬州召开（图2-33），时任国家文物局局长单霁翔参加会议并作主旨报告。

2011年

2011年2月15—19日，世界运河大会主办组织——内河航道国际(IWI)主席大卫·白灵杰(Dave Ballinger)一行考察扬州。

2011年3月22日，市委、市政府召开扬州市申报世界文化遗产工作领导小组全体会议，市政府提出了"城市建设服从于古城保护，古城保护服从于遗产保护"的"两个服从"原则。

2011年3月29日，大运河保护和申遗省部际会商小组第三次会议在北京召开。

2011年3月30—4月1日，由扬州申遗办牵头组织的"扬州申遗"学习考察团专门赴天津，就遗产点的修缮工作"取经"。

2011年4月10日，第六届中国文化遗产保护无锡论坛开幕。

2011年4月12日，2011年大运河保护和申遗工作会议在扬州召开，公布了大运河申报世界文化遗产的预备名单。

2011年5月30—31日，"大运河保护与申遗"通讯员培训班在扬州举行，《中国文物报》副总曹兵武和作为大运河联合申遗办副主任的笔者为与会的大运河沿线八省市近40名通讯员进行了新闻采写和遗产宣传的专业培训。

2011年6月29日，江苏省文物局在南京组织召开了"大运河（江苏段）遗产保护规划评审会"，专家组一致同意《中国大运河（江苏段）遗产保护规划》通过省级评审。

2011年6月30日，扬州市召开大运河扬州段遗产点修缮整治工作推进会，排出整个申遗工作的倒计时表。

2011年7月19—21日，大运河联合申遗办调研了大运河杭州段、嘉兴段遗产点的保护与修缮工作（图2—34）。

2011年8月10日，同济大学教授韩锋来扬州汇报"扬州瘦西湖文化景观价值研究课题"。

2011年8月19—24日，"海上丝绸之路"研

图2—34 大运河联合申遗办调研了大运河杭州段、嘉兴段遗产点的保护与修缮工作

讨会在广州市和蓬莱市两地举行，扬州正式加盟"海上丝绸之路"申遗。

2011年9月2日，大运河联合申遗办召开大运河扬州段数字管理平台（一期）建设方案专家评审会和大运河扬州段遗产监测管理工作咨询会。

2011年9月25—27日，"以运河为媒介、以友谊为桥梁"的中国扬州第五届世界运河城市博览会暨首届全球设计城市峰会举行，孙家正、单霁翔等领导参会。

2011年9月29日下午，内河航道国际组织专家来到大运河联合申遗办，与申遗办相关负责人展开座谈。

2011年10月29日，"2011年中国大运河国际青年百里毅行"活动在扬州举行，2000名国内外青年从扬州古城出发，沿大运河徒步到高邮，以唤起社会各界和更多民众以实际行动支持中国大运河申遗。

2011年11月2—3日，由国家文物局、中国文化遗产研究院相关专家组成的考察团一行来扬考察大运河申遗工作。

2011年11月16—21日，大运河联合申遗办调研组自北向南，考察学习了大运河山东段德州、聊城、泰安、济宁、枣庄五个运河沿线城市的保护和申遗工作经验。

2011年12月24—25日，以全国政协委员、中国文化遗产研究院原院长张廷皓为组长的专家组来扬州市现场考察调研大运河扬州段申遗工作。

2012年

2012年1月11—12日，中国建筑设计研究院历史研究所副所长傅晶来扬，就扬州地方申遗项目——扬州瘦西湖及盐商园林文化景观申遗文本初稿征求修改意见。

2012年2月13日下午，扬州市举办大运河扬州段数字管理平台数据报送培训班。

2012年2月27日下午，中国进出口银行副行长李郡专程赴扬州进行调研，在扬州迎宾馆举行了扬州大运河保护与申遗项目调研座谈会。

2012年3月24日，扬州市委、市政府召开大运河扬州段申遗环境整治工作推进会暨申遗领导小组会议。

2012年3月29—30日，2012年大运河保护和申遗工作会议隆重召开，会议全面总结2011年大运河沿线省份、城市的申遗工作进展情况，全面部署下一阶段大运河申遗的工作和任务。

2012年4月12—16日，大运河联合申遗办调研大运河河南段的保护与申遗工作。

2012年6月2日，国家文物局委托北京大学考古文博学院副院长、文化遗产保护研究中心主任孙华教授来扬，就"海上丝绸之路"申报世界文化遗产预备名单进行现场考察评估。

2012年6月11日，扬州市举办2011年度全市申遗工作表彰会暨大运河扬州段数字管理平台数据报送培训会议。

2012年6月14日，由来自中国文化遗产研究院、国信司南（北京）地理信息技术公司等单位专家组成的验收组，对大运河扬州段数字管理平台一期工程进行了验收（图2-35）。

2012年6月25—27日，中国进出口银行在扬州召开金融支持大运河申遗工作动员会。

2012年6月25—29日，大运河联合申遗办赴宿迁、徐州、宿州、淮北和开封、商丘六个运河城市考察学习大运河保护和申遗工作。

图2-35　大运河扬州段数字管理平台验收会

2012年7月20日，大运河联合申遗办在北京召开了《大运河遗产保护联合规定》（暂定名）专家咨询会。

2012年8月17日，扬州市政府常务会议原则通过了《扬州市大运河遗产保护办法》，并拟自2012年10月1日起施行。扬州在中国大运河沿线城市中第一个制定保护大运河遗产的地方规范性文件。

2012年8月21日，时任扬州市市长朱民阳专题调研扬州文物保护与申遗工作，强调文物保护与申遗工作是建设世界名城的重要抓手、突破口与表现形式，要有高定位，努力拓展公众与社会各界的参与面，为运河沿线城市创造经验、做出示范。

2012年8月23—24日，江苏省文物局领导来扬调研指导大运河扬州段的申遗保护项目进展工作。

2012年9月25—27日，2012中国·扬州世界运河名城博览会暨世界运河大会在扬州举行。中国大运河沿线35个城市共同签署了《大运河遗产保护联合协定》。

2012年10月20日，以"活态运河，志愿有我"为主题，江苏省运河历史文化保护志愿服务大行动启动仪式在扬州举行。

2012年11月12日，江苏省人民政府在南京召开大运河江苏段保护和申遗工作推进会。

2012年11月29日，江苏省世界文化遗产保护与管理工作推进会在无锡召开，省文物局为涉及江苏省的新一轮世界文化遗产预备名单项目授牌，与扬州市相关的大运河、"扬州瘦西湖及盐商园林文化景观"及"海上丝绸之路"三项目进入更新的《中国世界文化遗产预备名单》。

2012年12月12日，在宁波举行了"中国海上丝绸之路九城市联席会议"。

2012年12月31日，扬州市举行《大运河扬州段保护与申遗知识读本》暨《大运河与扬州》申遗卡通折页首发仪式。

2013年

2013年1月，中国大运河申遗文本提交联合国教科文组织世界遗产中心，同年3月获审核通过，并被受理。

2013年3月25日下午，大运河保护和申遗省部际会商小组办公室会议在扬州召开（图2-36）。时任国家文物局局长励小捷、副局长童明康等参会。

2013年3月26日，2013年大运河保护和申遗工作会议在扬州召开，会上大运河联合申遗办发出了《关于开展大运河保护志愿活动的倡议书》。

图2-36　大运河保护与申遗省部际会商小组会议

2013年4月9日，时任江苏省副省长曹卫星来扬州考察、调研大运河保护和申遗工作。

2013年4月16日上午，"跨越海洋——中国海上丝绸之路九城市文化遗产精品联展"在扬州市博物馆开幕。

2013年5月5日，中央文明办在扬州市东关古渡广场主办以"关爱自然，保护京杭大运河"为主题的2013年保护京杭大运河志愿服务大行动启动仪式，时任江苏省委常委、宣传部部长王燕文参加活动。

2013年5月6日，大运河申遗迎检工作专题研讨会在山东省济宁市隆重召开，会议研究部署了迎接国际专家现场考察的总体原则、工作组织、方案制定以及各项准备工作。

2013年5月16—17日，时任国家文化部部长蔡武，文化部副部长、国家文物局局长励小捷来扬就大运河保护和申遗工作进行调研。

2013年6月8日，扬州市大运河保护志愿者总队揭牌，随后大运河保护志愿者总队各支队赴邵伯船闸等地组织开展了志愿服务活动。

2013年7月2日下午，扬州市政府召开大运河扬州段申遗工作动员会，强调高效地推进大运河扬州段的申遗准备工作，确保世界遗产专家现场考察取得满意效果。

2013年7月2—14日国家文物局组织有关专家分成两组，从北京到浙江进行大运河遗产现场考察预演。

2013年7月20日，由联合国教科文组织亚太地区世界遗产培训与研究中心主办的"2013中国世界遗产国际青少年夏令营"走进扬州大运河（图2-37），21个国家和地区的70多名学生，兴致勃勃地参观了扬州瘦西湖、江都邵伯明清运河故道和邵伯船闸。

图2-37　世界遗产国际青少年夏令营走进扬州大运河

2013年7月25日，大运河监测预警通用型平台和大运河扬州段数字管理平台二期硬件项目顺利通过验收。

2013年7月29日，时任扬州市政协主席洪锦华现场考察了天宁寺、大运河扬州段监测预警中心等大运河申遗项目工程。

2013年8月6日，国家文物局在京召开大运河及丝绸之路申遗工作会，汇报交流大运河、丝绸之路申遗迎接国际专家检查预演工作情况，研究迎检工作中存在的问题，对下一步做好迎接国际专家现场评估工作提出要求。

2013年8月13日，江苏省文物局在南京召开大运河江苏段申遗迎检工作会议。

2013年8月14日，美国第三大报——《洛杉矶时报》以两个整版的篇幅，聚焦中国历史文化名城扬州与运河的关系，以及在大运河申遗中的突出地位和作用。

2013年9月1日，省文物局对扬州市大运河申遗迎检的相关准备工作进行了检查。

2013年9月12日，扬州市委、市政府专题召开大运河扬州段迎接国际专家考察动员会，部署迎接国际遗产专家来扬现场考察评估大运河扬州段的相关事项。

2013年9月16—26日，国际古迹遗址理事会委派两名国际专家对大运河世界文化遗产申报项目进行了现场考察。其中，韩国专家姜东辰考察了淮扬运河扬州段。

2013年9月26日，扬州世界运河名城博览会开幕。大运河联合申遗办主办了其中"水文化遗产的保护和利用"分论坛。

2013年9月28日上午，近400名扬州网友冒雨沿运河从南门遗址公园步行至东关古渡，感受母亲河魅力，为大运河申遗加油。

2013年11月8日，由国家文物局、中国文化遗产研究院等专家组成的专家评审组对大运河监测预警通用型平台和大运河（扬州段）数字管理平台二期软件提升项目进行了验收。

2014年

2014年1月22日，扬州市召开会议表彰2013年度申遗工作先进个人和先进集体。

2014年1月24日，大运河遗产档案中心与监测平台建设项目通过了国家文物局组织的验收。

2014年2月11日、2月28日、3月5日，市人大常委会就大运河申遗成功后如何永久保护和合理利用课题听取汇报、进行座谈和实地调研。

2014年3月14日下午，市人大常委会召开主任会议，听取市政府关于扬州市申遗工作的汇报，并研究后申遗时代大运河遗产的保护与利用工作。

2014年6月22日，在卡塔尔首都多哈召开的第38届世界遗产大会上，由扬州牵头的中国大运河项目成功入选世界遗产名录。

2014年6月23日，扬州市委书记谢正义主持召开专题座谈会，就充分运用大运河世界文化遗产这一"金字招牌"，进一步做好大运河保护与利用，宣传好、建设好扬州，听取文化学者和相关部门负责人的意见和建议。

2014年6月24—25日，扬州市委书记谢正义，市委常委、宣传部长卢桂平，副市长董玉海专程赴大运河联合申遗办、扬州市申遗办，代表市委、市政府看望并慰问全体申遗工作人员（图2-38）。

2014年7月17日下午，江苏省人民政府在扬州召开江苏省大运河申遗工作总结会议，时任副省长、江苏省大运河保护和申遗市厅际会商小组组长曹卫星出席会议。

2014年9月26日，以"大运河成为世界文化遗产后的保

图2-38　市委书记谢正义看望申遗工作人员

护与利用"为主题的 2014 中国·扬州世界运河名城博览会隆重开幕。来自 16 个国家的运河城市专家、学者和国际组织代表，中国大运河沿线 8 省（市）文物局领导、35 个城市的市长或政府代表同庆中国大运河申遗成功，共商遗产保护大计。大会通过了新的《大运河遗产保护管理城市联盟章程》。时任国家文物局副局长童明康给更名后的大运河遗产保护管理办公室揭牌。

2014 年 9 月 27 日下午，国家文物局在扬州召开大运河遗产保护管理工作会议，部署大运河遗产保护管理工作。要求各地重点完善保护管理长效机制，巩固跨地区部门协商机制，加强遗产本体保护与监测，加大环境景观控制力度，继续推进考古调查和专题研究，深入挖掘大运河遗产价值，探索活态遗产保护利用模式，促进大运河申遗向持久保护转变，走出一条科学、可持续的大运河遗产保护发展之路（图 2-39、图 2-40）。

图 2-39 大运河遗产保护获 2014 北京国际设计周金奖

图 2-40 笔者代表扬州市申遗办在北京国际设计周上领奖

第三章 扬州运河串珠

大运河扬州段沿线是优秀传统文化高度富集的区域，集聚了大量物质和非物质文化遗产，众多文化瑰宝通过大运河这一条金丝线串联在一起，成为一条流动的文化带。按今天的行政区来划分，扬州段运河北起里排河与大运河连接处，南至长江边的瓜洲镇，全长151.3公里。扬州段运河地处江淮平原，东以里下河水网地区为界，西与白马湖、宝应湖、高邮湖、邵伯湖四个湖泊毗邻；北接淮安楚州，南至扬州邗江区瓜洲镇入江口，连接了白马湖、宝应湖、高邮湖、邵伯湖和宝射河、大潼河、北澄子河、通扬运河、新通扬运河、仪扬运河等主要河流。扬州段运河遗产丰富，类型众多。这里主要以申报大运河世界遗产时列入预备名单的点段为选择标准，分为运河水工遗存、运河附属遗存、运河相关遗存三大类来介绍，共31个遗产点段（图3-1）。

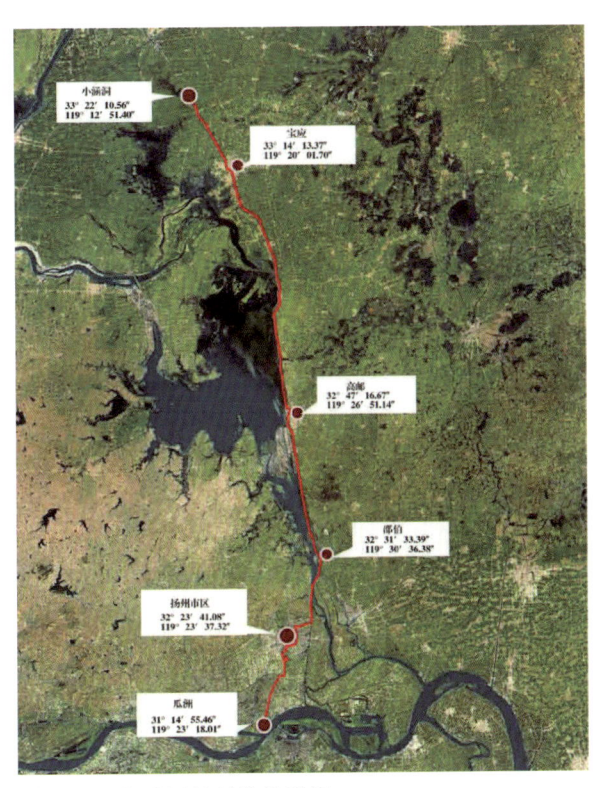

图3-1　大运河扬州段地形图

一、运河水工遗存

扬州是唯一与大运河同生共长的城市，扬州之兴盛，离不开通达四方的河道；地处平原地区的扬州水流平缓利航，离不开堤岸闸坝的稳固护佑。邗沟北上，经邵伯、高邮、宝应明清运河故道，皇帝的龙舟曾铺陈在66米宽的大运河上。邵伯古堤、平津堰、刘堡减水闸、邵伯船闸，一个又一个水工遗存镌刻着千年运河的光荣与梦想。

（一）淮扬运河主线

淮扬运河是连接长江和淮河两大自然水系的人工河道，是大运河最重要的组成部分之一。北起淮安与宝应交接处的小涵洞，南至瓜洲镇入江口，全长151.3公里。自北向南又分为3段，分别为里运河、扬州古运河、瓜洲运河。

1. 里运河

里运河（图3-2）北起宝应里排河与京杭运河连接处，南至广陵区茱萸湾，连接了高邮湖、邵伯湖等湖泊，是大运河扬州段重要的组成部分之一。里运河现在仍然是主要的运输性河道。经过历年的拓宽和整治，已经达到二级航道的水平，可通行2000吨级别的船只。

图3-2 里运河

2. 扬州古运河

大运河自湾头流向西南，经黄金坝后向南进入扬州城区段，直至高旻寺，全长约18公里，这就是扬州古运河。因1958年自邵伯向南开挖大运河新河道，直通长江，因此，自茱萸湾向西曲折绕城而过，至三汊河口的这段扬州城区段河道，现在被扬州人称为"古运河"，这段大运河与扬州城市同生共长，被誉为扬州城的"母亲河"。大运河自扬州城东南穿城而过，沿线历史遗迹星列、人文景观众多。尤其是在大运河西侧，密布着众多遗产点，如瘦西湖、天宁寺（重宁寺）以及诸多盐商历史遗迹等，犹如一颗颗璀璨的明珠，与两岸丰富的民俗文化、多样的市民生活融为一体。

扬州城区段大运河不仅遗产众多，而且水景秀美，扬州三湾（宝塔湾、新河湾和三湾子，图3-3）便是其中最具特色的一段。它自文峰塔向南，呈横着的"几"字形，河道曲折，迂回六七里，水面宽阔，流速平缓。从技术角度而言，大运河的开挖者为了消除地面高度差，使大运河的水面保持平缓，便采取了延长河道以降低坡度的办法，把这段河道挖得弯弯曲曲。这个方法是中国古代河工的杰出创造。

扬州古运河现为六级航道。2007年北段停航，现用于城市行洪和游览（图3-4）。

3. 瓜洲运河

大运河穿过扬州市区至高旻寺，形成了一个三叉形的河口。至此，大运河一路往南，至瓜洲长江口汇入长江，这段长12公里的运河就是瓜洲运河。它处大运河扬州段的南端，始于唐代开元二十六年（738年）开凿的伊娄河，具有1280多年的历史。瓜洲原为江中沙洲，后与长江北岸相连，长江北岸线遂南移至瓜洲，这也导致漕船需绕行仪征，在江上常有漂损之灾。瓜洲运河的开凿，使漕船线路大大便捷。明清时期，仪征、

图 3-3　扬州运河三湾

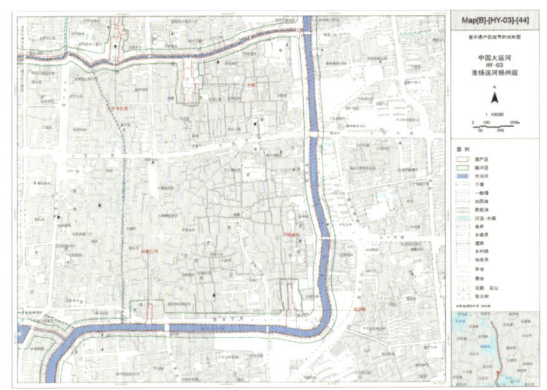

图 3-4　扬州古运河中的游船

瓜洲运口交替使用。此时，瓜洲作为大运河南下入江的交通要冲，其重要的战略地位一直未发生改变。清代，江流北徙，长江北岸仪征、瓜洲一带遭受强烈冲击。1884年，瓜洲镇和南端的瓜洲运河完全被长江吞没，大运河南端的运道至今天的瓜洲镇出江。1958—1960年，长江运口移至六圩，瓜洲运口作为辅助入江口。20世纪70年代，瓜洲运口建起了现代化船闸，瓜洲运河现为六级航道（图3-5、图3-6）。

（二）宝应宋泾河

宝应城中的宋泾河初凿于汉末，称夹耶渠，所在地称白田。隋初整修邗沟，从此

图 3-5　瓜洲运河

图 3-6　瓜洲运河入江口的瓜洲船闸

处入白马湖。唐安宜县治迁至此处，城跨邗沟两岸。宋改河名为宋泾河。宋泾河从宋至元末 400 余年一直是漕运要道，两岸因此而繁盛，见证了运河对城镇繁荣的促进作用。

明初运河改道城西，宋泾河成为城市河；20 世纪 50 年代大运河整治后，运河主河道再次西移，在城西留下明清运河故道。宝应城中的宋泾河遗址、城西的明清运河故道以及宋泾河与运河故道交汇处的跃龙关共同见证了运河的动态变迁以及运河变迁与城市结构间的密切联系。

现为宝应县城市河。河水从南门跃龙关注入，环绕全城，全长约 5445 米。大新桥至小新桥之间的旧河及清代修建的跃龙洞遗存尚在（图 3-7）。

（三）宝应明清运河故道

位于宝应老城西侧，大体为南北走向（图 3-8）。北起大运河淮安段与宝应交界处，南至宝应与高邮交界处的子婴闸，河长 40 公里左右。现已废弃，河床及河堤仍清晰可见，河床目前大部分为农田，并植有树木，部分建有房屋。古堤保存较好。

图 3-7　宝应宋代泾河跃龙关遗址

图 3-8　宝应明清运河故道

(四)高邮明清运河故道

高邮明清运河故道北起高邮界首镇,南至高邮镇,全长 26.5 公里,现已无水。高邮明清运河故道是大运河的重要组成部分。此段河道集中反映了大运河由湖道向河道演变的动态过程,是反映大运河河湖关系的"活化石"。该段最初直接利用湖泊作为航道,为了航行安全,自宋至明清逐渐修筑分隔河湖的堤防开挖月河,使航道逐渐渠化并因此逐步东移。20 世纪 50 年代末期,在古运河的东侧开凿了现在的里运河。原运河故道局部填充,用作现运河西侧的堤防,上面栽植树木和农作物,但河道走向及河床河堤关系仍清晰可辨,形成两河三堤,即古代运河故道与在用的里运河并行的独特景观。

高邮明清运河故道是明清时期大运河的主航道,充分体现扬州段运河"湖漕"的特色。西堤是运河与诸湖泊的分界。西堤逐渐形成的过程也是扬州段运河航道逐渐渠化的过程,对扬州段运河主航道的形成具有重要意义。

西堤口门为高邮湖的避风港,至今仍有众多渔民聚集生活,体现了河湖相依的扬州段运河沿线人民独特的生活方式。东堤之纤石(耿庙石柱)不仅具有稀缺性,相关的耿庙神灯传说也体现了独特的运河文化传统。

东堤上的御码头是乾隆南巡历史事件的见证,也是扬州段运河作为南巡要道的见证。高邮段运河保存现状能清晰地显示出高邮湖、明清运河故道、京杭大运河以及高邮城之间的关系(图 3-9),见证了运河动态变迁的过程。

(五)邵伯明清运河故道

邵伯明清运河故道位于邵伯镇西,北至邵伯节制闸,南至南塘,长约 2000 米,宽约 30 米。该河道目前功能已废弃,但河道整体走向、河岸护堤及码头仍然得以保留。

邵伯明清运河的前身是邗沟的一部分(图 3-10)。1600 年,为避免湖面的风浪

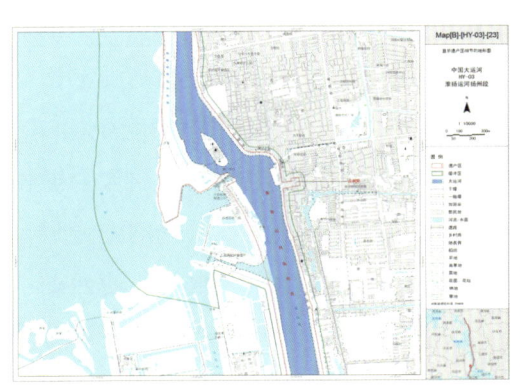

图 3-9 高邮明清运河故道景观及地形图

影响漕运，在邵伯湖东侧修建堤坝，使大运河的主航道与邵伯湖彻底分开，成为独立的航道。邵伯镇西的这段大运河是清道光三十年（1850年）三沟闸至梁家港的堤坝修建之后逐渐形成的。现在邵伯明清运河故道为防洪排涝和城市景观河道。

（六）古邗沟故道（邗沟东道）

邗沟东道是指隋文帝时期开凿的山阳渎，从扬州湾头至江都宜陵，自宜陵向北，经樊川、高邮、宝应，出射阳湖至末口（今淮安）入淮河。目前现存射阳湖段河道和老三阳河南段一部分（图3-11）。

图3-10 邵伯明清运河故道

（七）古邗沟故道（扬州城区段）

古邗沟故道，是扬州地区最早建成的人工水道之一。

古邗沟故道现位于扬州城北，从螺蛳湾桥向东直达黄金坝，长1.45公里，目前作为景观河道使用。这段邗沟遗址的始建年代可以追溯到春秋时期（公元前486年），是大运河系统最早的遗迹之一。从汉代至唐代这段河道都是大运河的主航道，是历代漕运的主要通道。河道虽然历经整治，但都是在原始河道的基础上拓宽和修缮，因此保留了河道走向的真实性。现在这段河道作为扬州古运河向城区水系输水的通道，发挥着洁净城区水系和瘦西湖水的作用。同时也成为环古城运河水上游览线的一部分（图3-12）。

图3-11 古邗沟故道射阳湖段

图3-12 古邗沟故道扬州城区段

（八）子婴减河

子婴减河位于南水北调东线工程宝应站与高邮市临泽镇大李庄交界处，全长25.5公里。这是古邗沟的一条重要河段，以秦始皇孙子之名命名，见证了运河发展变迁的悠久历史。清代以前称子婴沟，其名来源于临泽镇的子婴庙，最早开凿时间在汉武帝元狩年间。明万历二十四年（1596年）浚子婴沟，并建子婴大闸。在明末清初的一段时间，子婴河成为宣泄淮河洪水的重要通道。现作为灌溉河道（图3-13）。

图3-13　子婴减河与子婴闸

（九）仪扬运河

开凿于东晋的仪扬运河是淮扬运河的第二条入江水道（图3-14）。《水经注》记载："自永和中（345—355年），江都水断，其水上承欧阳埭，引江入埭，六十里至广陵城。"[1] 就是说，到了东晋永和年间，由于长江岸线南移，邗沟水源枯竭，邗沟口门淤断，开挖了欧阳埭，将邗沟南段的入江口门西延至仪征。

仪扬运河入江口的水利工程是扬州段运河引江水济运的重要设施，宋代仪扬运河入江口的水利设施（真州闸）在当时具有世界先进性，明代仪征运口的水运设施也体现了当时中国水运工程的水平。隋唐时贯通全国的大运河开通后，仪扬运河是沟通长江

图3-14　仪扬运河故道

1　[清] 刘文淇. 扬州水道记. 卷1[M]. 扬州：广陵书社，2011：6.

南北、分担长江上游及江南运河过江运船的要道,仪征港也成为漕粮北运的重要港口。仪扬运河历代均为官河,常浚常修,至今保存完好,仍是六级航道。仪扬运河的入江口曾经历多次变迁。今仪征古入江口段为仪扬运河自隋唐以来的主要出江运口。1959年堵断后成为遗址。它是仪扬运河不可或缺的组成部分,见证了仪扬运河的历史变迁。

(十) 瘦西湖

瘦西湖位于扬州市西北郊,是从清代扬州城北垣绵延至北郊蜀冈的狭长水体,总长约4.5公里,宽13~116米。瘦西湖是由隋唐大运河水系和隋、唐、宋、元、明清等不同时代的城濠连缀而成的带状景观,始终与大运河保持着水源相通的互动关系。

瘦西湖最早的两段水体形成于隋代。宋元时期,与城壕连接成一个更大范围的水系,成为扬州城的西护城河。瘦西湖水道沿用历代扬州城护城河,并经人工疏浚、凿通,在清乾隆年间(1736—1795年)形成一条连贯的细长又有曲折变化的线性水体。瘦西湖是大运河的支流,同时也是大运河上独特的文化景观,作为扬州城市水系的重要组成部分,通过多条河道与大运河相连。瘦西湖反映了大运河沿线经济的繁荣和由此而生的文化发展情况,是与大运河带来的思想、文化、技艺的交流和汇集密不可分的运河文化景观。

春秋末年(公元前486年)吴王夫差于蜀冈筑邗城、开邗沟起,蜀冈上已开始有人工建设。

南朝宋元嘉年间(424—453年)徐湛之在广陵修建园林,"起风亭、月观、吹台、琴室,果竹繁茂,花药成行,招集文士,尽游玩之适"。

南朝宋大明年间(457—464年),蜀冈上又建大明寺。

唐代于蜀冈下筑罗城,其西护城河即是今瘦西湖春台祝寿以北一段的前身,而位于城中的"保障河"则是今虹桥至小金山一段的前身,是唐代扬州罗城内的重要运输河道。

宋元明时期是瘦西湖景观的重要发展期,沿线建成平山堂、观音寺、莲性寺、天宁寺、虹桥及一些私家园林。

五代后周取唐罗城东南角筑周小城,并为北宋三城之一的宋大城所沿用。其西城河沿用唐罗城中的保障河。明代又在宋大城的西南角建城,开北护城河,并沿用宋大城西护城河。至明代,虹桥以北的瘦西湖水体已全部成为城郊地带。

北宋欧阳修于蜀冈上建平山堂,苏轼建谷林堂。

元代,城郊建成莲性寺及少数园林,如已知的倚虹园所在地的元代崔伯亨花园。

观音山上已建有寺庙，并以之为基础在明洪武年间建成"功德山"。明代末年虹桥遗址一带建有"红桥"。

清康熙元年（1662年）、三年（1664年）、二十七年（1688年），王士禛、孔尚任相继在城郊的红桥举行修禊活动，而蜀冈上的平山堂、平远楼等也均由盐商和盐务官员重修或创建，成为城郊两处遥相呼应的文化胜地。

雍正十年（1732年），疏浚瘦西湖。清康熙、雍正年间，湖上已建有筱园、冶春园、郧园、王洗马园、莲性寺东园、平山堂西园等园林，而莲性寺、天宁寺、大明寺、观音寺、红桥等景观要素也均在此期间修整完善。

清乾隆年间（1736—1795年），伴随乾隆皇帝的6次南巡，瘦西湖景观在前代基础上迅速发展成形。首先是乾隆十八至二十一年（1753—1756年），修建天宁寺行宫，这成为此后乾隆历次南巡驻跸之处；其次是乾隆二十二年（1757年），两淮盐运使卢见曾在虹桥主持了规模盛大的修禊活动；最后是高恒等巡盐御史于乾隆十五年（1750年）、二十年（1755年）、二十六年（1761年）多次疏浚和清理瘦西湖水体，开辟莲花桥所跨莲花埭新河，盐商和盐务官员在这一线性水体两侧建造景观以供宸赏。至乾隆第四次南巡的乾隆三十年（1765年），包含瘦西湖主要景观要素的北郊"二十四景"已全部建成，形成了"两堤花柳全依水，一路楼台直到山"的卷轴画景观。

瘦西湖文化景观在随后的嘉庆、道光年间即迅速衰败。除少量由僧人看守的园林、寺庙外，多成废墟。清咸丰年间，太平军3次攻入扬州，瘦西湖一带沦为战场，由僧人看守的一些景观也遭毁坏。

同治、光绪年间，以两淮盐运使方浚颐为代表的盐务官员和部分盐商，集资重修了一些重要的景观要素，如平山堂、大明寺、观音寺、小金山、莲花桥、莲性寺、天宁寺、重宁寺等，使瘦西湖景观从嘉庆至咸丰以来的衰败中走出，重新成为扬州城郊的风景区。

民国年间，瘦西湖一带除对莲花桥等已有景观进行修缮外，还陆续兴建了传统风格的徐园、凫庄、熊园等园林建筑。

1949年以来，在统筹规划下，瘦西湖景观得到有计划、分步骤的保护和修复。多次清淤河道、修缮重点建筑、调整绿化，并加强管理和日常监控，原址修复了熙春台、望春楼等重要历史景观。

2006年，瘦西湖作为京杭大运河一部分，被国务院公布为第六批全国重点文物保护单位（图3-15）。

2014年，瘦西湖作为大运河的城区水系被列入世界遗产名录。

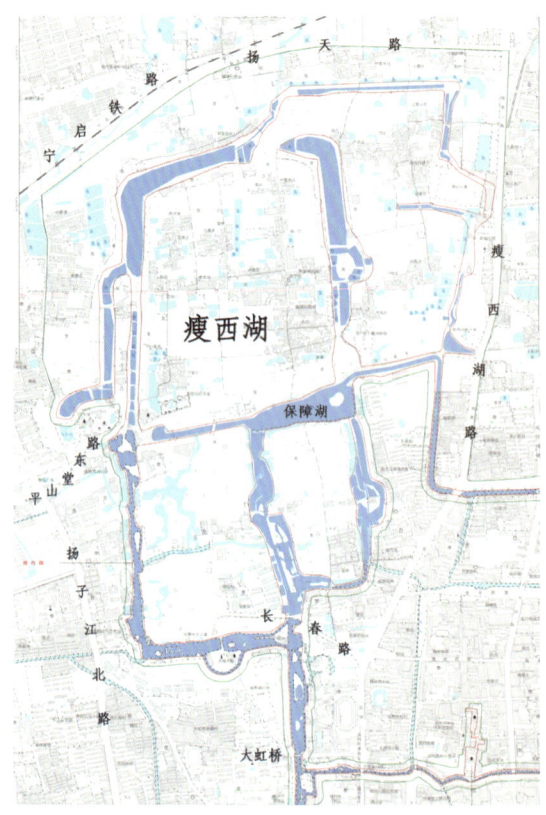

图 3-15 瘦西湖及其地形图

（十一）邵伯古堤

邵伯古堤是位于江都市邵伯镇甘棠社区以西的运河故道东岸的一段古运河河堤。

邵伯古堤用于防止邵伯湖湖水外泄，保持运河水位。明代以后，运河成为淮河的入江通道，河床逐年淤垫升高，运河逐渐成为悬河，对运河以东地势低洼的里下河地区形成巨大威胁，此段大堤作为防洪屏障被不断加高加固。

邵伯古堤的修筑，使邵伯段大运河脱离湖面，成为独立航道。同时，古堤也是抵御淮河洪水、保障邵伯镇安全的重要屏障。古堤现存部分南北长 300 米，截面为梯形，下底宽 8 米，上口宽 2.5～3 米，高 5 米。

邵伯大运河堤防始建于宋代，南宋绍熙五年（1194 年）淮东提举陈损之新筑江都县至淮阴大运河大堤 180 公里，名绍熙堤。宋元两朝，仅有堤防一道，在邵伯湖之东，时名东堤。明代漕船在湖中行驶，常遭风浪沉没，故兴筑河湖分隔工程。明万历年间，挑邵伯月河，在东堤内侧，另筑堤防一道，两堤之间为大运河航道，此后方有西堤之称。

清康熙五十三年（1714 年），修建邵伯大运河东岸石工，自大码头至庙巷口，长

1320米。这一段石堤一直留存至今,现称为邵伯古堤。

2006年,邵伯古堤作为京杭大运河一部分,被国务院公布为第六批全国重点文物保护单位(图3-16)。

图3-16　邵伯古堤

(十二)邵伯老船闸

邵伯老船闸位于邵伯镇邵伯节制闸西侧的大运河故道中(图3-17),民国二十五年(1936年)建成并投入使用。这是当年从长江入运河的第一座船闸,也是中国第一座使用现代工程技术建造

图3-17　邵伯老船闸

的船闸。建造船闸前，大运河航道水深常年只有 1 米左右，冬春枯水季节航运则几乎停顿。船闸建成后，大运河最低水深也不低于 2.5 米，吃水 2 米的重载船舶得以常年通航。

船闸闸室长 100 米，宽 10 米，闸门为钢结构，每扇闸门重约 6 吨，上下游均设置手摇的开闭机械，在当时是比较先进的设备。目前，船闸水面以上的部分和闸室西侧的岸墙均已拆除，只保存有两端钢制闸门和闸室东侧的岸墙，闸体上方建有一栋 4 层的办公楼。

（十三）邵伯码头

邵伯码头是位于邵伯运河东堤上的四个古码头遗址，自北向南分别称为竹巷口码头、大码头、朱家巷码头和庙巷口码头。

自从邗沟贯通江淮，邵伯成为南北往来必经之路，船舶往来日渐繁盛，因此在邵伯镇明清大运河故道两侧形成了大量码头。公元 18 世纪时，修建邵伯运河东岸大堤，同时修建了竹巷口码头、大码头、朱家巷码头和庙巷口码头共四座现存的码头。

这四座码头是往来大运河南北的客商在邵伯镇的主要停靠之处，也是邵伯镇及大运河以东地区进行对外货物贸易的主要场所。邵伯镇在清以前的繁荣，很大程度上依赖于这四座码头。

邵伯大运河沿线最早的码头已不可考，但是位于大运河堤上的这四座码头的建成年代，与大堤相同。

清康熙五十三年（1714 年），修建邵伯大运河东岸石工，大堤自大码头至庙巷口长 1320 米，四座码头就是这时与大堤共同修建的。其中，大码头的名声最响，素有"邵伯大码头，镇江小码头"的说法。

雍正四年（1726 年），潘鸿重造大码头潘家古渡。

1936 年，邵伯大运河改线，邵伯镇西的这一段大运河失去航运的功能，这些码头也随之逐渐失去功能，被废弃，现作为遗址展示。

2006 年，邵伯码头作为京杭大运河的一部分，被国务院公布为第六批全国重点文物保护单位（图 3-18）。

（十四）宝应刘堡减水闸

刘堡减水闸位于扬州市大运河宝应段大堤的东岸，是调节运河与宝应湖之间的水位差、保障漕运水位、保护大运河堤防安全的水工设施。

刘堡减水闸始建于明万历十二年（1584 年），后经过多次修缮，清乾隆年间逐渐淤塞废弃。现为遗址状态，为青石砌筑，堤坝、闸墙、堤坝以及西侧摆手基本保存完好，

图 3-18　邵伯码头

可清晰地看到木桩基础、堤闸石工以及水闸设计与两侧水位的关系。

　　考古发掘中发现了大量的条石、大砖和木桩及用条石和大砖垒砌的石墙。现存大量明代石堤及石闸等水利工程的遗存。其中，减水闸摆手偏向西北，主体部分由石工构成。整座石闸下方由地钉顶托，地钉呈排桩形式，排列紧密，木质依然有韧性。石闸顶部有部分砖工，对水闸起整合作用。石工与砖工均以石灰和糯米浆黏合而成。水闸设计合理，整体保存良好，闸槽清晰可见。刘堡减水闸反映了明代大运河相关水利设施已逐步完备，水利工程技术已达较高水平。

　　自邗沟开凿以后，沿线湖泊与邗沟相为表里，有利有弊。狂风夹浪溃决堤防，导致船只漂损，是其弊端；湖中蓄水，有益灌溉和船只航行，是其利处。扬州境内湖泊众多，在漕运中发挥了重要作用。明代以后湖害严重，弊大于利。为了船只航行安全和畅通，前人采用"筑堤以界水、砌砖石以护堤、建石（石达）[1]以泄横流、开月河以河湖分隔、加做纤道以助运"等措施。

　　明初，大运河扬州段运道在管家、射阳、白马、氾光、石臼、新开湖、甓社、武安、邵伯诸湖中行走。这些湖泊成了漕船航行的通道，但湖中风浪对船只的危害也极大。为了船只过湖安全，建闸以节其流，筑堤以防溃决，设浅铺避淤浅，做到蓄泄有利，减少水害。洪武九年（1340年），按宝应老人柏丛桂的建议，用砖砌护高宝湖堤六十里，以捍风浪。

　　洪武二十八年（1395年），按柏丛桂的建议，发动民夫5.6万人，自宝应槐楼湾至今高邮界首，沿湖东开直渠四十里，并筑堤保护。又增建石（石达）十八座，不久废弃。

1　石（石达），就是后来说的平水闸（减水闸），起源于宋代。

成化十四年(1478年)，因邵伯、高邮、宝应、白马4湖，每遇西北风大作，湖上船只常遭堤石、桩木冲撞损毁，遂筑重堤于堤东，意在渠化，积水行舟，以避风浪，但未实施。

万历十二年（1584年）挖成宏济河，长三十六里，筑堤九千余丈（约29970米），其中石堤占1/3。建宏济河南北闸（后来又改为平水闸）于两端。

据史籍记载，明代宝应县南五十里江桥，大运河上有江桥减水闸，沿堤向北，有氾水、瓦店、朱马湾等闸。宝应向北以及西堤上也有减水闸。可见明代减水闸已广泛运用，湖水涨时，通过减水闸排入下河以保堤防；弱时蓄水以保漕运，成为运道建设中不可缺少的水工实施。

刘堡减水闸兴建于万历十二年（1584年）九月二十一日，竣工于万历十三年（1585年）四月二十六日。清代顺治、康熙年间均进行过大修，乾隆年间淤塞。

2011年，考古工作者对江苏省宝应县安宜镇南侧运河东岸进行了考古勘探和发掘，发现明代石堤及石闸等水利工程的遗存。在向国家文物局上报了保护方案，得到批准后，对闸体进行了修缮，并实行了保护性展示。

宝应刘堡减水闸作为大运河申遗过程中发现的新的运河水工遗址，并成功地列入大运河的遗产点名单，填补了宝应县有运河河道而无正式列入遗产点名单的空白（图3-19）。

（十五）茱萸湾古闸

茱萸湾古闸位于广陵区湾头镇茱萸湾村薛家组，在湾头老街西街与北街交接处，

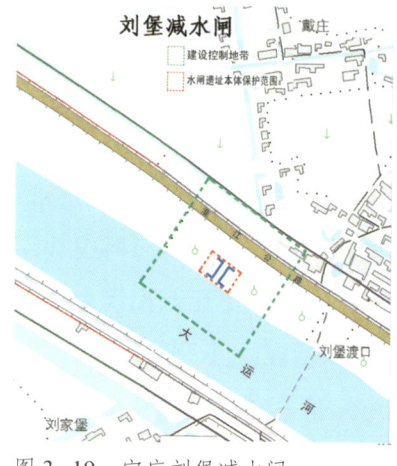

图3-19　宝应刘堡减水闸

建于清代。闸区水系与大运河相通，占地 5429 平方米。闸平面呈银锭形，南北长 17 米，闸体高 5.6 米，矶心宽 2.3 米。两岸尚存驳岸长约 200 米，青石砌成。目前，两岸尚存石驳岸长 200 米，青石砌成，每块青石之间均用银锭形铁件榫铆。闸北、西岸均建有砖砌券门，券门上石额分别刻有阮元所题"古茱萸湾"及"保障生灵"。闸区西街、北街作为历史街区，进行了环境整治。闸南岸存有传为太平天国遵王赖文光拴马的拴马石。闸东为避风塘，为船舶避风、停靠的港口。

茱萸湾古闸（图 3-20）始建于清代，光绪二十八年（1902 年）曾重建。2014 年，在大运河申遗过程中市申遗办争取上级文保专项资金，会同广陵区有关部门进行了修缮。

图 3-20 茱萸湾古闸

（十六）平津堰遗址

平津堰是为调节运河水位而建的唐代水利设施。堰原南起江都邵伯镇，北至宝应县，现存遗址位于高邮城西的高邮明清运河故道与高邮湖之间。平津堰是目前淮扬运河段所发现的唯一的堰。

平津堰（图 3-21）始建于唐元和年间（806—820 年），由淮南节度使李吉甫主持建筑。《明史稿》记载："唐元和中李吉甫为淮南节度使，复大修陂塘，筑堰于高邮，泄有余，防不足，以通利漕运，灌田千余顷，今所谓平津堰者也。"[1]

图 3-21 平津堰遗址

---

1 明史稿．

二、运河附属遗存

扬州段的运河附属遗存主要有两处：一处是运河边保护最完整的水陆驿站高邮盂城驿（图 3-22），一处是位于扬州明清古城的两淮都转盐运使司衙署。

（一）盂城驿

高邮盂城驿是明代北京、南京之间的重要驿站，位于高邮南门大街馆驿巷 13 号，占地面积约 16000 平方米，房屋整体坐北朝南，整体格局保存较好。

盂城驿是目前大运河沿线保存最好、规模最大的古代驿站遗存，驿站位于高邮南门大街历史地段范围内。盂城驿现存门厅、三间西耳房、后厅五间基本完好，正厅柱础完好，现作为邮驿博物馆对外开放。

盂城驿开设于明洪武八年（1375 年），后不断加建，逐步形成了明清时代大运河沿线规模最大的古代驿站。

洪武八年（1375 年），在高邮城南门外建盂城驿，永乐年间，知州王俊重修。

图 3-22　盂城驿

嘉靖三十六（1557年）五月，倭寇犯境，盂城驿毁于战火。

隆庆二年（1568年），知州赵来亨按旧制重建"驿之屋二十九楹"。

南门城外的皇华厅，先后由康熙五十七年（1718年）知州张德盛重修；嘉庆十四年（1809年），知州冯馨原地加高四尺后，重建并添建差房三间；道光二十年（1840年）知州朱荣桂重建，州署专派一名吏目负责，驿舍迁入城内州正堂西偏北行三十步的州署马厂（今马棚巷处），用马神堂三间、东西马棚各十二间改建而成。

辛亥革命后，盂城驿奉命撤销。

解放后，盂城驿用作居民住宅。1985年盂城驿在文物普查中被发现。1993年高邮市人民政府主持修缮，修复了驿站的主体建筑，与南门大街组成了亮丽的明清民居建筑群。修复后的盂城驿现已辟为邮驿博物馆。

1996年，盂城驿被国务院公布为第四批全国重点文物保护单位。

（二）两淮都转盐运使司衙署

两淮都转盐运使司衙署位于扬州明清老城区中部核心地段（图3-23），坐西朝东，门厅两侧建有八字墙，门前有石狮一对。主体为清代建筑，悬山结构，面阔三间，建筑面积100平方米。它是扬州盐务经济史上一处管理机构建筑。咸丰初年，太平军占领扬州，衙署毁于兵火。同治年间（1862—1874年），盐运使方浚颐于原址重建，现仅存的门厅为其遗迹。

明清扬州兴于运河、发于盐业，两淮盐官主导着两淮盐商的经营，而盐商又主导着两淮的社会风气。扬州国庆路上盐运使司衙门的开启闭合，犹如帝国民生心脏的有力搏动。

图3-23 两淮都转盐运使司衙署

三、运河相关遗存

运河沟通南北，晋商、陕商、徽商们纷纷来扬经商，官员们以到此赴任为人生乐事，他们营建了如个园、何园、汪氏小苑等大量精美的私家园林，汪鲁门、卢宅等一座座巍峨的盐商住宅。而商业的繁荣带来了文化的兴盛，扬州被看作传播宗教的理想场所，扬州运河边建起了一座座寺庙、道观、清真寺、教堂。

（一）普哈丁墓

普哈丁墓是宋代伊斯兰教遗迹（图3-24）。普哈丁，传为伊斯兰教创始人穆罕默德第十六世嫡孙，南宋末年来扬传播伊斯兰教，并在城内营建礼拜寺（今仙鹤寺），德祐元年（1275年）卒后葬于此。普哈丁墓分为清真寺、墓区、园林区三部分。

普哈丁墓面对大运河西向而筑，意为不忘故土。作为见证大运河与"海上丝绸之路"密切关系的重要物证，目前，普哈丁墓作为"海上丝绸之路"的遗产点，代表扬州参与了"海上丝绸之路"申遗。

（二）个园

个园（图3-25）是清代嘉庆二十三年（1818年）在明代寿芝园旧址上建成的宅园，占地24000平方米，建筑面积近7000平方米，为前宅后园式江南私家园林。个园的住宅部分位于个园南侧，坐北朝南，占地3500余平方米，建筑面积3000平方米。住宅由西、中、东三路建筑组成，前后各三进，各路建筑间以火巷相隔。整体建筑群规模宏大，

图3-24　普哈丁墓园

布局严谨。单体建筑体量宏敞，用料考究，是扬州盛极一时的盐商文化和民居文化的珍贵遗存。个园的园林部分，以四季假山为主，结合园林建筑、植物配置及理水，是个园景色的精华，是扬州古典园林艺术的杰出代表。

图 3-25　个园

清嘉庆二十三年（1818年），两淮盐业商总黄至筠在明代寿芝园旧址上建成个园。后卖给李韵亭，李韵亭又将个园正宅以西全部住宅与后园林转卖给徐宝山，而将正宅以东一宅典给张姓。

民国十年（1921年），徐宝山二夫人孙阆仙将个园花园与住宅卖给蒋遂之。

民国十八年（1929年），蒋遂之将个园正宅、西副宅（今中路和西路）与花园全部卖给朱瑞徵。后朱瑞徵将最西端两个副宅（今东关街220号）转卖给大德生药店老板朱柳桥，朱家对个园进行了较大规模的修缮，部分修缮掺杂了近代装修。后又转归王氏、纪氏。1949年之后，两个副宅交由苏北治淮工程指挥部使用。

1949年，由军队接收，用作荣军学校。

1957年，用作扬州人民委员会文化处、江苏省手工业生产合作联社干部训练班扬州办事处。

1958年，由扬州汽车修理厂使用。

1963年，由扬州博物馆用作博物馆分部。

1966—1976年，用作扬州京剧团、扬州扬剧团宿舍。

1981年10月，由扬州市园林管理处管理。

1982年2月，增开额名为"竹西佳处"的园门，并在夏山和秋山上分别增建了"鹤亭"和"住秋阁"。

1982年3月，被公布为江苏省级文保单位。

1988年1月，被国务院公布为第三批全国重点文物保护单位。

1997年，复建了万竹园，植竹60余种。

2002—2005年，对南部住宅内居民进行搬迁，完成三纵三进住宅及门楼、门房修复工程。

2007年2月,被中国建设部评为首批国家20家重点公园之一。

(三) 何园

何园是清同治、光绪年间湖北汉黄德道台何芷舫在明代双槐园基础上修建而成的私家住宅园林(图3-26)。南为住宅,北为花园,中西合璧。2005年,当时的中国文物学会会长罗哲文称之为"晚清第一园"。何园中的片石山房系石涛大师叠山作品,堪称人间孤本。

据《扬州何园》记载,何园始建于清同治元年(1862年),历时达13年,占地14000余平方米,建筑面积7000余平方米,园内有大槐树两株,传为双槐园故物,今仍有一株。[1] 何园原名"寄啸山庄",园名取自陶渊明"归去来兮……依南窗以寄傲,登东皋以舒啸"之意。光绪九年(1883年),湖北汉黄德道台、江汉关监督、曾任清政府驻法国公使的何芷舫隐扬州后,购得吴氏片石山房旧址,扩入园林,前后历时13年之久,故而又称"何园"。何园是扬州大型私家园林中最后问世的,园主将西方建筑特色带回了中国,并吸收中国皇家园林和江南诸家私宅庭园之长,又广泛使用新材料,使该园吸取众家园林之经验而有所出新。

全园由东园、西园、园居院落、片石山房四个部分组成,以两层串楼和复廊与前面的住宅连成一体。

何园的主要特色是把廊道建筑的功能和魅力发挥到极致,1500米复道回廊,是中国园林中绝无仅有的精彩景观。许少飞先生在《扬州园林》一书中提到回廊时说道:"而蔚为奇观的,则是寄啸山庄内的复道回廊。此廊全长四百丈,周遍全园,而又造型奇

图3-26 何园

---

[1] 许少飞. 扬州园林.

巧壮观,所以为游人、专家所瞩目,称誉于海内外。"[1]正因为有了这个回廊,何园才形成了全方位立体景观和全天候游览空间,把中国园林艺术的回环变化之美和四通八达之妙发挥得淋漓尽致,被誉为立交桥雏形。

片石山房是何园里的另一处佳景,传说是清初画家石涛的孤本。石涛兼工书法、诗歌,并擅园林叠石。对扬州画派和近现代中国画影响很大。钱泳在《履园丛话》卷二十四中说:"扬州新城花园巷,又有片石山房者,二厅之后,湫以方池,池上有太湖石山子一座,高五六丈,甚奇峭。相传为石涛和尚手笔。"[2]陈从周先生在其所著《园韵》中认定"扬州片石山房为石涛所叠园林实例之重要者"。许少飞先生在《扬州园林》中描述:"山之西部,后倚北墙,前临曲池,依照湖石皱纹,层层相叠而起。高九米余,主峰直上青霄。奇峭秀逸。左前有高梧映带,石间有磴道可上,峰顶有百年老梅一株,曲干虬枝,使峰峦更为俊逸多姿。"[1]

(四)汪氏小苑

汪氏小苑(图3-27)位于扬州东圈门历史街区地官第14号,占地面积3000多平方米,建筑面积1700平方米。汪氏小苑以住宅为主要部分,以园相辅。因面积不大,宅主姓汪而称为"汪氏小苑"。小苑整体布局规整,分为三纵三横,前后中轴贯穿,左右两厢对称,每进门门相对。小苑四个角落分布着四个花园,住宅与庭园之间,既相互连通,又曲折多变,是大运河沿线具有代表性的晚清建筑。2002年,汪氏小苑对游客开放。

图3-27 汪氏小苑

---

1 许少飞.扬州园林.
2 钱泳.履园丛话.

（五）卢绍绪盐商住宅

卢绍绪盐商住宅（图3-28）坐落在老城区康山街22号，始建于清光绪二十三年（1897年），是大运河扬州段现存规模最大的盐商住宅建筑，也是大运河沿线晚清盐商大型住宅的代表。

现存建筑前后共九进，占地约5000平方米，主要建筑及园林有正厅、藏书楼、意园等。现作为扬州淮扬菜博物馆对外开放。

清光绪二十三年（1897年），盐商卢绍绪购得康山街南北空地两块，在北面建造宅园，耗银7万多两，3年建成。街南空地四亩，南接城墙，沿大宅照壁西首有平房4间及走廊，其南后建有平房8间。

图3-28　卢绍绪盐商住宅

卢宅的墙体全部用青整砖、青灰丝缝扁砖砌到顶，不加粉饰，尽显本色。扬州人称之为"清水货砖墙"，是传统的扬州砌墙特色代表。

1913年，卢宅被一分为二，由卢氏后人分别继承并陆续转卖。

1949年后，卢宅由军队使用。

1958年后，卢宅先后被扬州火柴厂、制药厂、食品厂使用。

1981年遭火灾，毁照厅、楠木大厅、二厅、女厅四进房屋。

2004年起，对卢宅进行修缮。

2006年，修缮完毕，作为扬州淮扬菜博物馆对外开放。同年，作为京杭大运河一部分，被国务院公布为第六批全国重点文物保护单位。

（六）汪鲁门盐商住宅

汪鲁门盐商住宅（图3-29）位于扬州古运河边，始建于清光绪年间（1875—1908年），是江南典型的盐商大宅，建筑面积1700余平方米，布局规整严谨，体量宏大，用料考究，装修精致。

图 3-29　汪鲁门盐商住宅

现存遗产面阔三间，在同一中轴线上，前后九进，分别为门楼、大厅、二厅、住宅楼等，总长 115 米。其第三进是扬州现存盐商住宅中体量最大、最完整的楠木大厅，屋架结构全为楠木，做工精细，雕刻精美，壮观华丽。

汪鲁门盐商住宅原房主为刘赓唐。

民国八年（1919 年），汪氏以大洋 9750 元加盐 5500 两（约 172 公斤。市制，1 市斤等于 16 两）从刘氏手中购得。

1949 年后，用作扬州医药公司仓库，第九进楼房及厢楼被拆，改为平房四间，做厨房使用。

1962 年，汪鲁门盐商住宅内楠木大厅被公布为市级文物保护单位。

1982 年，整体公布为扬州市文物保护单位。

2002 年，汪鲁门盐商住宅被公布为江苏省文物保护单位。

2006 年，汪鲁门盐商住宅作为京杭大运河一部分，被国务院公布为第六批全国重点文物保护单位。

2007 年，扬州市建设局对汪鲁门盐商住宅建筑主体部分进行修缮。2013 年，在大运河申遗过程中，市申遗办组织力量对汪鲁门盐商住宅进行了再次修缮，2018 年，作为扬州大运河盐文化展示馆对外展示。

（七）盐宗庙

盐宗庙（图 3-30）位于扬州市区康山街 20 号，东、南临扬州城区大运河，西侧有何园、卢绍绪盐商住宅等文物古迹，北侧为天主教堂，占地面积约 400 平方米，建

图 3-30　盐宗庙

筑面积 280 平方米。

盐宗庙始建于同治十二年（1873年），由两淮众盐商捐建，原有殿宇五进，庙后还有戏台，作为祭祀夙沙氏、胶鬲、管仲等盐业历史著名人物的场所。

盐宗庙后来还被改为祭祀曾国藩的祠堂。清朝重臣曾国藩在 1872 年去世，病故于两江总督兼两淮盐政任上。根据同治皇帝"立功省分，并著准其一并建祠"的旨意，盐宗庙于 1874 年改祀曾国藩，更名为"曾公祠"。

盐宗庙充实和证明了扬州盐业在大运河发展中的重要地位。

1966—1976 年，为保护曾公祠，曾在原砖雕、门额上涂上封泥。2006 年，扬州市政府筹措资金，对其进行全面修缮、恢复，盐宗庙和曾公祠合二为一。同年，盐宗庙作为京杭大运河一部分，被国务院公布为第六批全国重点文物保护单位。

盐宗庙现保存完整，2006 年修复后对外开放。在大运河申遗过程中，扬州市申遗办又编制了扬州盐业历史遗迹保护展示工程项目方案，获国家文物局批准后，对盐宗庙的展示进行了提升。

以上（二）至（七）的运河相关遗存通称扬州盐业历史遗迹。

隋唐以后，大运河航道逐渐贯通，扬州作为我国海盐生产运输的中心、两淮地区的交通枢纽，借大运河的交通便利，发展成为古代中国最重要的盐业运输和交易的中心城市之一。兴旺的盐业带动了扬州城市的发展，留下了众多与盐业有关的历史建筑遗迹，其中包括个园、汪鲁门盐商住宅、盐宗庙、卢绍绪盐商住宅等。这些以盐商宅第和古典园林为代表的扬州盐业历史遗迹，见证了清代前期大运河沿线发达的盐业经济所带来的高度的商业文明和盐商资本集团的财富集聚对社会文化振兴和城市建设发展产生的影响。

扬州盐业历史遗迹（图 3-31）见证了公元 18—19 世纪，扬州作为大运河沿线城市商业和城市生活的繁荣兴盛。公元 18—19 世纪盐业经济成为国家经济命脉，扬州盐商及时控制利用盐业专卖垄断权，依托扬州便利的水运条件，使扬州一度成为大运河沿线乃至全国的盐业贸易中心城市，形成了以盐业经济为支柱产业的盐商社会生态和商业经济形态，对清代扬州城的社会生态、建设格局和居民生活产生了直接影响。

（八）扬州天宁寺行宫（含重宁寺）

天宁寺位于扬州明清城北郊外城河边，是清代帝王南巡时的行宫（图3-32）。

天宁寺位于丰乐上街3号，地处清代扬州城的北护城河北岸，南对拱辰门（又称天宁门）。天宁寺始建于东晋，经历代重修，现存建筑格局为清同治年间修复后的遗存。天宁寺与清代扬州文化的繁荣具有密切的关联。它是皇帝南巡时在扬州的驻跸之所，也是扬州最早的佛教庙宇之一，见证了扬州的繁华与自身的兴盛。至今，篆刻着《南巡记》的乾隆南巡御碑，仍巍然矗立在寺内山门殿的北侧。"南巡之事莫大于河工"，乾隆自己撰写的《南巡记》，点明了帝王南巡的主要目的。南巡御碑也成为定格于特定历史时期的独特物证。

天宁寺现状保存完好，由山门殿、天王殿、大雄宝殿、华严阁、东西廊房及配殿组成，现作为扬州佛教文化博物馆对外开放。

图3-31　扬州盐业历史遗迹

图3-32　天宁寺行宫

天宁寺始建于武则天证圣元年（695年），以年号为名，最初称为"证圣寺"。

北宋真宗大中祥符五年（1012年），证圣寺改名"兴教院"。北宋徽宗政和二年（1112年），全国重要州府均建"天宁寺"，所谓"建寺"也包括将原有的寺庙更名，于是赐予此寺"天宁禅寺"之名，从此沿袭至今。明洪武年间（1368—1398年）重建。康熙四十四年（1705年）钦命两淮巡盐御史曹寅在寺内设"扬州诗局"，主持刊刻《全唐诗》等书。乾隆十八至二十一年（1753—1756年），为迎接乾隆皇帝1757年的第二次南巡而修建天宁寺行宫、御花园和文汇阁。咸丰年间毁于兵火，同治年间重建。20世纪40年代，战争使得天宁寺的寺内陈设被洗劫一空。1949年初，寺内曾办学校，拆除了部分牌楼、御碑亭等。1955年起，先后改作学校、展览馆、招待所等。1984年，大修。1988年，作为扬州博物馆对外开放。2005年，扬州博物馆另迁新址。天宁寺进行整修，新建了藏经楼。2008年，作为扬州佛教文化博物馆对外开放。

图3-33 重宁寺

重宁寺（图3-33）为清代扬州八大古刹之一。重宁寺与天宁寺隔路相望，并称"双宁"。重宁寺位于长征路15号，现存天王殿、大雄宝殿、藏经楼。寺本"平冈秋望"旧址，清乾隆四十八年（1783年），淮商吁请在天宁寺后建万寿寺为祝太后寿辰之所。奉旨允建，御赐"万寿重宁寺"额和"普现庄严""妙雨花香"两匾。御撰寺记，亲书勒石。门外植榆树数十株，构筑大戏台。山门第一进为天王殿，第二进为三世佛殿，佛高九尺五寸，后瞻若仰。寺中佛像"照内工作法"表现了皇家因素对寺庙艺术的影响。光绪十七年（1891年），僧人瑞堂募资重建山门殿和大雄宝殿。光绪二十七年（1901年），僧人长惺及徒雨山、宝莝等先生营造楼殿堂察，至宣统元年（1909年）竣工。新中国成立后，1959—1960年曾用作扬州市体育学校校址，后为武警部队驻用。1984年，扬州市人民政府对重宁寺进行维修。1989年国家文物局、江苏省文化厅、扬州市人民政府三方签订协议，重宁寺用作国家文物局扬州培训中心校址。1990年，全面大修天王殿，并在院内两侧建办公、教学用房。2002年国家文物局扬州培训中心撤销，移交扬州市文物考古队代管。2007年扬州市文物局对重宁寺藏经楼进行维修。

2013年，在大运河申遗过程中，扬州市申遗办又组织对天宁寺行宫与重宁寺进行了修缮。现天宁寺作为扬州佛教文化博物馆和扬州古玩交易市场对外开放。同时，在天宁寺中还兴建了扬州八怪之一的郑板桥纪念馆，天宁寺的万佛楼还收藏了一套由商务印书馆复制的文津阁版《四库全书》。

（九）扬州城遗址（隋—宋）

扬州城遗址（图3-34）位于江苏省扬州市西北蜀冈上。春秋时吴王夫差始筑邗城，以后历代相继修筑。现存的扬州城遗址主要是隋至宋代。隋、唐、宋时期扬州城池相互叠压，城池遗址保存相对较好，地面水系相对完整。隋江都宫城、东城叠压在唐子城遗址之下。罗城叠压在现代扬州城之下。宋大城周长10110米，东南两面至古运河，北至潮河，西与明代旧城墙一致，今西北角地面仍保存夯土城墙，高度达8米左右。宋宝祐城、夹城地面遗迹清晰可辨。

唐代以后扬州城从蜀冈上向下修建，成为仅次于京城的繁华商业城市。扬州城遗址由

图3-34　扬州城遗址

大城和小城相连组成，总面积约20平方公里。大城又名罗城，始建于唐代中晚期，城内分为商业区和居民区，包砖砌筑的南门遗址外有瓮城，城墙局部残高3米。小城又名子城，是利用隋代宫城重加修筑而成的，是当时的衙署区，平面呈不规则多边形，辟有4座城门，城墙遗迹清晰，范围走向明确。遗址内还发现有唐代木船、古河道、桥梁以及佛像、碑刻等大量遗迹、遗物。1984年以来多次发掘，明确了子城和罗城的四面城墙、九座城门及城内道路、建筑遗址等，同时探明了宋代扬州城系有三个关系密切的大城、夹城、堡城。

扬州城遗址被国家发改委和国家文物局列入"十一五"期间100处国家重点遗址保护专项。2010年10月11日，国家文物局公布了第一批国家考古遗址公园名单和立项名单，扬州城考古遗址公园被列入立项名单。目前，扬州城遗址宋堡佑城和宋夹城的水系都被列入大运河遗产名单。

（十）高邮南门大街历史地段

高邮南门大街（图3-35）与高邮城垣、城门紧密相连，与盂城驿血脉相通，在南粮（盐）北运时代，共同见证了大运河沿线城镇漕运、盐运的昌盛和街区的繁荣。现保存有大量的民居、官衙、商行、杂货店、

图3-35　高邮南门大街

布店、米厂、茶馆、旅店等历史文化遗存。高邮南门大街现存清晰的街巷体系及业态丰富的老字号，又有水陆并行的对外交通，汇聚了运河市镇典型的街巷空间要素。

（十一）镇国寺塔

镇国寺塔位于高邮城西南大运河畔的河心岛上。现存塔身一至三层为宋代遗物，其他各层均为明代修建。该塔为七层方形楼阁式砖塔，塔高 35.36 米。外形轮廓大体保存唐代砖塔的风格。

《高邮县志》记载："镇国寺塔始建于唐僖宗时，原为 9 层，清嘉庆十五年 (1810 年) 被大风损坏 3 层，光绪三十二年 (1906 年) 修为 7 层。镇国寺塔的塔身全部用青砖砌建，高 25 米，平面呈方形。塔顶为四角攒尖式，顶端直立着二米高葫芦式紫铜塔尖，底层有南北拱门，二层到七层均有塔门，两旁建有小佛龛。三层到五层的塔门两旁砌有凸出的半圆砖柱，层层之间都有叠砌砖出檐，明显地留存唐代古塔的建筑风格，在全国 600 多座古塔中，堪称翘楚。塔上为砖砌粉灰色的四角切尖式塔顶，上置覆钵，再上是铜制葫芦刹顶。外形轮廓大体保存唐代砖塔的风格。高塔耸立在小岛上，别具风味。"[1]

图 3-36　高邮镇国寺塔

镇国寺塔是古代运河的重要景观节点，也是高邮城的标志性景观（图 3-36）。因它位于高邮城内西门湾，又叫西塔，与东门外的净土寺塔遥遥相对，成为运河中的标志性景观。镇国寺塔体现了运河的景观价值，记录了运河改造的历史。据高邮文史专家李国耀介绍，镇国寺塔还有一段"让道保塔"的故事：1956 年京杭大运河拓宽改造工程中，镇国寺塔本应在拆毁之列，经有关部门反复认真研究，最后上报中央，在周恩来亲自过问下，决定不惜耗费重金，"让道保塔"，在运河中留有一块近 40 亩的河心小岛，镇国寺塔耸立其间。

1　高邮县志.

著名的古建筑、园林专家陈从周教授来高邮访古塔时,曾作一首七绝诗《高邮镇国寺塔》:"归程回首步犹迟,古塔斜阳系去思,不惜秋波重一转,水中陆上两相宜。"

大运河申遗期间,高邮文物部门编制了镇国寺塔抢修的方案,报国家文物局批准后,对镇国寺塔进行了抢修,目前已解决了塔基渗水问题。

(十二)邵伯铁牛

在邵伯节制闸上游的斗野亭公园内,保存着一只镇水铁牛,长1.98米,高1.10米,重约1500公斤,是昔日大运河泛滥,百姓祈求安康的见证。

清康熙三十八年(1699年)六月,淮河水灾,邵伯镇南更楼决口长达180米,水深13米多,漕河总督张鹏翮因无法迅速堵塞决口,只能避开决口,开越河一道,自仓巷口向西折南至南大王庙接运河,又筑南北二坝。康熙四十年(1701年),张鹏翮铸镇水之物"九牛二虎一只鸡":"九牛"分置在淮阴的码头、武墩、高堰,洪泽的高良涧、蒋坝,高邮的马棚湾,江都的邵伯,邗江的瓜洲等地的险要堤段上;"二虎"是镌刻在扬州东北壁虎坝两端墙壁上的两只壁虎;"一只鸡"是镌刻在邵伯嵇家闸闸壁上的一只雄鸡。

清咸丰二年(1852年),户部尚书董恂奉命负责江南漕运,经过邵伯时,见铁牛完好,但无铭词,遂补作铭词:"淮水北来何泱泱,长堤如虹巩金汤。冶铁作犀镇甘棠,以坤制坎柔克刚。容民畜众保无疆,亿万千年颂平康。"

铁牛共四次移址:第一次是1952年冬,因开挖邵仙引河从米市街北运堤墩上迁至邵伯大运河边大码头西侧;第二次是1964年,从大码头移前东街文化馆院内与甘棠树放置一起;第三次是1994年,从邵伯文化馆迁至甘棠路西首(民国二十年运堤决口处即原万寿宫处);第四次是2000年,从万寿宫处迁至邵伯节制闸上游斗野亭公园内。

2006年,邵伯铁牛作为京杭大运河一部分,被国务院公布为第六批全国重点文物保护单位(图3-37)。

(十三)马棚湾铁牛

马棚湾铁牛(图3-38)于清康熙四十年(1701年)铸

图3-37 邵伯铁牛

图 3-38　马棚湾铁牛

造,为镇水之物,长 1.70 米,宽 0.75 米,高 0.68 米。铁牛与铁座浇铸为一体,重约 2.5 吨。双角稍有残缺,体表有锈蚀、裂纹,整体上仍较为完好。铁牛造型逼真,雄健传神。身上浇铸的铭词为"唯金克木蛟龙藏,唯土制水龟蛇降。铁犀伏镇奠淮扬,永除昏垫报吾皇"。

马棚湾铁牛与邵伯铁牛同属康熙四十年(1701 年)铸造的"九牛",为镇水之物,原位于洪泽湖大堤上。

1956 年京杭运河拓宽时,马棚湾堤段被裁弯取直,马棚湾铁牛先后被移入县人民公园和县文化馆,1987 年 12 月被公布为高邮县文物保护单位。现铁牛被放置在大运河畔的高邮明清运河故道上,供游客欣赏。

四、运河聚落遗存

除了以上三大类运河遗存外,在扬州段运河沿线还有一类特殊的运河遗存,那就是运河聚落遗存。作为扬州交通和经济文化交流的大动脉,大运河扬州段对沿线城镇的兴起繁荣起了很大的作用,并创造出独特的运河文化与生活。如宝应因河而盛、界首因驿成镇、邵伯因埭成镇、瓜洲因渡口成镇,扬州城更是一直在经济与文化方面都是中国历史城市的典范。大运河对沿线的城镇聚落的文化与生活方式的影响至今仍清晰可见。这里重点介绍一下几个运河古镇。

(一)瓜洲镇

史料记载,瓜洲旧在江中,形如"瓜"字,故称瓜洲,又称瓜步。唐朝时开伊娄河,大运河从瓜洲入江,宋代时又在瓜洲筑城,成为滨江重镇。瓜洲因位于长江与大运河的交汇处,是大运河入长江的重要通道,为"南北扼要之地",《嘉庆瓜洲志》云:"瓜洲虽弹丸,然瞰京口,接建康,际沧海,襟大江,实七省咽喉,全扬保障也。且每岁漕舟数百万,浮江而至,百州贸易迁徙之人,往返络绎,必停于是。"瓜洲的繁荣,我们从唐诗宋词中也可了解到。无论是白居易的《长相思》"汴水流,泗水流,流到瓜洲古渡头,吴山点点愁",还是王安石的《泊船瓜洲》"京口瓜洲一水间,钟山只隔数重山。春风又绿江南岸,明月何时照我还",都让瓜洲名声远扬。到了康熙末年,长江江流北移,镇江、扬州段开始出现南岸淤涨、北岸坍塌的情形。千年瓜洲在康熙五十四年(1715年)开始坍岸,至光绪二十一年(1895年)最终坍入江中。今天的瓜洲是在原瓜洲镇西北四里铺的基础上发展起来的(图3-39~图3-41)。

图3-39　瓜洲古渡碑

图3-40　瓜洲古渡牌坊

(二)邵伯镇

邵伯在今天扬州城区的北边。当时这里的地势西高东低,高的地方常常干旱,低的地方常常淹水,老百姓年年流离失所。东晋时太傅谢安被贬到广陵,为了使运河中能够存住水,在今天邵伯的这块土地上筑起了一座埭。这条拦水大坝,可以调节水位,蓄洪排涝,有效地防治水患。从此,常受旱涝之灾的邵伯成为

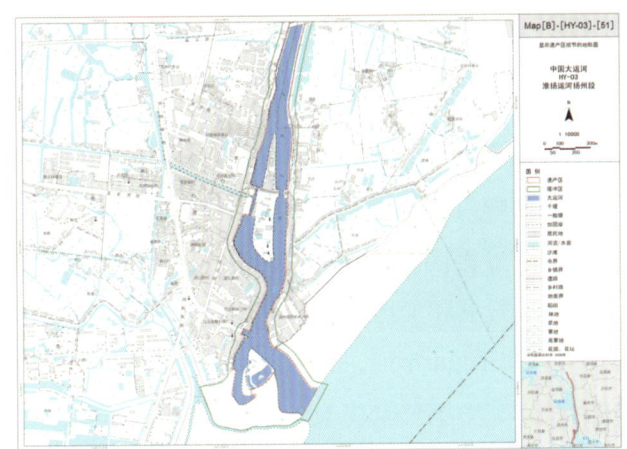

图3-41　瓜洲运河地形图

旱涝保收的鱼米之乡。后人为追思谢安的功绩,把他比作西周时协助周公辅佐周室的召公,称埭为召伯埭,称湖为召伯湖,称镇为召伯镇,召伯也即邵伯。正如北宋扬州诗人王令在诗中所说的:"谢公已去人怀想,向此还留召伯名。"

图 3-42　邵伯大码头旁的老街

后来邵伯古镇成为大运河闻名遐迩的繁华商埠，南北航运要道，商铺鳞次栉比。古往今来，隋炀帝、孙觉、苏轼、苏辙、黄庭坚等众多文人墨客都在这里留下了足迹。邵伯镇还有斗野亭、镇水铁牛、谢公祠、云川阁、大码头、条石街、甘棠古树等十多处古迹。邵伯镇有众多的大运河遗产，如邵伯明清运河故道、邵伯古堤、邵伯码头。民国时期的邵伯老船闸，成为大运河沿线一个重要的旅游景点（图 3-42）。

（三）界首镇

界首因地处高邮、宝应、金湖三县市"交界之首"而得名。得益于大运河带来的水上交通便捷的优势，古代界首驿站比盂城驿还早 98 年，界首也成为南来北往客商们的必经之地。感受运河古镇风采，元代诗人萨都剌曾作《过界首驿》："清气扑人湖面水，幽声到耳树头风。麦黄蚕老樱桃熟，正是淮南四月中。平湖过雨天开镜，落日放船人打渔。野老柳荫沽黍酒，行人马上得家书。"界首运河大码头作为京杭大运河淮扬运河主线世界遗产点的组成部分，见证了古镇的发展和变迁，承载了运河的民俗风情。据《高邮州志》记载，从公元 1684 年到 1707 年的 24 年内，康熙南巡来过高邮 6 次，目的是调查研究淮河下游水患及其解决办法，其中第三次在 1699 年，曾"驻跸界首"。此外，界首运河大码头也是水路到界首驿的必经之处。界首镇上有各类文物点，拥有省级文物保护单位华中雪枫大学旧址、界首老街、界首护国寺、界首驿、高邮界首民俗馆、界首运河大码头、明清南北大街、大清邮局、界首历史陈列馆、乡村师范、太平街等众多名胜古迹。这些名胜古迹展示了界首镇独特的运河文化记忆（图 3-43）。

(四)扬州东关历史街区

东关历史街区是扬州城里最具有代表性的一条历史老街。它东至古运河边,西至国庆路,全长 1122 米。东关街因直通扬州古运河边的东关古渡而得名,也因此而成为扬州水陆交通要道,商业、手工业和宗教文化中心。

原街道路面为长条板石铺设,街面上市井繁华,商家林立,行当俱全,生意兴隆。陆陈行、油米坊、鲜鱼行、八鲜行、瓜果行、竹木行近百家之多。东关街上的老字号商家就有开业于 1817 年的四美酱园、1830 年的谢馥春香粉店、1862 年的潘广和五金店、1901 年的夏广盛豆腐店、1909 年的陈同兴鞋子店、1912 年的乾大昌纸店等。和东关街紧紧相连的是东圈门历史街区,两条街现已共同规划、整治、开发,形成扬州双东文化商圈,更能凸显扬州文化名城的非凡品位。这里除有老字号店铺外,还集中了众多文物古迹,有个园、逸圃、汪氏小苑、街南书屋,还有明代的武当行宫、准提寺等历史建筑。

2013 年,东关街被评为当年的中国十大历史文化名街(图 3-44)。

图 3-43 界首古镇南大街

图 3-44 繁华的东关街

五、大运河扬州段遗产保护管理要求

最终列入世界遗产名录的扬州段运河遗产共有 151.3 公里河道和 10 个遗产点。其中淮扬运河扬州段主线北起里排河与大运河连接处,南至长江边的瓜洲镇,全长 151.3 公里,包括主线的三段河道,分别是里运河、扬州古运河、瓜洲运河,还有三段故道,分别为古邗沟故道(扬州城区段 1.45 公里)、高邮明清运河故道(26.5 公里)、邵伯明清运河故道（0.3 公里）。10 个遗产点分别是刘堡减水闸、盂城驿、邵伯古堤、邵伯码头、天宁寺（含重宁寺）、瘦西湖、个园、卢绍绪盐商住宅、盐宗庙、汪鲁门盐商住宅。这些世界遗产必须严格按照《世界遗产公约》的要求进行保护管理。

（一）遗产区、缓冲区的划定

遗产区边界：沿淮扬运河东侧岸线自宝应里排河与京杭运河连接处起至长江止，沿线两侧均以运河岸线向东西两侧各外扩 5 米为界，遇堤时，则以外堤脚线为界。

西侧遗产区自里排河起沿外堤脚线，至宝应县京杭村沿运堤西路起，至宝应县京杭运河三桥后继续沿西侧外堤脚线，至高邮市高邮镇金墩村南界起沿西侧堤脚线外侧，至高邮湖调度闸西侧边界沿堤脚线西侧划定，至邵伯三线船闸沿主航道外侧堤脚线划定至扬州古运河，沿岸线外扩 5 米为界。

东侧遗产区自里排河起沿外堤脚线，沿自宝应市运河路起，至南园西路，至苏中南路，至淮江公路沿东侧划定，直至高邮市绪家大桥西侧运堤路，至高邮市南门大街，以盂城驿保护范围为遗产区边界，至馆驿巷与运堤路相交位置沿运堤路至淮江公路，沿淮江公路至邵伯镇长青路，沿堤脚线外侧，至邵伯码头，以邵伯码头保护范围为遗产区边界，之后沿邵伯明清运河故道外侧堤脚线为遗产区边界至邵伯镇小街，沿主航道外侧堤脚线划定至扬州古运河沿岸线外扩 5 米为界。

其中扬州历史城市以现有护城河水系岸线外扩 5 米为界。其中天宁寺行宫、个园以公布的保护范围为遗产区边界。

缓冲区边界：自宝应二里排河起至高邮市界东西两侧缓冲区以遗产区外扩 40 米，自高邮市界至高邮湖运西船闸调度所缓冲区自遗产区西侧外扩 500 米，东侧外扩 40 米；高邮湖运西船闸调度所至车逻镇干渠东西两侧自遗产区外扩 40 米；之后西侧缓冲区自车逻镇干渠至扬州市邗江区肖胡村遗产区自遗产区外扩 500 米，自扬州市邗江区肖胡村至邵伯京杭运河大桥至西侧外扩 300 米，自邵伯京杭运河大桥至长江以遗产区外扩 40 米。

东侧缓冲区自车逻镇干渠至至邵伯镇小街自遗产区外扩 40 米；自邵伯镇小街至扬州市邗江区湾头镇谢庄村自遗产区外扩 300 米；自扬州市邗江区湾头镇谢庄村至长江遗产区外扩 40 米。

其中瘦西湖以风景名胜区边界为缓冲区边界；盂城驿、天宁寺行宫、个园、邵伯码头缓冲区边界以遗产区边界外扩 40 米划定[1]，如图 3-45 所示。

---

[1] 国家文物局. 中国大运河申遗文本，2013.

（二）遗产保护管理总体要求

依据《中华人民共和国文物保护法》等相关法律法规、中国文化部颁布实施的《大运河遗产保护管理办法》等部门规章，以及地方人民政府颁布实施的地方性专项法规、规章要求，淮扬运河扬州段遗产区保护管理要点是按照"遗产要素保护原则"对各类遗产要素进行保护。具体要求：

1.淮扬运河扬州段河道、瘦西湖、邵伯古堤、邵伯码头

保养和维护在用河道、湖泊、水工设施，应识别、尊重、保存其在外形和设计、材料和实体、用途和功能、方位和位置各方面留存至今的历史信息。

应保障本体和环境生态安全，延续正常使用功能。

在日常使用、保养、维护等管理制度中，应结合特定水工遗存的价值和使用特点，研究制订兼顾遗产保护要求的管理和操作规程。

鼓励在保养和维护工程中使用符合地方特点的传统技术、传统材料、传统结构和传统工艺。

实施河道工程，不得改变河道的总体走向，并尽可能维护河道形态和传统堤岸。在满足防洪和血吸虫防治要求的前提下，尽可能建设生态护坡。保护里运河高邮段明清运河故道的河道遗址和工程设施遗存。保护扬州古运河、古邗沟故道、邵伯明清运河故道，维持河道现状宽度，维护传统堤岸，完善沿河绿化。根据南水北调东线工程需求，实施里运河高邮段输水河道整治工程。

统筹安排里运河、瓜洲运河沿岸码头、沙石堆场、造船厂、水泥厂、混凝土厂，整治渡口环境，禁止在渡口堆放沙石建材等物品。

图3-45 扬州段遗产点图

注：红线为遗产区边界，蓝线为缓冲区边界。

禁止随意倾倒生产、生活垃圾，禁止将生产生活污水排入河道。

搬迁侵占堤岸的住宅及其他与水利航运防洪无关的建构筑物。

研究、控制瘦西湖游客容量。

保护邵伯古堤和邵伯码头本体和环境，拆除码头上后建桥梁，恢复并展示其历史原状。

2. 刘堡减水闸

不得拆除、迁移、重建遗址。

对揭露展示的遗迹进行加固防护。

对遗产本体实施日常保养和维护。

当前的利用功能应与其价值相符。

3. 盂城驿、天宁寺行宫、个园、汪鲁门盐商住宅、盐宗庙、卢绍绪盐商住宅

不得拆除、迁移、重建。

古建筑维修应符合最小干预原则。

加强火灾防范。

对遗产本体实施日常保养和维护。

盂城驿的利用功能应为大运河遗产的阐释和展示。天宁寺行宫、个园、汪鲁门盐商住宅、盐宗庙、卢绍绪盐商住宅的利用功能应与其突出普遍价值相合，服务于大运河遗产的阐释和展示。

4. 保护各遗产点与大运河河道之间在实体、空间、文化方面的关联关系

拆除影响汪鲁门盐商住宅、盐宗庙、卢绍绪盐商住宅与扬州古运河之间的关联关系的建筑物。

编制详细规划层面的单体保护规划。[1]

5. 缓冲区保护管理要点

应按照本规划"缓冲区统一管理规定"对缓冲区进行管理和控制。同时还需符合以下要求：

搬迁或整治造成环境污染的工业。

应以优化、提升遗产区景观品质为目标，开展缓冲区及沿河视线范围内建筑高度

---

[1] 国家文物局. 中国大运河申遗文本, 2013.

控制指标研究。

6.2013—2015 年行动计划要求实施的保护项目

设置遗产区和缓冲区界桩、界碑。

根据南水北调东线工程需求，实施里运河高邮段输水河道整治工程。

统筹安排里运河、瓜洲运河沿岸码头、沙石堆场、造船厂、水泥厂、混凝土厂，整治渡口环境，禁止在渡口堆放沙石建材等物品。

搬迁侵占堤岸的住宅及其他与水利航运防洪无关的建构筑物。

拆除邵伯码头上后建桥梁。

拆除影响汪鲁门盐商住宅、盐宗庙、卢绍绪盐商住宅与扬州古运河之间的关联关系的建筑物。

（三）大运河（扬州段）遗产保护规划

大运河（扬州段）遗产还受到《大运河（扬州段）遗产保护规划》以及中国大运河遗产管理规划、国家级保护规划、省级保护规划的保护。如图 3-46～图 3-48 所示。

1. 保护区划

（1）在用河道保护范围为背水坡堤脚外 30～50 米，无河堤的河段为河岸或坡顶外侧 30～50 米。已失去原有功能的河道遗址保护范围为两侧现有岸线或背水坡堤脚外各 15 米。已失去原有功能的遗址类水利航运工程设施遗产以本体范围为重点保护范围，并根据具体情况确定是否划定一般保护范围与建设控制地带；

（2）建设控制地带为两侧保护范围基础上外扩 30～100 米。

2. 重点保护区管理规定

（1）不得兴建任何建筑，禁止任何建设工程或者爆破、钻探、挖掘等工作；

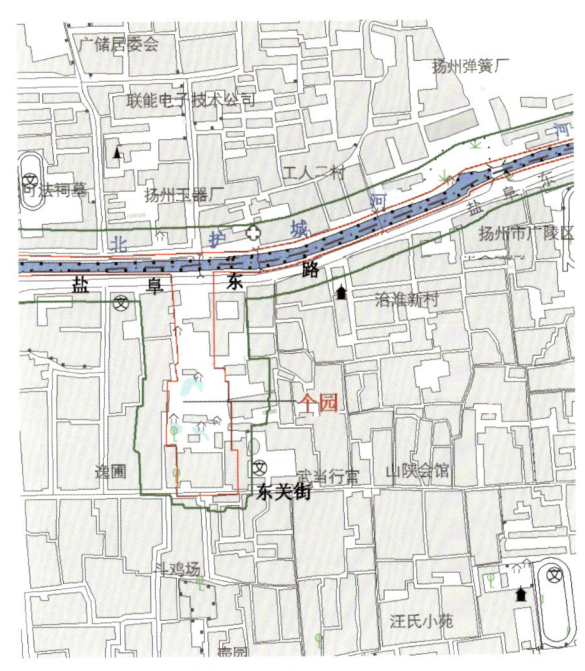

图 3-46　个园遗产区划图

图3-47 个园一景

图3-48 《大运河(扬州段)遗产点保护区划图》封面

(2) 不得举行除研究、保护、参观以外影响遗存保护的任何活动;

(3) 在本范围内的遗存保护工程的设计、审批和施工必须按照国家文物局有关工程管理的一系列规定,办理报批程序、执行资质管理;

(4) 考古发掘活动必须按照《中华人民共和国文物保护法》等有关法定程序办理报批审定手续。

3. 建设控制地带管理规定

(1) 在建设控制地带内任何建设工程均不得破坏环境景观和历史风貌;

(2) 避免出现大体量建筑的建设,建筑色彩、外观均应与当地民居风格统一,并根据当地的建筑情况确定建设控制的限制高度、体量等相应指标,对不符合要求的建筑应逐步改造或拆除;

(3) 不得建设污染文物保护单位及其环境的设施,也不得进行可能影响文物保护单位安全的活动;

(4) 须保持地形地貌的真实性和完整性;

(5) 建设控制地带内建筑工程设计方案申报与审批程序根据国家相关规定执行;

(6) 农民自用住宅的改建可在满足本管理要求的前提下,报所在县人民政府建设部门审批。

第四章 扬州运河非遗

大运河作为中国重要的线形、活态遗产和文化遗产廊道，不仅留下了丰富的物质遗产，而且积淀了内涵丰富的非物质文化遗产。大运河非遗在两千多年的演变过程中，不仅滋养了中华民族的肌体和力量，也培植了中华民族的智慧精神和民族特质，成为中华优秀传统文化的重要组成部分。扬州段运河不仅物质遗存丰厚，运河非遗也琳琅满目，玉器、漆器、剪纸、乱针绣、雕版印刷、扬州"三把刀"等都享誉海内外。以扬州"三把刀"为例（图4-1），历代文人墨客撰写了难以数计的歌咏扬州"三把刀"的诗词歌赋，"三把刀"楹联、店名、巷名高雅，"三把刀"谚语蕴含哲理，"三把刀"轶闻掌故令人叹为观止。目前，在扬州市内外从事"三把刀"行业的有20多万人，开设"三把刀"技艺课程的院校已超过了7所。大运河文化带建设离不开对大运河非遗的保护发展和传承，保护传承好运河非遗是保护中华优秀传统文化、增强文化软实力、实现中华民族伟大复兴的必然要求，也是华夏子孙义不容辞的责任。

图4-1　扬州三把刀作品扒烧整猪头

一、大运河非物质文化遗产的界定

（一）非物质文化遗产简介

人类口述和非物质文化遗产（简称非物质文化遗产）又称无形遗产，是相对于有形遗产（即可传承的物质遗产）而言的概念。它是指各民族人民世代相承的、与群众生活密切相关的各种传统文化表现形式（如民俗活动、表演艺术、传统知识和技能，以及与之相关的器具、实物、手工制品等）和文化空间。非物质文化遗产涵盖五个方面的项目：

（1）口头传说和表述，包括作为非物质文化遗产媒介的语言；

（2）表演艺术；

（3）社会实践、仪式、节庆活动；

（4）有关自然界和宇宙的知识和实践；

（5）传统手工艺。

非物质文化遗产的管理机构是联合国教科文组织下属的保护非物质文化遗产政府间委员会。世界级非遗项目分为人类口述与非物质文化遗产代表作和急需保护的非物质文化遗产两个名录。中国有国家级非物质文化遗产名录，申报人类口述与非物质文化遗产代表作需先列入国家级非物质文化遗产名录。中国目前已列入人类口述与非物质文化遗产代表作名录的有32项，列入急需保护的非物质文化遗产名录7项。

（二）大运河非物质文化遗产的界定原则

那么，哪些遗产可以列入大运河非物质文化遗产名录呢？笔者以为，并不是大运河区域内所有的非物质文化遗产都可以归纳到"大运河非物质遗产"名下，界定是否是大运河非遗的标准应该是看它的形成、传承与发展变化，与大运河有没有直接或间接的连带关系，是否有着内生、发展、演变和传承的必然联系。参照荀德麟先生在《京杭大运河非物质文化遗产序》中对大运河非遗的认定提出的标准，笔者将以下六个方面的内容划为大运河非遗的范畴：

一是与大运河直接关联的非物质遗产，即大运河本体建设过程中所形成的非物质遗产项目，如运河开凿与疏浚中的传统勘测度量技艺，运河构筑闸坝、加固堤防、堵决筑堤等方面的传统技艺，分水、引水、蓄水、泄水等传统设施营造技艺等。

二是与大运河的原生性功用直接关联的非物质遗产，如漕运船舶的传统制造技艺，漕粮仓库的传统营造与防潮、防蛀工艺，巨型原木的传统水陆转运技艺，船舶过闸、盘坝的传统技艺等。

三是由大运河沿岸所派生的人类口述遗产，如关于大运河的各类故事、传说，关于大运河的河工号子、船工号子，由大运河助推传播的民歌、童谣等，由大运河产生的社会风俗、礼仪、节庆，以及一些重要的因大运河而形成的方言等。

四是在大运河沿线地区形成或传承、发展的表演艺术，如戏曲艺术中的京剧、昆曲、梆子戏等，曲艺中的扬州评话、苏州评弹、相声、单弦、评书等，音乐艺术中的古琴艺术、宗教音乐，舞蹈艺术中的京西太平鼓、天津法鼓、余杭滚灯等。

五是由于大运河的交通助推、促进需求而产生或传承发展的传统手工技能，如临清的贡砖烧制、苏州的金砖制作技艺，宋锦等高档丝织品、刺绣品的制作技艺，玉雕、漆器等手工艺品制作技艺及雕版印刷技艺、木版水印技艺、青瓷和紫砂烧造技艺，碧螺春、龙井茶和花茶的加工制作技艺，以及北京烤鸭、天津狗不理包子等食品加工技艺等。

六是率先在大运河沿线地区形成或传播、发展的中华传统武术、中华传统杂技，以及其他具有代表性的游艺项目等。[1]

以上这六个方面的非物质文化遗产可以归类为大运河非物质文化遗产（图4-2）。

---

[1] 姜师立.中国大运河文化[M].北京：中国建材工业出版社，2019.

二、扬州运河非遗概述

(一) 扬州非遗种类

目前,中国列入人类口述与非物质文化遗产代表作名录的 32 个项目中大运河沿线就占了 17 项,大运河沿线还拥有国家级非遗 450 余项,占国家级非遗总数的 1/3。省级、市级的非遗项目更是数不胜数。扬州参与申报的人类非物质文化遗产项目有 3 项,分别为中国雕版印刷技艺、中国古琴艺术和中国剪纸;国家级非遗项目 19 个、省级非遗项目 61 个、市级非遗名录 202 项,其中绝大多数都可以列入运河非遗名录。按照《保护非物质文化遗产国际公约》五个部分的分类,扬州的运河非遗主要有:

图 4-2　扬州段运河

1. 口头传说和表述

如隋炀帝传说、露筋娘娘传说等与运河相关的传说。高邮民歌、邵伯秧号子等民歌及船工号子。

2. 表演艺术

如起源于扬州的"四大徽班"沿着大运河进京为乾隆皇帝庆寿的京剧。此外,还有扬剧、扬州评话、扬州清曲等。广陵琴派是中国古琴艺术的重要组成部分。

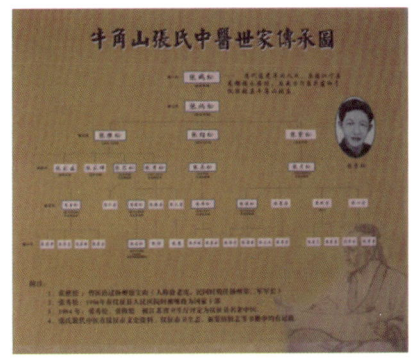

图 4-3　牛角山张氏祖传中医传承

3. 社会实践、仪式、节庆活动

如扬州"三把刀"、扬州中秋拜月、吴桥社火、高邮信俗等。

4. 有关自然界和宇宙的知识和实践

这类非遗有仪征的牛角山张氏祖传中医术(图 4-3)、臣字门儿科中医术等。

5. 传统手工艺

图 4-4　扬州剪纸

有扬州漆器、扬州玉器等。扬州雕版印刷是中国雕版印刷申遗的主力军。扬州剪纸(图 4-4)是中国剪纸艺术的重要流派。

(二)扬州非遗清单

表4-1为扬州市入选联合国教科文组织"人类非物质文化遗产代表作名录"项目及保护单位名单。

表4-1 扬州市入选联合国教科文组织"人类非物质文化遗产代表作名录"项目及保护单位名单

序号	国家名录项目编号	"人类非物质文化遗产代表作名录"项目名称	入选时间	申报、参与申报地区或单位	保护单位
1	Ⅱ-34	古琴艺术（虞山琴派、广陵琴派、金陵琴派、梅庵琴派）	2003年11月	中国艺术研究，江苏省常熟市、扬州市、南京市、镇江市、南通市	常熟市虞山派古琴艺术馆、扬州市文化馆、南京市秦淮区文化馆、镇江市镇江梦溪琴社、南通市非物质文化遗产保护中心
2	Ⅷ-78 Ⅷ-79	中国雕版印刷技艺（扬州雕版印刷技艺、金陵刻经印刷技艺）	2009年10月	江苏省扬州市、南京市	扬州广陵古籍刻印社、南京市金陵刻经处
3	Ⅶ-16	中国剪纸（扬州剪纸、南京剪纸、徐州剪纸、金坛刻纸）	2009年10月	江苏省扬州市、南京市、徐州市、金坛市	扬州剪纸博物馆有限公司、南京市工艺美术总公司、徐州文化馆、金坛市刻纸研究所

表4-2为第一批国家级非物质文化遗产项目。

表4-2 第一批国家级非物质文化遗产项目
（2006年6月国务院公布）

项目编号	项目名称	项目类别	保护单位
Ⅳ-56	扬剧	传统戏剧	扬州市扬剧团
Ⅴ-2	扬州评话	曲艺	扬州市曲艺团
Ⅴ-25	扬州清曲	曲艺	扬州市广陵区扬州清曲传承发展研究会
Ⅶ-16	扬州剪纸	民间美术	扬州剪纸博物馆有限公司
Ⅶ-28	扬州玉雕	民间美术	扬州玉器厂
Ⅷ-52	扬州漆器髹饰技艺	传统手工技艺	扬州漆器厂
Ⅷ-78	雕版印刷技艺	传统手工技艺	扬州市广陵古籍刻印社

表4-3为第二批国家级非物质文化遗产项目。

表4-3 第二批国家级非物质文化遗产项目
（2008年6月国务院公布）

项目编号	项目名称	项目类别	保护单位
Ⅱ-75	高邮民歌	民间音乐	高邮市文化馆
Ⅱ-34	古琴艺术（广陵琴派）	民间音乐	扬州市文化馆

续表

项目编号	项目名称	项目类别	保护单位
II-44	十番音乐（邵伯锣鼓小牌子）	民间音乐	江都市邵伯镇文化站
IV-92	木偶戏（杖头木偶戏）	传统戏剧	江苏省木偶剧团
V-50	扬州弹词	曲艺	扬州市曲艺团
VII-94	盆景技艺（扬派盆景技艺）	传统美术	扬州市瘦西湖风景区（扬派盆景博物馆）
VIII-117	金银细工制作技艺	传统手工技艺	江都市工艺美术家协会
VIII-161	茶点制作技艺（富春茶点制作技艺）	传统手工技艺	扬州富春茶社

表4-4为第三批国家级非物质文化遗产项目。

表4-4 第三批国家级非物质文化遗产项目
（2011年5月国务院公布）

项目编号	项目名称	项目类别	保护单位
VIII-200	扬州毛笔制作技艺	传统技艺	江苏省江都市国画笔厂

表4-5第四批国家级非物质文化遗产项目。

表4-5 第四批国家级非物质文化遗产项目
（2014年12月国务院公布）

项目编号	项目名称	项目类别	保护单位
VII-18	苏绣（扬州刺绣）	传统美术	扬州刺绣研究所有限公司
VIII-238	传统造园技艺（扬州园林营造技艺）	传统技艺	扬州古典园林建设有限公司
IX-2	中医诊疗法（扬州传统修脚术）	传统医药	扬州陆琴脚艺（三把刀）发展有限公司

表4-6~表4-10为国家级非物质文化遗产项目代表性传承人。

表4-6 第一批国家级非物质文化遗产项目代表性传承人
（2007年6月文化部公布）

姓名	性别	项目名称	类别
张秀芳	女	扬州剪纸	民间美术
江春源	男	扬州玉雕	民间美术
顾永骏	男	扬州玉雕	民间美术
张宇	男	扬州漆器髹饰技艺	传统手工技艺
赵如柏	男	扬州漆器髹饰技艺	传统手工技艺
陈义时	男	雕版印刷技艺	传统手工技艺

表 4-7　第二批国家级非物质文化遗产项目代表性传承人

（2008 年 1 月文化部公布）

姓名	性别	项目名称	类别
李开敏	女	扬剧	传统戏剧
汪琴	女	扬剧	传统戏剧
王丽堂	女	扬州评话	曲艺
李信堂	男	扬州评话	曲艺

表 4-8　第三批国家级非物质文化遗产项目代表性传承人

（2009 年 5 月文化部公布）

姓名	性别	项目名称	类别
王兰英	女	高邮民歌	传统音乐
殷大宁	男	木偶戏（杖头木偶戏）	传统戏剧
华美霞	女	木偶戏（杖头木偶戏）	传统戏剧
惠兆龙	男	扬州评话	曲艺
李仁珍	女	扬州弹词	曲艺
赵庆泉	男	盆景技艺（扬派盆景技艺）	传统美术
徐永珍	女	茶点制作技艺（富春茶点制作技艺）	传统技艺

表 4-9　第四批国家级非物质文化遗产项目代表性传承人

（2012 年 12 月文化部公布）

姓名	性别	项目名称	类别
王荣棠	男	十番音乐（邵伯锣鼓小牌子）	传统音乐
薛春梅	女	扬州玉雕	传统美术
高毅进	男	扬州玉雕	传统美术
石庆鹏	男	毛笔制作技艺（扬州毛笔制作技艺）	传统技艺

表 4-10　第五批国家级非物质文化遗产项目代表性传承人

（2018 年 5 月文化部公布）

姓名	性别	项目名称	类别
马维衡	男	古琴艺术（广陵琴派）	传统音乐
杨明坤	男	扬州评话	曲艺
吴晓平	女	苏绣（扬州刺绣）	传统美术
方学斌	男	金银细工制作技艺	传统技艺
吴玉林	男	传统造园技艺（扬州园林营造技艺）	传统技艺
陆琴	女	中医诊疗法（扬州传统修脚术）	传统技艺

表4-11为第一批江苏省级非物质文化遗产项目。

表4-11 第一批江苏省级非物质文化遗产项目

（2007年3月省政府公布）

项目编号	项目名称	项目类别	保护单位
JS Ⅳ-3	扬剧	传统戏剧	扬州市扬剧团
JS Ⅴ-2	扬州评话	曲艺	扬州市曲艺团
JS Ⅴ-4	扬州清曲	曲艺	扬州市清曲研究室
JS Ⅵ-5	剪纸（扬州剪纸）	民间美术	扬州工艺厂有限公司
JS Ⅵ-14	扬州玉雕	民间美术	扬州玉器厂
JS Ⅶ-10	扬州漆器髹饰技艺	传统手工技艺	扬州漆器厂
JS Ⅶ-11	雕版印刷技艺	传统手工技艺	扬州市广陵古籍刻印社
JS Ⅱ-4	高邮民歌	民间音乐	高邮市文化馆
JS Ⅱ-6	邵伯秧号子	民间音乐	江都市邵伯镇文化站
JS Ⅱ-8	古琴艺术（广陵琴派）	民间音乐	扬州市文化馆
JS Ⅱ-16	邵伯锣鼓小牌子	民间音乐	江都市邵伯镇文化站
JS Ⅲ-4	傩舞（跳娘娘）	民间舞蹈	邗江区文化馆
JS Ⅳ-11	杖头木偶戏	传统戏剧	扬州市木偶剧团
JS Ⅴ-3	扬州弹词	曲艺	扬州市曲艺团
JS Ⅵ-4	江都漆画	民间美术	江都市工艺美术家协会
JS Ⅵ-8	平绣（扬州刺绣）	民间美术	扬州绣品时装总厂
JS Ⅵ-22	灯彩（扬州灯彩）	民间美术	扬州工艺厂有限公司
JS Ⅶ-17	传统金银饰品工艺	传统手工技艺	江都市工艺美术家协会
JS Ⅶ-20	绒花制作技艺	传统手工技艺	扬州市工艺美术行业协会
JS Ⅶ-24	扬州通草花制作技艺	传统手工技艺	扬州市工艺美术行业协会
JS Ⅶ-25	扬派盆景技艺	传统手工技艺	扬州市瘦西湖风景区（扬派盆景博物馆）
JS Ⅶ-26	扬州富春茶点制作技艺	传统手工技艺	扬州富春茶社
JS Ⅹ-7	扬州"三把刀"	民俗	扬州市烹饪协会 扬州市沐浴协会 扬州市美容美发与摄影协会

表4-12为第二批江苏省级非物质文化遗产项目。

表 4-12 第二批江苏省级非物质文化遗产项目

（2009年7月省政府公布）

（第二批省级非物质文化遗产名录 13 项、第一批省级非物质文化遗产扩展项目名录 4 项）

项目编号	项目名称	项目类别	保护单位
JS Ⅰ-13	隋炀帝传说	民间文学	邗江区槐泗镇文化站
JS Ⅰ-22	露筋娘娘传说	民间文学	邵伯镇文化站
JS Ⅰ-28	谜语（竹西谜语）	民间文学	淮扬区文化馆
JS Ⅴ-10	扬州道情	曲艺	扬州市扬剧团
JS Ⅵ-31	象牙雕刻（扬州牙刻）	传统美术	扬州工艺美术行业协会
JS Ⅶ-39	扬州毛笔制作技艺	传统技艺	江都市国画笔厂
JS Ⅶ-41	装裱技艺（扬州装裱技艺）	传统技艺	扬州工艺厂有限公司
JS Ⅶ-43	朴席制作技艺	传统技艺	仪征市文化馆 开发区朴席镇文化站
JS Ⅶ-54	宝应捶藕和鹅毛雪片制作技艺	传统技艺	江苏怡味莲郎伯食品有限公司
JS Ⅶ-55	董糖制作技艺（秦邮董糖制作技艺）	传统技艺	高邮食品厂
JS Ⅶ-59	豆腐制品制作技艺 （界首茶干制作技艺）	传统技艺	高邮市界首茶干协会
JS Ⅶ-60	酱菜制作技艺（三和四美酱菜制作技艺）	传统技艺	扬州三和四美酱菜有限公司
JS Ⅶ-69	扬州炒饭制作技艺	传统技艺	扬州市烹饪协会
JS Ⅱ-4	扬州民歌 （胥浦农歌）	传统音乐	扬州市文化馆 仪征市文化馆
JS Ⅵ-18	竹刻（扬州竹刻）	传统美术	扬州八刻艺术研究会
JS Ⅶ-6	传统建筑营造技艺 （扬派叠石、扬州园林营造技艺）	传统技艺	扬州古典园林建设有限公司

表 4-13 为第三批江苏省级非物质文化遗产项目。

表 4-13 第三批江苏省级非物质文化遗产项目

（2011年9月省政府公布）

（第三批省级非物质文化遗产名录 4 项、第二批省级非物质文化遗产扩展项目名录 2 项）

项目编号	项目名称	项目类别	保护单位
JS Ⅲ-8	丁伙龙舞	传统舞蹈	江都市丁伙镇文化广播电视服务中心文化站
JS Ⅳ-16	肩担木偶戏	传统戏剧	高邮卸甲文体站
JS Ⅳ-5	淮剧	传统戏剧	宝应县淮剧团
JS Ⅵ-34	扬州木雕	传统美术	扬州漆器厂
JS Ⅶ-76	谢馥春"香、粉、油"制作技艺	传统技艺	扬州谢馥春化妆品有限公司
JS Ⅷ-13	臣字门儿科中医术	传统医药	仪征市中医院

表4-14为第四批江苏省级非物质文化遗产项目。

表4-14 第四批江苏省级非物质文化遗产项目
（2016年1月省政府公布）

项目编号	项目名称	项目类别	保护单位
JSⅡ-27	古筝艺术	传统音乐	扬州市古筝协会
JSⅢ-19	高跷（临泽高跷）	传统舞蹈	高邮市临泽镇社会公共事业服务中心
JSⅢ-38	黄塍跑马阵	传统舞蹈	宝应县黄塍镇文体站
JSⅦ-9	家具制作技艺（精细木作技艺）	传统技艺	扬州市广陵安兰木器工艺厂
JSⅦ-93	传统鸟笼制作技艺（扬派雀笼传统制作技艺）	传统技艺	扬州文物商店
JSⅦ-110	高邮咸鸭蛋制作技艺	传统技艺	江苏高邮鸭集团高邮鸭良种繁育中心
JSⅦ-116	共和春小吃制作技艺	传统技艺	扬州共和春饮食文化发展有限公司
JSⅧ-12	儿科疗法（谦字门儿科中医术）	传统医药	扬州市中医院
JSⅧ-20	然字门内科中医术	传统医药	扬州市中医院
JSⅧ-30	针灸（朱氏针灸疗法）	传统医药	扬州市中医院
JSⅧ-21	春字门内科中医术	传统医药	扬州市中医院
JSⅨ-14	十五巧板	传统体育游艺与杂技	邗江区文化馆
JSⅩ-16	中秋节（扬州中秋拜月）	民俗	广陵区华夏铭汉学文化交流中心
JSⅩ-19	吴桥社火	民俗	扬州市江都市吴桥镇文化体育站
JSⅩ-24	江苏省菱塘回回习俗	民俗	高邮市菱塘清真村清真寺

表4-15~表4-18为江苏省级非物质文化遗产项目代表性传承人。

表4-15 第一批江苏省级非物质文化遗产项目代表性传承人
（2006年12月省文化厅公布）

姓名	性别	项目名称	类别
李开敏	女	扬剧	传统戏剧
王丽堂	女	扬州评话	曲艺
李信堂	男	扬州评话	曲艺
张秀芳	女	扬州剪纸	民间美术
江春源	男	扬州玉雕	民间美术
陈义时	男	雕版印刷技艺	传统手工技艺

表4-16　第二批江苏省级非物质文化遗产项目代表性传承人

（2008年11月省文化厅公布）

姓名	性别	项目名称	类别
王兰英	女	高邮民歌	民间音乐
施登英	女	邵伯秧号子	民间音乐
马维衡	男	古琴艺术（广陵琴派）	民间音乐
刘　扬	男	古琴艺术（广陵琴派）	民间音乐
王荣棠	男	邵伯锣鼓小牌子	民间音乐
许颖超	男	傩舞（跳娘娘）	民间舞蹈
汪　琴	女	扬剧	传统戏剧
姜峻峰	男	扬剧	传统戏剧
李政成	男	扬剧	传统戏剧
颜　育	女	杖头木偶戏	传统戏剧
殷大宁	男	杖头木偶戏	传统戏剧
华美霞	女	杖头木偶戏	传统戏剧
封保义	男	杖头木偶戏	传统戏剧
聂　峰	男	扬州清曲	曲艺
陶梅芳	女	扬州清曲	曲艺
惠兆龙	男	扬州评话	曲艺
李仁珍	女	扬州弹词	曲艺
沈志凤	女	扬州弹词	曲艺
吴迎发	男	江都漆画	传统美术
张慕莉	女	扬州剪纸	传统美术
陆树娴	女	扬州刺绣	传统美术
吴晓平	女	扬州刺绣	传统美术
顾永骏	男	扬州玉雕	传统美术
高毅进	男	扬州玉雕	传统美术
薛春梅	女	扬州玉雕	传统美术
杨家惠	女	绒花制作技艺	传统手工技艺
许福林	男	扬州灯彩	传统美术
戴春富	男	通草花制作技艺	传统手工技艺
钱宏仁	男	通草花制作技艺	传统手工技艺
赵庆泉	男	扬派盆景技艺	传统手工技艺
林凤书	男	扬派盆景技艺	传统手工技艺
万瑞铭	男	扬派盆景技艺	传统手工技艺

续表

姓名	性别	项目名称	类别
张 宇	男	扬州漆器髹饰技艺	传统手工技艺
赵如柏	男	扬州漆器髹饰技艺	传统手工技艺
张来喜	男	扬州漆器髹饰技艺	传统手工技艺
池家俊	男	扬州漆器髹饰技艺	传统手工技艺
吕永林	男	扬州漆器髹饰技艺	传统手工技艺
方学斌	男	金银细工制作技艺	传统手工技艺
徐永珍	女	富春茶点制作技艺	传统手工技艺
陈恩德	男	扬州"三把刀"	民俗
潘继凌	男	扬州"三把刀"	民俗
陆 琴	女	扬州"三把刀"	民俗
薛泉生	男	扬州"三把刀"	民俗

表4-17 第三批江苏省级非物质文化遗产项目代表性传承人

（2010年9月省文化厅公布）

姓名	性别	项目名称	类别
杨明坤	男	扬州评话	曲艺
沈荫彭	女	扬州评话	曲艺
吴吉太	男	扬州牙刻	传统美术
吴玉林	男	扬州园林营造技艺	传统技艺
方 惠	男	扬派叠石	传统技艺
任芳贵	男	扬州装裱技艺	传统技艺
芮名扬	男	雕版印刷技艺	传统技艺
石庆鹏	男	扬州毛笔制作技艺	传统技艺
朱才林	男	扬州"三把刀"（修脚技艺）	民俗
王邦龙	男	扬州"三把刀"（修脚技艺）	民俗

表4-18 第四批江苏省级非物质文化遗产代表性传承人

（2014年2月省文化厅公布）

序号	姓名	性别	出生年	单位或住址	项目名称
1	曹 华	男	1964	扬州市徐凝门大街2号楼B401室	古琴艺术（广陵琴派）
2	戴荣华	男	1966	扬州市木偶研究所	杖头木偶戏
3	徐桂清	女	1949	扬州市曲艺团	扬州弹词
4	包 伟	女	1969	扬州市曲艺团	扬州弹词

续表

序号	姓名	性别	出生年	单位或住址	项目名称
5	厉智娟	女	1947	扬州市四季园夏荷苑9栋103	扬州清曲
6	熊崇荣	男	1944	扬州剪纸博物馆有限公司	扬州剪纸
7	翁 文	男	1945	扬州剪纸博物馆有限公司	扬州剪纸
8	高志明	男	1957	扬州八刻艺术研究会	扬州竹刻
9	沈建元	男	1956	扬州玉器厂	扬州玉雕
10	时庆梅	女	1970	扬州玉器厂	
11	汪德海	男	1962	扬州金鹰玉器珠宝有限公司	
12	吴伟华	男	1962	扬州漆器厂	扬州木雕
13	傅 燕	女	1959	扬州刺绣研究所	扬州刺绣
14	李江民	男	1955	扬州市玉器街84号	雕版印刷技艺
15	沈树华	男	1956	扬州中国雕版印刷博物馆	
16	卜继宗	男	1952	扬州博物馆	扬州装裱技艺
17	刘 新	男	1964	扬州市东关街243号	谢馥春"香、粉、油"制作技艺
18	崔海龙	男	1953	扬州市国庆路得胜桥35号	富春茶点制作技艺
19	周晓燕	男	1964	扬州市扬大旅游烹饪学院	扬州"三把刀"·烹饪技艺
20	居长龙	男	1940	扬州市居氏料理研究室	扬州"三把刀"·烹饪技艺
21	孙 浩	男	1928	仪征市中医院	臣字门儿科中医术
22	陆松林	男	1946	扬州市沐浴协会三把刀培训中心	扬州"三把刀"·烹饪技艺
23	赵 兵	男	1966	扬州市天姿美发美容管理有限公司	扬州"三把刀"·烹饪技艺

三、扬州运河非遗介绍

（一）扬州参与申报的人类口述与非物质文化遗产代表作项目介绍

1. 中国雕版印刷技艺

雕版印刷是中国古代人民经过长期实践和研究才发明的，它是将文字、图像反向雕刻于木板，再在印版上刷墨、铺纸、施压，使印版上的图文转印于纸张的工艺技术。在古代，雕版印刷又称版刻、梓行、雕印等。

雕版印刷术凝聚着中国造纸术、制墨术、雕刻术、摹拓术几种传统工艺，为后来的活字印刷术奠定了基础，是世界现代印刷术的技术源头。扬州是中国雕版印刷术的发源地，是中国国内唯一保存全套古老雕版印刷工艺的城市。2006年，雕版印刷技艺经国务院批准列入第一批国家级非物质文化遗产名录。2007年6月5日，经国家文化部确定，江苏省扬州市的陈义时为该文化遗产项目代表性传承人。2009年9月由扬州广陵古籍刻印社、南京金陵刻经处、四川德格印经院代表中国申报的雕版印刷技艺被联合国教科文组织列入人类非物质文化遗产代表作名录。扬州广陵古籍刻印社保留着国内唯一的全套古籍雕版印刷工艺流程。2014年，扬州广陵古籍刻印社入选国家级非物质文化遗产生产性保护示范基地。

扬州雕版印刷"肇始于隋，行于唐世，扩于五代，精于宋人，盛于明清"。隋代，因隋炀帝推崇佛教，扬州佛经和佛像需求量增大，推动了雕版印刷的应用和发展；唐代，扬州为淮南道治所，是刻印历书风气很盛的地区之一；清代，扬州创造了雕版印刷的辉煌业绩，其中钦命刻印的《全唐诗》至今仍不失为中国雕版印刷的代表作；由宋至明，扬州雕版印刷以空前辉煌的业绩跃居中国刻书名区之一，记录毕昇活字印刷术的扬州州学刻本——沈括《梦溪笔谈》得以面世；清末明初，扬州"杭集扬帮"成为传承雕版印刷技艺的主力军，创造了独特的传承方式。

扬州雕版印刷技艺大致可分为写样、雕刻、刷印、装订四个阶段，其中以雕刻和刷印为核心技艺。每个阶段又可细分为备料、制作、完善等若干道工序，各道工序都十分考究，不乏绝技，单是刻字的刀法就有数百种之多，视字型、材质不同而灵活多变、因势利导。其中，饾版印刷技艺之精，被誉为"神功之作"。

目前，扬州仍保存雕版印刷的传统工艺（图4-5），集中着一批雕版印刷艺人，建有中国雕版印刷博物馆，保存近20万片雕版版片，继续采用印刷木版线装书籍，使中国的雕版印刷传统工艺一灯不灭，薪火相传，造福人类。

图4-5 中国雕版印刷

2. 中国古琴

古琴，亦称瑶琴、玉琴、七弦琴。古代称为琴，近代为区分琴与西方乐器中的琴，因此添加"古"字，称之为古琴。古琴是中国最古老的传统弹拨乐器，是中华文化中的瑰宝，是人类口头和非物质遗产代表作。传说原始时代黄帝就创造了最初的古琴，西周时期已广为流传，并与瑟、鼓等乐器在祭祀时演奏。湖北曾侯乙墓出土的实物距今有 2400 余年，唐宋以来历代都有古琴精品传世。存见南北朝至清代的琴谱百余种，琴曲达 3000 首，还有大量关于琴家、琴论、琴制、琴艺的文献，遗存之丰硕堪为中国乐器之最。隋唐时期古琴还传入东亚诸国，并为这些国家的传统文化所汲取和传承。近代又伴随着华人的足迹遍布世界各地，成为西方人心目中东方文化的象征。

2003 年 11 月 7 日，中国古琴艺术被联合国教科文组织授予"人类口述和非物质遗产代表作"的称号。这是继昆曲被授予这一称号后，中国第二个入选的项目，古琴艺术的突出价值再次得到了世界公认。

扬州是中国古琴文化的重要流传地区，广陵派是中国古琴艺术的重要流派之一。古琴于春秋战国时期便风行古扬州，至唐、宋逐渐显现出地域风格与流派特征。迄至明末清初，徐常遇一代宗师的出现及由他编著的《澄鉴堂琴谱》问世，使广陵琴派日臻成熟。广陵琴派被列为第二批国家级非物质文化遗产代表性项目名录传统音乐类项目。广陵琴派在琴制、琴弦、琴谱、琴人、琴曲、琴史、琴韵、琴论、琴社、琴派等领域都独领风骚，别具特色。它的兼容性与独特性共存，博采众长，兼收并蓄，主张"海内为一家，南北无二派"；传承性与开拓性并举，各代传人在继承前辈的基础上均有新的建树。

广陵琴派以"轻松脆滑、高洁清虚、幽奇古淡、中和疾徐"为美学标准，崇尚"清微淡远"，追求"洒脱、畅扬"的情趣（图 4-6）。演奏中"重而不虚，轻而不鄙，疾而不促，缓而不弛，若吟若揉，圆而无碍，以绰以注，断而复联"，具有"音随意走、意与妙和"的艺术风格。其代表曲目有《平沙落雁》《梅花三弄》《樵歌》《山居吟》《渔樵问答》等。1912 年由孙绍陶主持创立的广陵琴社，对广陵琴学的研究与发展发挥了重要作用。

图 4-6 中国古琴艺术

3. 中国剪纸

剪纸在中国已有 1500 多年的历史。它是一种镂空艺术，其在视觉上给人以透空的感觉和艺术享受。剪纸被列为第一批国家级非物质文化遗产代表性项目名录传统美术类项目。2009 年，中国剪纸被列入联合国教科文组织人类非物质文化遗产代表作名录。

扬州剪纸线条清秀流畅，构图精巧雅致，形象夸张简洁，技法求变求新，形成了特有的"剪味纸感"和艺术魅力。其以"秀丽、灵动、柔美、典雅"的艺术风格而成为南方剪纸的杰出代表。

纵观扬州剪纸的发展史，大体经历了五个阶段。早期，扬州剪纸依伴民俗活动和宗教信仰，表现为剪彩（彩胜、春幡、挂笺、门笺等），随着需求量日益增大，大约于唐宋时期，开始趋向商业化和专业化；明末清初，包壮行将剪纸与灯彩等其他民间艺术形式相结合，创造了"包家灯"，可称为装饰型剪纸；清代中期，包钧将剪纸与绘画艺术相结合，发明了剪画；清代中晚期，张氏将剪纸与刺绣艺术结合得更加紧密，推崇素色剪纸，所剪花鸟更富神韵，被人们誉为"扬州花样"；当代张永寿将装饰型剪纸提升到艺术型剪纸，以特殊风格魅力在剪纸史上留下久远影响。

中华人民共和国成立以后，扬州剪纸被党和政府视为瑰宝，给予扶持和保护，艺人获得了新生。1965年扬州成立民间工艺社，该社于1973年改名扬州工艺厂，张永寿等一批扬州剪纸艺人集聚厂内，专门从事剪纸创作，积极安排师徒传承（图4-7）。2007年，中国（扬州）剪纸博物馆成立。

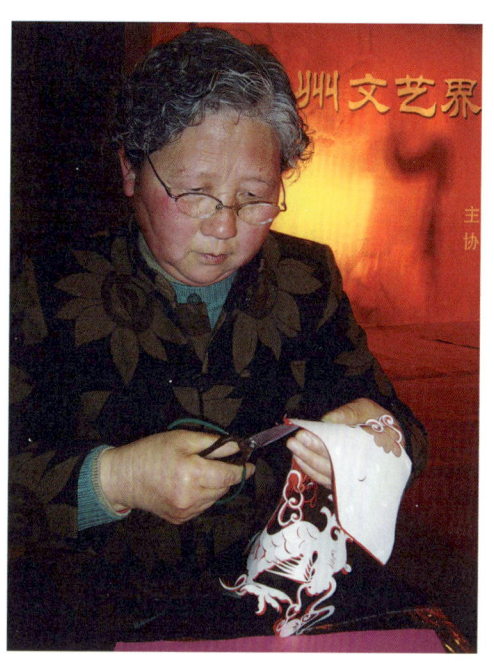

图4-7 中国剪纸重要流派扬州剪纸国家级传承人张秀芳

（二）扬州入选国家级非遗项目选介

1. 扬剧

扬州自古即为音乐之乡。早在1500年前，南朝鲍照在他著名的《芜城赋》里就有过"廛闬扑地，歌吹沸天"的描绘。到了清康熙、乾隆年间，扬州不仅成为东南经济重镇，还是全国文化中心。在中国戏剧发展史上称为"花部勃兴"的空前盛况，就出现在这一时期的扬州。扬剧被列为第一批国家级非物质文化遗产传统戏剧类项目。

地方戏的形成有三大源头：一是各地土腔逐步衍变形成独立的剧种；二是各地歌舞如花灯、花鼓、采茶等发展为戏曲；三是古代的巫傩从祈神逐疫转变为娱人演戏。扬剧的形成三者皆备。300年前的扬州乱弹又称扬州梆子、弋阳梆子秧腔，有古代声腔的影子；香火戏来源于历史悠久的香火设坛做会，实为傩戏；花鼓戏则来自民间歌舞花鼓，实为舞蹈。此外，还有小唱、小曲、小调，即扬州清曲，以"梳妆台"最具代表性，被称为扬剧的"大锅菜"；早在扬州地方戏产生之前已经盛行，并已流传到淮左江右、岭南塞北，而且曲调多、曲目多、人才多，听众也广。这种得天独厚的音乐资源，正是构成地方戏的必要条件。

扬剧剧目有《孟丽君》《十把穿金扇》《珍珠塔》《袁天罡卖卦》《二郎探母》等。中华人民共和国成立以后，整理和创作的古装戏和现代戏剧目主要有《鸿雁传书》《挑女婿》《百岁挂帅》《夺印》《三把刀》《皮九辣子》《王昭君》《史可法》等。

图4-8 扬剧表演

扬剧（图4-8）艺术在长期传承和发展中，得到公认的流派有三个，即金派、高派和华派，出现了诸多演员，如金运贵、高秀英、华素琴、李开敏、汪琴、姚恭林等。

2. 扬州评话

扬州评话是用扬州方言说表的曲艺曲种，流行于扬州、镇江、南京、上海和安徽部分地区，它被列为第一批国家级非物质文化遗产曲艺类项目。

扬州评话源远流长。扬州在汉代已有说唱艺人的活动。明末杰出说书家柳敬亭，以高超的语言艺术成为评话的典范，被评话艺人称为祖师爷。现代涌现了王少堂（原中国曲艺家协会副主席）等评话大师，使得扬州评话名扬海内外。作为曲种，它的历史有400多年。

扬州评话多为一人表演，坐说不唱（图4-9），其说表特色为细腻、严谨、深刻、实在，常用"口、手、身、步、神"

图4-9 扬州评话剧照

和一人、一桌、一扇、一醒木,以简便的表演形式,把复杂的人物故事加以艺术渲染,紧扣听众心弦。扬州评话有浓郁的地方特色,常把昔日市民风俗习惯,乃至细节一一描绘,引起听众浓厚的兴趣。同时,经常插科打诨,幽默风趣,妙趣横生。扬州评话的语体分"官白"(亦称"说")、"私白"(亦称"表")两类,官白用于区别和表现角色,摹拟不同地区不同人物的语言;私白是扬州方言,用于叙事,表达人物的内心活动,夹评夹议。扬州评话有传统书目65部,其中16部失传,代表性书目有《水浒》《三国》等,另有《清风闸》《飞跎传》等为本曲种独有书目。

3. 扬州清曲

扬州清曲亦称广陵清曲、扬州小曲、扬州小唱、扬州小调等。孕育于元,形成于明,兴盛于清,至今已有600多年历史。扬州清曲起源于古老的民歌,传承了元明以来流行的俗曲,兼收并蓄"传自四方"的优秀曲牌,经过历代民间艺人的精心锤炼,逐步形成南北交融、雅俗共赏并具有鲜明地方特色的民间曲艺,被列为第一批国家级非物质文化遗产曲艺类项目。

扬州清曲属坐唱类曲艺(图4-10)。演唱时不化妆,完全以唱曲传达曲目的主题思想。曲词通俗、曲调流畅。扬州清曲的曲牌丰富,迄今总计有140多种,有宫调、商调、徵调、羽调等调式。其板式有一板一眼、一板三眼和一板七眼之分,还有少数曲牌为有板无眼。演唱分单支和联套。

图4-10 扬州清曲

扬州清曲的曲目丰富,超出500种以上。曲词内容大致分为反映社会生活、描写男女爱情、敷演历史故事、讲述寓言神话、歌咏风景事物等方面。曲词用扬州地方语言,无卷舌音,并有阴、阳、上、去、入五声。唱词的句式多为七字或十字句,但字数可增可减,句数随不同的曲牌而定,少则两句,多则十数句,有的将一句分为两个短句。

清末民初的上海集中了一批扬州清曲艺人,如黎子云、裴福康、陆长山、葛锦华、钟培贤、尹老巴、王万青等。他们的代表性唱段,如《风儿呀》《十送郎》《八段景》《黛玉悲秋》《宝玉哭灵》《洋烟自叹》《秦雪梅吊孝》等，还曾灌制成唱片，公开发行。

4. 扬州玉雕

扬州是我国古代和现代玉器的主要产区，琢玉工艺源远流长。据考古佐证，在江淮东部龙虬新石器时代遗址发掘的玉璜、玉玦、玉管等把扬州琢玉工艺追溯到了六七千年以前。随着扬州历史上三度繁荣，百业兴盛，扬州琢玉工艺出现了汉、唐、清三次高峰，特别是清代中叶，扬州已成为全国琢玉中心。20世纪50年代后，扬州玉器进入了一个新的发展时期，被列为第一批国家级非物质文化遗产传统美术类项目。

琢玉工艺的传承，保持传统文化的地方特色，擅长将阴线刻、深浅浮雕、立体圆雕、镂空雕等多种技法融于一体，形成了"浑厚、圆润、儒雅、灵秀、精巧"的基本特征，以及"秀丽典雅、玲珑剔透"的艺术特色，以其独有的艺术魅力著称于世。

历史上的代表作，如东汉《宜子孙》、西汉《白玉蝉》、宋《玲珑玉塔》、明《六角莲花玉壶》、清《白玉如意》《大禹治水图》等。现代主要代表作有《宝塔炉》《聚珍图》《五行塔》《大千佛国图》《内练薄胎双瓶》《螳螂白菜》等。

图4-11　扬州玉雕技艺

扬州玉雕在传统工艺美术及民间手工技艺领域中，极具独特性。其杰出的价值，值得人们深入挖掘、研究和保护（图4-11）。

5. 扬州漆器髹饰技艺

扬州漆器髹饰技艺为第一批国家级非物质文化遗产传统技艺类项目。扬州漆器历史悠久，品种齐全，技艺精湛，风格独特，蜚声中外，为中国传统的特种工艺美术品。

2300多年前的战国时期，扬州漆器就已发端，出土的战国漆器在造型、髹饰技法等方面水平较高。到了两汉，扬州漆器得到发展并被广泛运用到人们生活的许多领域，当时的造型和装饰手法已经相当精美和多变。从扬州市郊区出土的汉代漆器不下万余件，器型繁多，图纹丰富，其中以彩绘漆器居多。

唐代扬州漆器生产开始繁荣，脱胎干漆、金银平脱、螺钿镶嵌的技法已相当成熟，漆器被列为扬州24种贡品之一。经历了宋元两代的发展后,至明清时期,扬州漆器达到了鼎盛,明代出现了剔红雕漆、平磨螺钿镶嵌、软螺钿镶嵌、百宝镶嵌等著名品种,并形成扬州漆器特有的地方风格;清代乾隆时期,民间作坊林立,扬州出现多条以专业生产漆器命名的街巷,扬州漆器的产量和品种均达到了历史最高。

扬州漆器制作技艺主要有九大工艺门类:点螺、雕漆、雕漆嵌玉、刻漆、平磨螺钿、彩绘(雕填)、骨石镶嵌、楠木雕漆砂砚、磨漆画制作。两千多年来,经历代名家高手心摹手追,工艺种类齐全,精品佳作迭出(图4-12)。扬州漆器厂多次荣获国际、国内金银质奖,数十件产品被选为国礼由党和国家领导人赠送给外国元首,30多件作品陈列于北京人民大会堂、中南海国宾接待室、钓鱼台国宾馆及重要接待场所,另有多件作品被国家征集为珍品收藏。

图4-12　扬州漆器制作技艺雕漆嵌玉《春色满园》地屏

6. 扬派盆景技艺

扬派盆景技艺形成于明代,成熟于清代,享誉于当代。它得益于扬州文化,又将自身融入于扬州文化之中,成为一门独特的高雅艺术,被列为第二批国家级非物质文化遗产传统美术类项目。

清代扬派盆景的发展达到高峰。扬派盆景是中国盆景"五大流派"之一,它融"诗、书、画、技"为一体,"层次分明,严整平稳"的风格和"一寸三弯"的剪扎技艺,至今仍然是扬派盆景区别于中国其他各派盆景的最显著特征。扬派盆景既端庄大气,又细描、飘逸、清秀、古雅、写意,具有极强的装饰性和深远的意境。

图 4-13 扬派盆景技艺

扬派盆景是艺术与技术、技艺与文化的结合（图4-13）。至今仍以"棕丝精扎细剪"为核心技艺，特别讲究功力深厚和自幼培养，以及"桩必古老，以久为贵；片必平整，以功为贵"的品评标准和"层次分明，严整平稳"的鲜明特色。扬派盆景博物馆现存一批古代遗存的扬派盆景，它们是活的文物，虽历经几百年的变迁，至今仍保持着当初生机盎然的形态。扬派盆景技艺对古盆景的再创作堪称绝活。黄杨盆景《腾云》，其树龄已逾300年，经几代盆景大师的再创作，至今仍然保持生机勃勃，形神兼备，还有近现代代表作《铁骨峥嵘》《行云》《巧云》《古木清池》等。

7. 扬州传统修脚术

扬州传统修脚术亦称足医，俗称扦脚，广义还包括刮脚、捏脚，是指修脚师通过望、问、触、摸，使用专用刀具，运用修脚技术，辅以适当中药材，对脚部进行修治的一种医疗技术，被列为第四批国家级非物质文化遗产传统医药类项目。

"足为人之根"，人走路长久，极易生足病，如不及时修治，则有损健康。早在殷商时代，甲骨文里已有"病足"的记载，商末周文王患趾甲病，被"冶公"用方扁铲治好。明清时期，出现专职"修脚人"和"修脚处"。人们视修脚为"人生一大快事"。扬州是一座休闲城市，修脚业极为繁盛，世代相承，素有"中华修脚刀之乡"的美誉。闻名全国的扬州"三把刀"，"修脚刀"是其中"一把刀"，指的便是扬州修脚术。

扬州修脚持刀有"捏刀""逼刀""卡刀"三法，持脚有"支、捏、抠、卡、拢、攥、挣、推"八法。最以刀术而著称，有"抻""断""片""劈""整""挖""起"等八法，刀刀有术，形成套路。其流程如行云流水，循序渐进，因人而异，因病而宜，圆润轻巧，俗称"肉上雕花"。巧用指力、腕力，讲究出手轻，抻得平，铲得圆，断得净，不老不嫩，刀路清晰，刚柔相济，"稳、准、轻、快"。

扬州修脚术属"中医外治"，有病治病，无病保健或休闲（图4-14）。民国中期，扬州修脚界有六大流派，标志着扬州修脚已经形成了独特、完整的技艺体系。

8. 扬州富春茶点制作技艺

扬州富春茶点制作技艺为第二批国家级非物质文化遗产传统技艺类项目。扬州富春茶社创建于1885年，是一家以花局起家的别具特色的茶馆。它以独创的茶点制作技艺享誉国内外，以"花、茶、点、菜"结合，"色、香、味、形"俱佳，环境"闲、静、雅、适"的特色以及优质服务，受到国家和全社会的好评。

富春"魁龙珠"茶，独家创制，香飘百年。它取龙井之味、魁针之色、珠兰之香，以扬子江水沏泡，谓之"一壶水煮三省茶"。此茶色泽清澈，清香四溢，味淳绵和，解渴去腻，堪称茶中珍品。

富春点心，采用传统方法手工制作，技艺精湛，造型雅致，品种繁多，味不雷同，三丁包、细沙包子、千层油糕、翡翠烧卖、野鸭菜包等被国家商业部认定为"中国名点""中华名小吃"，被誉为"天下一品"，曾荣获国家"金鼎奖"等奖项（图4-15）。

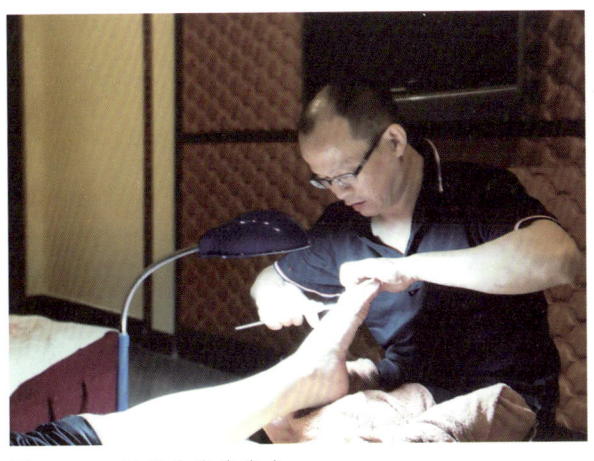

图4-14　扬州传统修脚术

图4-15　扬州包子店开上了繁华的东关街

富春还拥有与茶点相互匹配、相得益彰的各式菜肴，大煮干丝、富春鸡、拆烩鲢鱼头、蟹粉狮子头等被称为"中国名菜"。富春被公认为"淮扬菜之乡"这顶桂冠上一颗最为耀眼的明珠。

富春茶社先后被评为"国家特级酒家""中华餐饮名店""全国绿色餐饮企业"。2006年12月被中华人民共和国商务部认定为首批"中华老字号"。

9. 扬州园林营造技艺

扬州园林营造技艺为第四批国家级非物质文化遗产传统技艺类项目。扬州园林肇始于西汉，兴盛于隋唐，成熟于宋明，鼎盛于清代乾隆时期。明人计成于扬州造园并由此撰写《园冶》一书，这是世界上第一部造园学专著，概括了扬州造园的理论与实践。

扬州营造的传统园林，融会南北，自成一格，雄伟中寓明秀，得雅健之致，而堂庑廊亭的高敞挺拔，假山的沉厚苍古，花墙的玲珑透漏，更是别处所不及。其诗画品格和精致做派，彰显出独特的风格与成就，"扬州以名园胜，名园以垒石胜""造屋之工，当以扬州为第一"。

扬州"宅园结合"。营造宅园，精选材质，精工细作，不仅追求整体效果，而且细微之处极尽雕琢之能。园林建筑中复道回廊、花窗雕饰、磨砖对缝墙等，无不表现出扬州造屋之工的精致。

扬派叠石讲究"中空外奇"，或挑法造险，或飘法求动。洞内或置石床、石凳、石桌，或引水、布桥，造景别有洞天，可游、可观、可居，空透处深不可测，突兀处险象万千。清初画家石涛和尚创作的"片石山房"，为人间孤本。个园的"四季假山""春山宜游，夏山宜看，秋山宜登，冬山宜居"，更是将扬派叠石推向了新的高峰。

扬州筑园擅作"旱园水做"，造出山溪、瀑布、河流、海涛等形状，船舫、桥梁、水榭、池岸等临水景物，使人产生无水似有水、水在意中的感受。在花木的配置上，注重品种、形姿、色彩、寓意以及与其他景观的关系，追求精致（图4-16、图4-17）。

四、扬州运河非遗的保护传承基本情况

扬州市非物质文化遗产资源丰富，主要表现为非遗项目门类全、层次高、价值大，

图4-16 扬州园林营造技艺

图4-17 让扬州园林技艺在街头显现出来

文化特征明显、区域特性鲜明。前面介绍过全市现有人类非物质文化遗产代表作名录项目3项，分别是雕版印刷技艺（牵头申报）、广陵派古琴艺术和剪纸（配合申报）；国家级非遗项目19个；省级非遗项目61个；市级非遗名录202项。到目前为止，已有21名国家级传承人，82名省级传承人，369名市级传承人。近年来，扬州保护传承运河非遗主要做了以下几个方面的工作。

（一）不断完善非遗保障机制

一是加强组织领导。市政府牵头召开了"全市非物质文化遗产保护工作会议"，下发了《扬州市非物质文化遗产保护实施方案》，组建了非物质文化遗产保护工作领导小组、专家委员会和保护中心等机构并多次举办专题培训。同时，积极推动地方学者、文史专家为非遗名录申报、资源普查、理论研究做了大量基础工作。二是落实资金保障。在非遗培训、普查、宣传方面，近年来各级共投入经费100多万元。扬州评话、弹词、扬剧、木偶等项目的传承保护单位还依托扬州文化艺术学校联合招生培养专业人才，市财政安排资金专项扶持。同时，全面落实带徒津贴、扬州"三把刀"从业人员培训补贴等资助政策。三是突出规划引领。2013年以来，扬州市已为16个国家级非物质文化遗产项目编制了中长期《保护规划》（2013—2022年），同时，积极筹备编制《扬州市非物质文化遗产中长期保护规划》。规划的编制以全市各个国家级非物质文化遗产项目的历史和现状为依托，立足长远，分步实施，旨在推动其传承、保护、发展工作的逐步深入和科学有序。

（二）全面掌握非遗资源状况

一方面，抓普查。自2006年起，先后举办普查培训班35次，培训900多名普查工作人员；动员1100多名社会人员参与，普查范围涵盖全市1000多个行政村（社区）；各类媒体宣传达百次以上。全市获取2000多项（条）资源线索，涉及17大类，出版汇编7套12册，入编1200多个项目，基本摸清并记录了本市非物质文化遗产资源的种类、数量、分布状况、生存环境、保护传承现状等情况。另一方面，抓申报。2005年至今，组织了四批次国家级和省级非物质文化遗产项目的申报、三批次市级的非物质文化遗产项目的推荐、评审、命名工作，同时参与了国家组织的申报联合国教科文组织"人类非物质文化遗产代表作"工作（图4-18）。目前，扬州市基本建成了多级名录体系，项目涵盖非遗全部十个大类，主要集中在传统音乐、舞蹈、戏曲、美术、技艺、民俗、医药等门类，特别是传统美术、技艺类项目84个，占项目总数42%。

（三）持续加大非遗保护力度

着重抓好对代表性传承人、传承责任单位的保护，鼓励他们积极开展传承活动，鼓励以老带新、代代相传（图4-19）。至2016年底，全市共设非物质文化遗产传习所30个，大师工作室15个，培训学校4所。同时，积极顺应信息技术发展趋势，广泛将现代数字手段应用于非遗保护之中。全市非遗项目普遍建立了专题档案，条件成熟的项目已经实施了数据化管理，通过文字整理、录音录像、图片拍摄、征集实物、珍藏精品等方法，有序实施非物质文化遗产记忆工程。其中，重点建立了"两库"：一是综合性的扬州非物质文化遗产保护中心数字资源库。通过这一平台，把碎片化的信息聚合在一起，实现数字化、可视化建模，进行立体重构和生动再现，既方便查询，又促进文化传播。目前已录入相关项目、传承人数据资料并在进一步完善中。二是非物质文化遗产特色项目数字资源库。已初步完成扬州刺绣项目的数字资源库建设，扬州评话数字资源库建设工作正在实施之中。

图4-18　广陵琴派名家梅曰强大师

图4-19　扬州评话新一代传人

（四）努力扩大非遗影响力

一是推动非遗场馆建设。扬州中国雕版印刷博物馆、扬州工艺美术馆、中国剪纸博物馆先后建成开放，拓宽了传播渠道。目前，全市共建成13个非遗专题博物馆。二是创新建设非遗集聚区。已建成的"扬州486"非遗集聚区，共集聚68个非遗项目，包括非遗活态展示、艺术品定制、传教授徒、非遗培训、非遗产品交易等业态。即将投入使用的扬州戏曲园建筑面积7.3万平方米，整合扬剧、木偶等多个国家级戏曲曲艺非遗项目，汇集教学、培训、研究、展示、排练、录制、传承等多项功能。此外，琴筝文化产业园、创艺"985"等项目也在推进中。三是丰富各类非遗活动。连续12年举办"文化和自然遗产日"活动。2016年，扬州市还举办了"精彩江苏 精致非遗"——"江苏省非物质文化遗产传统美术、传统技艺展"。积极开展"非遗进校园"活动，激发广大师生对非遗的兴趣爱好。推动非遗特色活动常态化，每年举办非物质文化遗产月系列活动和各类非遗讲座,受到广大市民的普遍好评。四是促进非遗理论研究。非遗传承人和相关专家学者撰写并发表了大量理论文章,项目专著、代表性传承人专著相继出版,将那些过去只能依靠"口传心授"的独门绝技用文字记录下来,促进了非遗的有效传承(图4-20)。[1]

图4-20 扬州非遗表演

(五)运河非遗保护传承存在的问题

一是大运河非遗缺少规划项目。由于过去物质文化遗产和非物质文化遗产分属不同部门管理,在已编制的大运河扬州段相关遗产保护利用规划中,缺少大运河非物质文化遗产的保护规划。二是保护经费缺乏。在大运河文化遗产保护中,文物保护经费普遍多于非物质文化遗产的经费,而且

图4-21 扬州漆器开发为抽纸盒,走进了百姓生活

没有具体项目安排。三是保护人才缺少,保护传承难以为继。目前非遗项目传承人普遍年龄偏大,传承仍处在口传心授阶段,很多老艺人的子女都不愿继承祖业。四是非物质文化遗产创造性转化、创新性发展较弱。非物质文化遗产与现代生活相融合较为困难,难以满足现代人的生活需求,在非遗项目的产业化开发上进展不快,部分非遗传承人的市场意识不强、理念不新,影响了大运河非遗的创造性转化和创新性发展(图4-21)。

五、扬州运河非遗的保护、传承、利用路径

在大运河遗产保护中,不仅要保护好有形的物质遗产,而且要注意保护大运河周边各类非物质文化遗产,让构筑大运河物质肌理的传统技艺流传下去,让顺应自然、

---

[1] 扬州市文化广电新闻出版局.关于《扬州市非物质文化遗产保护条例》立法调研情况的报告,2018.

图 4-22　园林技艺走入百姓家

利用自然的传统哲学观念流传下去，让附着在古建筑、古民居上的珍贵历史记忆流传下去，让仍活跃在大运河周边的优秀地域文化流传下去，使大运河承载的非物质文化遗产与各类物质遗存都得到整体保护，维护大运河沿线人民共有的精神家园。[1]目前，扬州大运河沿线一些非物质文化遗产传承活力不足，一些非遗项目存在传承人年龄偏大、后继乏人，项目展示传播缺乏平台和资金等问题，面临生存发展挑战，需要进一步加大扶持力度。保护发展和传承大运河非遗，最关键的就是要让它走进生活、活在当下，做到法制化保护、生活化传承、产业化发展（图 4-22）。

（一）坚持法制化保护

一要健全法规体系。大运河非遗的保护，离不开法律规章的约束。2018 年，扬州市就制定了《扬州市非物质文化遗产保护条例》，旨在继承和弘扬优秀传统文化，加强对非物质文化遗产的保护（图 4-23、图 4-24）。该条例由江苏省第十三届人大常务委员会第六次会议于 2018 年 11 月 23 日批准并公布，共 22 条，自 2019 年 1 月 1 日

图 4-23　扬州漆器工艺大师师带徒

图 4-24　大运河非遗开发成旅游产品

---

[1] 励小捷. 在大运河遗产保护管理工作会议上的讲话，2014-09-26.

起施行。下一步还要完善四级名录体系，分类保护，实施动态管理。二要提供全空间保护。要加强对大运河非遗重要载体和空间的保护，配合大运河国家文化公园扬州先导段建设，启动大运河文化生态保护区规划建设，实施周边自然、人文环境和集聚区域整体性保护，加强非遗保护利用设施建设，使之成为大运河非遗保护的"名片"。如对中秋拜月、吴桥社火、高邮信俗等就要实行全空间保护，既保护非遗项目本身，也要保护产生非遗的文化环境。三要实施生产性保护。要让大运河非遗具有生命力，还要按照《大运河文化保护传承利用规划纲要》提出的要求，对大运河沿线具有一定市场前景的非遗项目如漆器、剪纸、玉器、扬州面点等实施生产性保护，对面临传承困境、濒临消失的珍贵非遗如扬州清曲、高邮民歌、邵伯秧歌号子、露筋娘娘传说等及时实施抢救性保护，进行数字化记录、立档。

（二）坚持生活化传承

扬州很多运河非遗项目本身就是寻常生活的一部分，如扬州"三把刀"是以厨刀、剃头刀和修脚刀为代表的扬州饮食文化、美发文化、沐浴文化以及技艺、民俗等相关文化形态的总和。扬州"三把刀"历史悠久，源远流长。扬州烹饪发轫于新石器时代，厨艺高超，名师辈出，名菜迭现，名宴荟萃；2500年前，扬州先民即使用盆浴，因此，我们要传承"三把刀"文化就是生活化的传承。一是要活态化展示。有些运河非遗作为"老玩意"不适应快节奏的生活方式，不适应民众的现代生活需求，不适应就会被淘汰。对这类非遗要进行活态化展示，使之适应广大民众和市场的需求，要推动非遗与原有历史空间相结合，充分利用好各类非遗基地等场馆资源，提升非遗展示空间。要依托传统节日，开展非遗展示活动，促进大运河非遗走入日常生活、走近人民群众。二要"师带徒"培养。发挥各级非遗项目传承人的带头效应，设立大师工作室等人才孵育基地，对"486"非遗集聚区设立的大师工作室要在营业时间上适当延长，在人气培育上想新办法，特别是对旅游团队要出台吸引政策，从而通过大师工作室来带火非遗集聚区；要推动雕版印刷技艺、剪纸、木偶等大运河非遗走进社区、走进校园、走进企业，培养更多的传承人；更多地借助和发动社会、团体、企业、民间热心人士等方方面面的力量共同来做非遗保护工作，建立包括传承人、研究人员、社会各界人士的系统非遗人才队伍；形成政府主导、社会力量广泛参与的保护格局，搭建社会力量参与非遗保护的平台，鼓励和引导民间艺人、社会资本参与非遗保护传承。三要融入当代生活。要将非遗融入现代社会，将非遗元素嵌入城市的方方面面，融入百姓的日常生活之中。比如把中秋拜月等运河民俗融入生活中，有组织地开展"我们的节日"活动。把扬州园林营造技艺运用到城市雕塑、街头小品及城乡公园营造中去，推进公园城市建设。把运河传统手工艺植入工业生产中，让传统工艺通过变革，创作一批能满足现代人，特别是年轻消费者审美偏好的文化产品和服务，拓展非遗的生存空间和市场渠道（图4—25、图4—26）。比如将扬州漆器开发为抽纸盒，让漆器技艺这项非遗走进了寻常百姓的生活。

图4—25　剪纸夏令营大师教小朋友剪纸　　图4—26　雕版印刷大师走进校园

（三）坚持产业化发展

一是强化创新理念，打造大运河非遗产业亮点。目前，部分大运河非遗产品存在模仿多、创意少，设计单调、制作简陋、包装简单等问题。大运河非遗项目要有生命力、要焕发活力，必须打造具有地方特色的大运河品牌。要通过对传统文化的汲取、融合、创新，将商业元素与大运河文化元素进行有机融合，要借助互联网、智能制造等现代技术手段，提高大运河非遗项目特别是传统工艺产品的设计、制作水平，拓宽非遗产品的展示、销售渠道，使之更加适应当代人的审美观念与消费需求。同时，引入创新的理论，在大运河非遗的生产中，大胆采用新材料、新工艺，使大运河手工艺品成为时尚消费品，成为地方经济发展的新产业。如富春茶点制作技艺受到众多外来游客的欢迎，但过去外地游客要吃到扬州富春包子只有来到扬州才行。扬州面点企业经过对富春包子的创新发展，让包子走上生产线，并引入速冻技术，生产出速冻包子系列产品，让富春包子走进全国各地的超市，外地人要吃富春包子，不一定要去扬州，买一盒速冻包子也可以回家放在冰箱里，每天都能吃到。二是推进大运河非遗与物质遗产深度融合，发展大运河旅游产业。要让动态的非遗进入固态的物质文化遗产，在互动的基础上激发出新的活力。如在瘦西湖等大运河园林中引入剪纸等非物质遗产表演，在大运河盐商住宅展示淮扬菜技艺，一方面使大运河旅游更有观赏价值，提升景区人气，拉动文化消费。另一方面保护传承发展附着在物质遗产上的大运河非遗，把正在破碎的大运河非遗通过旅游连缀起来，成为新的大运河旅游资源。同时，通过研发既有文化品位，又有生活趣味的大运河特色非遗纪念品，提高大运河文化旅游的综合收益。三是打造非遗小镇，形成大运河文化产业的集聚效应。要围绕特色非遗项目推进文旅融合，利用扬州市一批大运河文化古镇如湾头、邵伯、界首、十二圩等打造玉器特色小镇、乱针绣之乡、草席之乡等一批大运河非遗特色小镇，形成大运河文化产业的集聚效应。鼓励特色小镇结合旅游、生态资源，打造以大运河非遗文化为主题的民宿，配套建设观光公园、特色文化餐饮等载体。推动大运河非遗保护传承发展与特色小镇、古城改造、田园乡村建设等密切结合，让大运河非遗成为创新创业、富民强民的重要抓手（图4-27）。

图4-27 界首茶干成为畅销的旅游纪念品

第五章
扬州运河文化的特征及对城市精神的塑造

作为中国唯一一座与大运河同生共长的城市，大运河造就了扬州独特的运河文化。在长期的历史积淀过程中，以包容、开放、创新的运河文化为代表的扬州地域文化逐渐形成，并对扬州的城市精神产生了重要的影响，形成了扬州"崇文尚德、开明开放、创新创造、仁爱爱人"的城市精神。在新的历史时期，如何继续发挥扬州运河文化的优势，塑造新时期扬州城市精神，努力建设世界人民向往的扬州成了我们亟待研究的课题。笔者认为，新时期弘扬运河文化，塑造城市精神需要做到以下四点：坚持崇文尚德，繁荣扬州文化；扩大开放交流，打造国际化都市；追求创新创造，弘扬"工匠精神"；践行仁爱爱人，让百姓更富裕，精神更富足。

一、扬州运河文化的起源

要讨论扬州运河文化，我们首先必须了解整个中国大运河文化。作为人类遗产，中国大运河不仅是规模庞大的航运工程体系，同时又是规模巨大的文化遗产廊道（图5-1、图5-2）。从隋炀帝开通大运河，到元明清大运河贯通，再到近代，大运河沿线一直是中国人口密集、经济发达、商贸兴盛、科技先进、人才济济、思想活跃的地区，也是中国文化艺术最活跃的地区，文学、艺术、戏剧、书法绘画、音乐高度繁荣，天文学、医学、农学等科技先进，名家辈出，对中华文化产生了极其重要的影响。那么，中国大运河文化是怎么起源的呢？它又有什么特点呢？

图 5-1 扬州天宁寺

图 5-2 高邮湖风光

（一）中国大运河文化的起源

要讨论中国大运河文化的概念，首先要讨论中国大运河文化的载体——大运河的概念。现在社会上对大运河的称谓比较乱，有说京杭大运河，有说南北大运河。笔者认为，自从大运河成为世界遗产后，中国大运河应该成为大运河的专有名称，无论是讨论大运河遗产保护，还是大运河文化带建设，都应该指中国大运河。中国大运河，是指我国自春秋时期开凿邗沟以来，先后在隋唐宋时期以洛阳为中心的南北大运河、元明清时期以北京为中心的京杭大运河（元明清运河）及浙东运河的总称。中国大运河地跨南北，北至北京，南抵杭州，东达宁波，西到洛阳，与海河、黄河、淮河、长江、钱塘江 5 大水系相交汇。本节讨论的大运河文化范畴为中国大运河的范畴，即包括隋唐大运河、京杭大运河和其延伸段浙东运河的文化。

从地域上看，中国大运河流经 6 个省、2 个直辖市共 35 座城市，全长 3200 公里。这里计算的是隋唐大运河、京杭大运河和浙东运河主线部分的总长，减去了其中重复的部分。中国大运河流经市域面积 31 万多平方公里，占陆地国土面积 3.2%。

从功能上看，中国大运河的开凿始于公元前 5 世纪，7 世纪完成第一次全线贯通，13 世纪完成第二次大沟通，历经两千余年的持续发展与演变，直到今天仍发挥着重要的交通与水利功能，大运河山东济宁以南段仍有近 900 公里在正常通航，发挥着重要的交通、运输、行洪、灌溉、输水等功能。中国大运河沿线人口占全国人口的 15.22%（2008 年），沿线 35 个城市 GDP 占我国 GDP 总量的 25.08%（2010 年）。

从价值上看，中国大运河是世界上唯一一个为确保粮食运输（漕运）安全，以达到稳定政权、维持国家统一的目的，由国家投资开凿和管理的巨大工程体系。它是解决中国南北社会和自然资源不平衡的重要措施，以世所罕见的时间与空间尺度，展现了农业文明时期人工运河发展的悠久历史阶段，代表了工业革命前水利水运工程的杰出成就。《中国大运河申遗文本》是这样评价中国大运河的价值的"它实现了在广大国土范围内南北资源和物产的大跨度调配，沟通了国家的政治中心与经济中心，促进了不同地域间的经济、文化交流，在国家统一、政权稳定、经济繁荣、文化交流和科技发展等方面发挥了不可替代的作用。"[1] 中国大运河由于其广阔的时空跨度、巨大的成就、深远的影响而成为文明的摇篮，对中国乃至世界历史都产生了巨大和深远的影响，这就是中国大运河文化的载体——中国大运河。

那么，什么是大运河文化呢？目前，无论是政府层面还是学术界对大运河文化都没有一个准确定义。国家发改委编制的《大运河文化保护传承利用规划纲要》只是提出"大运河承载的文化价值和精神内涵是依托于运河这一实体产生的，并随着大运河的历史变迁而形成和发展、创新和升华"[2]，但对什么是大运河文化并没有回答。江苏省编制的《大运河江苏段文化保护传承利用规划》也没有对大运河文化的概念进行定义。国内众多的研究者也尝试着对大运河文化的概念进行定义。百度上说大运河文化又称"京杭大运河文化"，"是一种社会现象，是大运河自开凿以来长期创造形成的产物；又是一种历史现象，是运河流域社会历史的积淀物。囊括了中国若干个朝代的政治、经济、军事、文化等国家因素，又创造出大运河流域多民族的历史、地理、风土人情、传统习俗、生活方式、文学艺术、行为规范、思维方式、价值观念等非国家因素。一言以蔽之：大运河文化，是以黄河流域文化为核心，与海河、淮河、长江、钱塘江共同融合出的独特的江河文化，并紧密与中原文化相承"[3]。这种说法显然是不科学的，首先从地域上将大运河文化界定于京杭大运河文化在范围上就不科学。其次，将黄河流域文化作为大运河文化的核心也不合理。大运河文化应该是跨区域的，涵盖京津文化、燕赵文化、齐鲁文化、中原文化、淮扬文化、吴越文化，它的核心显然不是或不仅是黄河流域的文化。学者张友茂认为，大运河文化是"中国漕运实践中所创造的物质财富和精神财富的总和"，这种说法，看似有一定的道理，但从文化内涵上并不能完全概括大运河文化，特别是缺少了思想领域的内容。

---

1 国家文物局. 中国大运河申遗文本，2013:47-48.
2 国家发改委. 大运河文化保护传承利用规划纲要(征求意见稿)，2018: 12.
3 百度"大运河文化"词条.

要解读什么是大运河文化,首先要对文化进行定义。一般的文化定义是指相对于政治、经济而言的人类全部精神活动及其活动产品。具体而言,人类文化内容指族群的历史、地理、风土人情、传统习俗、工具、附属物、生活方式、宗教信仰、文学艺术、规范、律法、制度、思维方式、价值观念、审美情趣、精神图腾等。人类文化又分为物质文化、精神文化、哲学思想(制度文化和心理文化)。王永波先生在《运河文化的运动规律及其启示》中提出:"运河文化是人类在特定的社会历史条件下,通过跨自然水系的通航、漕运,促进运河流域不同文化区在思想意识、价值形态、社会理念、生产方式、文化艺术、风俗民情等领域的广角度、深层次交流融合,推动沿运河流域的社会政治、经济、科技、文化的全面发展而形成的一种跨水系、跨领域的网带状区域文化集合体。"[1]

图 5-3 《京杭大运河历史文化及发展》封面

按照以上关于文化的定义,笔者在《京杭大运河历史文化及发展》一书(图 5-3)中就给中国大运河文化下过定义:大运河文化是运河经济的繁荣所带来的运河城市的兴起、文学艺术的融合、不同文化背景的参与所形成的多元一体的物质和非物质文化遗产及思想领域的合成。[2] 中国大运河见证了中国这个泱泱大国两千多年的历史和文化积淀。在其流经的 6 个省、2 个直辖市,35 座城市,中国大运河在地理上吸纳了京津、燕赵、齐鲁、中原、淮扬、吴越六大文化带的文化资源,兼收并蓄,交流融合,汇聚成个性鲜明的中国大运河文化。

(二)运河文化的共性特点

中国大运河作为我国古代贯通南北的唯一交通大动脉,不仅促进了我国古代经济发展,而且在其发挥重要作用的过程中,吸纳沿线各个地方特色和民族特色的文明成果,积淀形成了内涵深厚、千姿百态的运河文化。中华民族文化是多元一体的文化,而大

---

1 王永波. 运河文化的运动规律及其启示 [J]. 东南文化, 2002 (4): 33-38.
2 姜师立, 等. 京杭大运河历史文化及发展 [M]. 北京: 电子工业出版社, 2014.

运河的开通，促进了南北文化和中外文化的大交流，形成了独具特色的运河文化。运河文化以其博大的包容性和开放性，吸收了燕赵文化、齐鲁文化、中原文化、西楚文化、吴越文化的精华，成为中华文化的重要组成部分。[1] 大运河文化无论是在物质文化上还是精神文化上，都深刻地影响着我们的国家和民族。因此，运河文化不单是一种乡土文化或商业文化，而是一种以交流、开放、融合、进步为特点的动态文化。

1. 中国大运河文化的时代和地域性特点

安作璋先生在《中国运河文化史》一书（图5-4）中写道："中华民族的文化是多元一体的文化，其所以存在着文化上的多元化，是由于各个区域地理环境的不同造成的自然条件的差别，经济发展水平不同引起的社会条件的差异，生活习俗不同所带来的文化背景的各异，军事上的封建割据所形成的政治上的隔绝，这一切都足以造成区域文化的不同特色。随着运河的南北大贯通和迅速开发，运河区域的社会经济达到了前所未有的兴盛与繁荣，这不仅为运河区域文化的发展提供了雄厚的物质基础，而且也促进

图5-4　安作璋先生的《中国运河文化史》

了南北文化、东西文化的交流和中外文化的大交流，使各种地域文化和外来文化相互接触、融会、整合，形成独具特色的运河文化。"[2]

大运河在千百年的疏浚、修筑过程中，其流经的各个城市都被赋予了不同的文化特征，在为沿线城市提供着地理、交通、经济与文化联系的同时，也促使运河两岸的城市自身不断发展，形成了一个以运河为渊薮的城市共同体。经济上联系着南北、东西，在文化上横贯着京津、燕赵、齐鲁、苏皖、江南、中原等区域文化。表5-1从总体特点、地域性特点和文化特点三个方面，对中国大运河文化的典型时间和地域特点进行了分析（表5-1）。

---

[1] 苗传华，等. 关于依托台儿庄古城建设"运河文化创意产业示范园"的议案. 山东省十一届人大四次会议议案：9-10.
[2] 安作璋. 中国运河文化史 [M]. 济南：山东教育出版社，2006：5-6.

表5-1 中国大运河文化典型的时间与地域性特点

时间节点	总体特点	地域性特点	文化特点
早期（春秋战国—秦汉）运河文化	这个时期，运河流域的各个地区之间的文化在相互交流、融汇中不断向前发展，不断减少区域差异而呈现出共同的文化特质	运河的兴修促进了水陆交通网的形成，作为商品集聚地的商业城市兴起	春秋邦国林立，至战国末年百家合流。到东汉时期，北方运河流域的关中地区、三晋所居的中原地区和齐鲁地区的政治、学术文化已渐趋统一
隋唐时期运河文化	中国历史上第一次规模巨大的南北文化大交流就发生在这一时期，在运河文化带中，长安是文化中心	这一时期，政治中心在关中，经济重心逐渐南移，出现了政治中心与经济重心分离的情况	南北文化大交流推动了中外经济文化的交流。到唐代，运河是经济生命线，也是文化生命线，文人墨客来往于运河之上，使唐代成为中国古代最为灿烂夺目的时代。数以万计的外国人出入长安，中国与世界其他各国展开了全方位的经济文化交流
宋元时期运河文化	大运河把北宋开封、南宋杭州、元朝大都几大文化中心连为一体，大一统文化格局出现	北宋时"泰山学派"反思儒学、力倡道统，"程门学派"立足洛阳，高举"天理"旗帜	北宋中期，出现了欧阳修、王安石、"三苏"等一批诗文改革的文学大家，文学走向一条平易畅达、反映现实的道路
明代运河文化	大运河促进了运河区域经济的发展，人们需要高质量的生活品质，文学艺术和科技发展站在了一个更高的起点上	文学艺术的传播周期越来越短，文坛上的新生事物，很快从运河的一头传到另一头，地域性特点不明晰	小说艺术空前发展，《三国演义》《水浒传》《西游记》都出现在这一时期。书画艺术仍继承宋元传统
清代运河文化	运河文化广泛采纳黄河流域文化和长江流域文化之所长，甚至海外文艺所长，形成了具有创新精神的区域文化	在北京、天津一带的北方运河地区，出现宣传才子佳人和侠义小说的同时，江浙一带的文人由于陷于亡国之痛不能自拔，写了一大批志怪小说。而《红楼梦》通过几大家庭兴衰反映了运河地区社会现状。哲学、经学、史学研究江浙地区繁盛	清朝建立后，大规模民族斗争逐渐平息，经济获得恢复与发展，文学艺术出现了繁荣与发展。运河流域的文学艺术，不但广泛采纳各流派之所长，还广泛吸取了各民族乃至海外各国文学艺术的精华，影响波及海外
民国运河文化	民国，河运废弛，但因为运河地区是民族民生革命势力在必得的地区，仍然是中国文学创作的丰沛源泉	运河沿线丰富的社会生活，吸引了大批世界观、人生观不同的文人从事创作。出生于南方的鲁迅、茅盾、叶圣陶、朱自清、夏衍等陆续到了北方，在小说、诗歌、散文、戏剧等方面做出了开拓性的贡献	民国时期运河流域在中国文学创作上占有十分重要的地位，各种文学思潮、流派、群体在运河区域形成，以运河流域民生为题材的文学巨著大量涌现。其他艺术形式亦名家辈出

2. 中国大运河文化的价值与功能特点

那么，中国大运河文化的特征是什么呢？笔者认为，中国大运河文化最根本的特征是交流。大运河首先是基于漕运的目的而修建的，大运河的原始功能是运输，而货物运输与人的流动，带来了文化的交流，这才有了大运河文化。

中国大运河文化具有以下三个方面的特点：

一是包容与统一。善于沟通、包容开放的宽广胸怀是大运河文化的基本特征。从某种意义上讲，文化就是沟通。如果人与人之间没有沟通的愿望，便不会有文化的诞生。这一点，对大运河文化的发展更加重要。运河的本质也是沟通。大运河是一条文化的河流，它不仅直接串联起南北，沟通了黄河与长江，而且间接地连接起更为广阔的空间，对中国文化大格局的形成具有十分重要的作用，同时也是联系古代中国与世界的桥梁，是古代东方主要的国际交通路线之一。大运河上的洛阳、宁波分别是"沙漠丝绸之路"和"海上丝绸之路"的起点。中国大运河的开通连接了这两座城市，促进了不同区域之间的物流和人际交往，也影响了古代中国与世界的外交往来。无论是鉴真东渡日本，还是马可·波罗游历中国，都是通过运河完成的。胡乐、胡舞、胡服，在运河流域风靡。佛教、伊斯兰教、基督教也沿着运河传播。兼容并蓄中，正是包容了不同地域、不同民族的文化才汇成中国历史上别具一格的运河文化。

二是扩散与开放。大运河为不同区域的文化交流提供了通道，体现了某一文化区域内重要的人类价值的交流。大运河与长城，往往被人们比作中国版图上一个大大的"人"字，二者皆是人类智慧的伟大体现。其实从深层次看，二者有很大的不同，长城之修建是防御性的，客观上阻碍了多民族之间的往来和交流，而运河之开凿是贯通水系，加强了各族人民之间的团结与统一。换而言之，长城是"对外闭锁"，而运河则是"对内搞活"。大运河的开通与整修，则不仅直接刺激与活跃了中国区域间的物流与人际交往，同时也影响古代中国与世界的外交往来及其路径。大运河的开通，使东部地区与中原、南方与北方的联系更为直接而紧密，带来了大运河区域经济文化的向外扩展，也塑造了运河文化开放的特征，特别是"沙漠丝绸之路"和"海上丝绸之路"的沟通，使运河流域成为中外经济文化交流的前沿地区，通过运河中国文化得以传播到海外，海外各国的文化也通过运河影响中国文化，促进了中华文化多元发展特色的形成。

三是创新与发展，不断扩大、延伸、创新和发展是大运河文化的又一特征。大运河文化是不同于中国传统农业社会的商业文化。在古代，大运河的第一功能是漕运，但运河在运漕粮的同时，也运输了其他物品。据邹逸麟先生考证，大运河上的商品大致包括三个方面：第一是指政府规定运军随漕船所带的土宜，明清两代都规定漕运军卒随漕船北上时，可以随船搭载一定数量的土宜，沿途贩卖，免其抽税。第二是漕船至京师卸粮后，回空船所载各类货物，主要是农副产品。第三是民间商船运带的商品。因此，尽管大运河的主要功能是为了行漕，但同时也是全国最主要的商品流通干线，据记载，在明代全国八大钞关中，除九江为长江关外，其他七大钞关都在运河沿线，从北京向南依次为崇文门、河西务、临清、淮安、扬州、浒墅、北新。万历年间，运河七关商税共计31万余两，占八大钞关总数90%左右。这就促进了运河沿线城市的商业发展，而繁荣的商业带来了运河文化创新的特征。千余年来，大运河文化内涵及表现形式，不断扩大、延伸、创新和发展。随着沿大运河文化交往日益频繁，大运河文化传播方式呈现大型化和国际化。大运河是古代东方世界主要国际交通路线的组成部分。隋唐宋时期大运河的南端通过"海上丝绸之路"从明州港（宁波）、泉州刺桐港通向海外诸国，西端则从洛阳西出通过横贯亚欧内陆的"丝绸之路"通往中亚、欧洲，元代以后则由于蒙古帝国的建立使欧亚大陆交通畅通。大运河使中国与世界更为紧密地联系起来，西方的僧人、官员、商人、传教士、旅行家、使团等频繁由运河南来北往中国内地，并经由海上、陆上交通，形成了古代中国与亚洲、欧洲等广泛的政治、经济、文化联系，促进了古代世界的沟通与交流。

（三）扬州运河文化的产生背景

逐水而居是所有人类文明的共性特征，而扬州所处的通江达海的地理位置在古代中国是最佳的：扬州在中国第一大河流长江的下游，既离长江入海口不远，能够迅速通过长江进入大海，又免受了海啸、台风等灾害。同时，扬州的先民们开凿了世界历史上沿用时间最久的大运河，将这一水运的便利发展到了极致。扬州所处的江河交汇处，在主要依靠内河水运的古代，无疑是最佳的地理位置，相当于今天海运时代的国际大都市上海，因此，大运河成就了唐代扬州"扬一益二"的地位。在得尽江河之利、舟楫之便的同时，大运河也孕育了扬州独特的地域文化。

扬州是首批全国历史文化名城（图5-5），是唯一一座与大运河同生共长的城市，大运河被扬州人民亲切地称为"母亲河"。在古代，大运河造就了扬州经济的三次繁荣：汉代吴王刘濞通过开

图5-5　扬州东关城门

运盐河:"开山铸钱,煮海为盐",创造了扬州第一次繁荣;吴国成为汉初实力最强的势诸侯国。隋代大运河的首次贯通,使扬州成为通达海河、黄河、淮河、长江、钱塘江的水运枢纽,奠定了唐代扬州繁荣的基础,创造了扬州的第二次辉煌,使扬州在唐代成为全国最繁华的运输中心和港口,成为全国最大的商业城市和国际都会,达到"扬一益二"的地位;第三次是清代,因为运河,扬州占漕运、盐政、河务三大要政之利,加之康熙、乾隆两位皇帝的多次南巡,刺激了扬州政治、经济和文化地位的上升,使扬州跻身全球50万人口的十座城市之一。在这三次繁荣过程中,大运河发挥了极大的作用,同时也造就了扬州独特的运河文化。在长期的历史积淀过程中,以包容、开放、创新的运河文化为代表的扬州地域文化逐渐形成,并对这座城市的经济社会各个方面产生了重要的影响。在新的历史时期,运河文化仍旧深刻影响着扬州人文精神的形成和发展。研究扬州运河文化对保护传承利用扬州历史文化,推进大运河文化带建设,促进扬州经济文化社会的高质量发展,都具有现实的指导意义。

农业文化是中国传统文化,古代中国几乎各个地域文化都呈现出农业文明的厚重累积之状,但是,以扬州为代表的运河区域文化却是一个例外。大运河文化最根本的特征是交流,大运河首先是基于漕运的目的而修建的,大运河的原始功能是运输,而货物运输与人的流动带来了文化的交流,这才有了运河文化。扬州由于中国古代交通大动脉大运河带来的独特地理位置和交通条件,处在南北经济文化交流的中心点,形成了奠定在市场基础之上的商业消费城市,并以其雄厚的经济实力支撑了扬州先民的文化创造,催生了扬州以运河文化为基础的独特人文精神。作为中国传统文化的构成部分,扬州运河文化与中国传统文化的核心价值是一脉相承、高度契合的。

二、扬州运河文化的特征

正是基于大运河文化的共性特点加上扬州独特的地理位置,造就了扬州运河文化的区域性特征——在中国封建社会极少见的有别于农业文化的商业文化,它的特点是开放、包容、创新。

(一)大运河促进了扬州的文化自觉

大运河的历史是大运河城市发展史。沿运河水陆网络在广阔空间上扩展开去的城市与乡村,它们在社会结构、生活习俗、道德信仰以及人的气质与性格上,无不打上了深深的运河烙印。扬州运河文化有着深厚的历史渊源,扬州是中国唯一一座因运而生、因河而兴的城市，可以说，没有大运河就没有扬州。2500年前吴王夫差的开邗沟、筑邗城造就了千年大运河，也造就了一座千年古城扬州，可以说，扬州任何文化的形成都与运河有着不可分割的关系。大运河成就了扬州的数度繁荣，也见证了近代扬州的衰落；大运河造就了扬州的一草一木，也浸染了扬州的文化血脉；大运河塑造了扬州一个个文化面孔，更促进了扬州的文化自觉。在2500年的运河历史中，扬州的经济繁荣吸引了众多文化名人（图5-6），也催生了扬州本土众多文化名家，他们用优美的诗文、高雅的书画和巧夺天工的艺术，丰富了扬州独特的运河文化。

大运河在两千多年的疏浚、修筑、维护、使用过程中，流经的每个城市都被赋予不同的地域文化特征。而扬州作为运河的"长子"，因为被运河滋润的历史最久，在长期的历史积淀中，以其特定的地理、人文环境，含英咀华，钟灵毓秀，孕育了在中华文化中绽放异彩的奇葩——扬州运河文化。它固然不同于北方的京津文化、齐鲁文化，也有别于江南的吴越文化或徽州文化。它所特有的鲜明个性和创造风格，是周边任何地域文化涵盖不了的。扬州运河文化在众多的运河城市中展示出独特的地域文化特点：开放包容、珍视历史、讲究创新、追求精致等。

（二）大运河的交流功能带来了扬州文化包容开放的特征

从某种意义上讲，文化就是沟通。如果人与人之间没有沟通的愿望，便不会有文化的诞生，这一点，对大运河文化的发展更加重要。运河的本质就是沟通交流，运河最基本的功能是漕运，作为中国古代最重要的交通设施，它带来了中国南北文化的大交流，也推动运河中心城市扬州形成了包容开放的特征。大运河的开通，使东部地区与中原、南方与北方的联系更为直接而紧密，带来了大运河区域经济文化的繁荣与发展，加上"沙漠丝绸之路"和"海上丝绸之路"的沟通，使运河流域成为中外经济文化交流的前沿地区和中心地带。通过"海上丝绸之路"，邻近日本、朝鲜、东南亚国家，以及西亚、欧洲、东非各国纷纷派遣使团和商队来到中

图5-6　扬州八怪之一郑板桥纪念馆

国，在泉州、宁波等沿海港口泊岸，然后沿运河航行到达扬州等地，进行频繁的经济文化交流，有的更直接迁居于扬州。在唐代，扬州在国际文化交流中的作用举足轻重，来自日本的遣唐使相当一部分都是经海路来到中国，沿长江而上，从扬州入境。《日本国志》卷四记载："仁明帝承和五年六月，常翩等航海，由扬州入长安，考遣唐典礼，此次为最重。"无论是鉴真（图5-7）东渡日本传播佛法和文化，还是崔致远来扬州为官，将中国文化带回朝鲜，被称为"东国文化之父"，无论是日本派遣唐史来华学习，还是马可·波罗（图5-8）在扬州等地任职，写出《马可·波罗游记》，他们都把扬州的文化带到世界各地，扩大了中国对世界的影响。无论是大批徽商来扬州定居建造会馆、园林，还是阿拉伯王子普哈丁定居扬州传播伊斯兰教，都将外地甚至外国的文化传播到扬州，更加丰富了扬州运河文化的内涵。因此，扬州运河文化就是交流的文化。包容使扬州运河文化惯于接纳外来多种文化，开放的特征又使扬州将经过融合、加工的文化向周边扩散。这种包容开放，促进了中国南北文化的大交流、大沟通，对多民族中华文化的形成有着积极的贡献，对中华文化的对外交流都发挥过重要的作用。

（三）大运河平台带来了扬州文化追求精致、致力创新的理念

历史上，因运河带来的繁荣，造就了扬州商贾云集的城市氛围，而商人对消费的高要求，也带来了扬州人追求精致的理念。扬州人对于园林、住宅、饮食、休闲、工艺品等的完美追求，就是自古以来扬州精致文化的反映。特别是清代扬州盐商对生活品质的极度追求，对扬州的园林艺术、饮食文化、戏剧表演带来了极大的影响，催生了国剧京剧的诞生，促进了扬州工艺文化、饮食文化登峰造极，也造就了中国四大菜系之一的淮扬菜，成就了中国园林代表作之一的扬州园林。而这种对精致的追求、对创新的苛求更加养成了扬州的工匠文化，无论是扬州漆器还是扬州玉器，都因追求精

图5-7　鉴真大和尚曾任住持的扬州大明寺

图5-8　马可·波罗雕像

致的"扬州工"而名扬天下。唐代,由于运河的通航,扬州经济繁荣、百业兴旺,扬州的琢玉有了新的发展。既有贵族豪门用来装饰楼阁建筑的"雕栏玉户",又有民间以小件玉器作为佩饰的挂件用品。唐代高僧鉴真东渡日本传教,就带有玉作、画师、雕檀、刺绣等 185 人之多。宋代扬州玉器已向陈列品方面发展,花鸟、炉瓶等品种日渐丰富,琢玉中的镂空、圆雕技法亦始于宋代。元代扬州玉器除陈设用品愈见功夫外,当时的艺人已经开始应用天然籽料制作"山子雕"。现在扬州博物馆藏有一件据传为元末时的山子雕,用白玉制作,人物山林刻画简练,简中有繁。清中期开始,扬州琢玉进入全盛时期,清宫中重达千斤、万斤的近 10 件大玉山,多半为扬州琢制。当时扬州制作的和田羊脂玉如意,还被定为"扬州八贡"之一每年大量进贡朝廷。"扬州工"的代表同样还有扬州漆器、扬州八刻、扬州剪纸等,这些都造就了扬州运河文化追求精致、致力创新的特点(图 5-9)。

三、运河文化对扬州城市精神的塑造

城市人文精神是一种普遍的人类自我关怀,表现为对人的尊严、价值、命运的维护、追求和关切,对人类遗留下来的各种精神文化现象的高度珍视,对一种全面发展的理想人格的肯定和塑造。人文精神构成一个民族、一个地区文化个性的核心内容,是衡量一个民族、一个地区的文明程度的重要尺度。人文精神的基本含义就是:尊重人的

图 5-9 扬州会馆群

价值，尊重精神的价值，而新时期扬州的人文精神就是"崇文尚德、开明开放、创新创造、仁爱爱人"，这种人文精神的形成与扬州运河文化有着密不可分的关系。

（一）珍惜历史、以德为基的运河文化塑造了崇文尚德的人文精神

运河不仅促进了扬州城市多元文化的形成，而且扬州运河文化一直在唤起扬州人对历史的珍视、对运河的呵护、对文化古迹的保护。扬州自古以来就是文化之邦，汉代大儒董仲舒就是在扬州形成了"罢黜百家，独尊儒术"的治国理念，该治国理念成为维系中国封建政权上千年历史的"大一统"思想，也使扬州成为古代中国礼仪之城的代表。扬州人一直以来重文尊儒，崇文尚德。对大运河两千多年浸染下的扬州人来说，"德"具有特别的意义，崇文尚德作为扬州的人文精神，体现了扬州作为千年的运河古城的文化特点，是对扬州运河文化的传承，反映了扬州人自古以来重文尊儒、尊师重教的人文精神和价值取向。扬州古城正谊巷中的董子祠（图5-10），就是为纪念先贤董仲舒而建，在扬州还有董井、仪董轩等古迹，这正反映了扬州人对董子"正其义不谋其利，明其道不计其功"思想的尊崇。影响扬州人文精神形成的还有六次东渡的鉴真、视死如归的史可法、刚正不阿的郑板桥等。现如今，珍惜历史遗存、保护文化古迹已成为扬州人的一种共识。无论是政府提出的敬畏历史、敬畏文化，不与其他城市比规模、比洋气，还是普通老百姓对历史街区的保护，这种对文化古迹保护的意识，都是崇文尚德的人文精神的具体体现。著名学者阎崇年认为，扬州不仅文气日盛，而且崇文尚德，在中国历史文化名城中，极具特色。阎崇年说，崇文尚德在扬州最直接的表现，在于扬州人的文明素养和文化内涵。坚持崇文尚德，就会使文化因子充溢每个人的细胞和血液，塑造人和城市的涵养与精神，有了精神支撑，加上深厚的历史文化资源，扬州在文化大发展大繁荣中就会以一种文化自觉审视自身定位、寻找发展目标，进而明确文化事业发展方向。在大运河申遗的8年里，

图5-10　扬州正谊巷的董子祠里创办了正谊书院

扬州处处发挥申遗牵头城市表率作用,在保护规划编制、遗产保护、环境整治等各个环节均走在沿线城市前列。随着大运河成为世界遗产,扬州对文化遗产的价值理解愈发透彻,行动愈发慎微。如今,全市所有的建设项目,凡涉及大运河遗产保护范围以及历史遗存保护区域的,规划部门必须书面征求文物部门意见,必须先考古、后动土。市领导强调,在城市发展中要舍弃一些短期利益,克制一些开发欲望,控制一些发展冲动,把祖先赐予的文化遗产保护好、传承好。前国家文物局局长、故宫博物院院长,现中国文物学会会长单霁翔在大运河申遗期间多次来扬州,对扬州的做法十分赞同。他说:"扬州之所以在当下的中国城市中与众不同,在于历届市委、市政府、全体扬州民众深刻认识城市文化价值、坚守城市文化理想、突出城市文化特色,使扬州取得了城市保护与发展双赢,令人敬佩。"

(二)开放包容的运河文化交流特点带来了开明开放的城市个性

大运河的交流功能,使善于沟通、包容开放的运河文化成为扬州人文精神形成的第二个影响因子(图5-11、图5-12)。在运河时代,扬州包容了不同的文化、不同的宗教,也形成了扬州人文精神的第二个特点:开明开放。进入新的历史时期,扬州人以开放包容的心态推进其国际化的步伐。扬州牵头中国大运河申遗,成为大运河沿线35座城市保护与申报世界遗产联盟的盟主,连续8年举办世界运河名城博览会,连续13年举办世界运河城市论坛,与世界上28个国家和地区的33座城市结成了友好城市,这都是扬州深厚的历史文化底蕴和包容开放的文化亲和力促成的。扬州运河文化在历史上的交流特点也成为今天扬州对外交流的独特优势。如今,鉴真已成为扬州对外交流的重要名片。1980年鉴真大和尚像在扬州大明寺举行了鉴真坐像和石灯笼安放仪式。2003年是鉴真东渡成功1250周年,扬州举办多种纪念活动,加深了中日两国

图5-11 扬州仙鹤寺

图5-12 扬州菱塘回族乡的清真寺

的友好合作。在中日关系的许多节点上，鉴真这位中日友好往来的使者，推动着中日关系正常化。民间外交活动，一次次让中日关系的危机化险为夷。扬州从 2006 年创办了鉴真国际马拉松赛，已坚持 14 年，成为最具文化内涵的马拉松赛事。无论历史还是现在，大运河就是一条纽带，将扬州与世界联系在一起，开放包容的扬州运河文化成为推动扬州与世界各国友好交往的文化纽带。

（三）追求精致、勇于创新的运河商业文化带来了创新创造的发展理念

"绿杨城郭是扬州"，扬州的一草一木、一亭一阁都给人一种精致的感觉。无论是扬州"三把刀"的美誉，还是"早上皮包水，晚上水包皮"的传说，都在讲述着运河带来的商业文化的繁荣而造就的消费文化的精细化。运河给扬州带来了细腻而独特的饮食文化；盐商在享受上的追求带来了扬州精益求精的园林文化；各行各业的艺人齐聚扬州带来了扬州工艺发达、能工巧匠众多，造就了独特的"扬州工"。这种工匠精神到了现代则成了追求精致、勇于创新的扬州人文精神。"扬州工"首推玉器，"扬派"玉器成为全国四大流派之一。扬州玉器在全国、全省工艺美术百花奖评比中，一直处于领先地位，在国际市场上也享有盛誉，外国朋友们常用"人间奇迹""东方艺术之最""巧夺天工"等予以盛赞。进入 21 世纪，扬州玉器人凭借实干创新的精神坚持实施名牌战略，创立的"玉缘牌"玉器工艺品被评为江苏省名牌产品，所在企业成为省内玉雕行业唯一获此殊荣的企业。如今，扬州玉器已被列入国家非物质文化遗产代表作名录，"扬州工"已不再是一个单纯的技术概念，更是一个代表中国传统技艺的文化概念，这充分反映了扬州人文精神中对精致文化的追求。运河永不停息、不断更新的创造精神，给了扬州人与时俱进、永葆活力的创新力。扬州人并没有止步于追求精致，他们还勇于创新，以精致的态度、创新的精神撬动传统特色产业转型升级。创新是最好的继承，追求卓越、精益求精促使扬州玉器、漆器、雕版印刷、古琴古筝等在全国具有影响力的传统特色文化产业成功转型，发展为现代文化产业（图 5-13、图 5-14）。国家玉器珠宝鉴证质量溯源中心在扬州成立，促进了扬州玉器珠宝产业和文化产业的转型升级和提速发展。

（四）多元、兼收并蓄的运河文化理念带来了仁爱爱人的人文关怀

扬州运河文化的另一个特点就是以人为本，将人的发展置于最高的地位。扬州古运河边的大王庙供奉的两位大王，一位是春秋时的吴王夫差，另一位是汉代的吴王刘

图 5-13 扬州漆器制作工艺

图 5-14 玉器成为运河文化产业

濞。夫差开挖了邗沟，建造了邗城，是扬州最早的建城者。尽管夫差在中国历史上差评较多，但扬州人没有忘记他对扬州城和运河的初创之功。刘濞开运盐河入海，发展盐业，造就了扬州第一次繁荣。尽管后来未得善终，但这两人至今都受到扬州人的祭拜。庙前的对联"曾将恩威遗德泽，不以成败论英雄"，充分说明了扬州人对他们开运河、兴水利的民本思想的肯定。后来的扬州历代贤官，无论是东汉的广陵太守陈登，还是宋代的欧阳修、苏轼都关心民生疾苦、兴修水利、抨击重税苛政，都受到扬州人的尊崇。作为中国古代的商业城市，自古以来对流动人口的大胆接纳形成了扬州运河文化包容、吸纳不同文化的特点，这种仁爱爱人的理念成为扬州人文精神的基调与底色。如今的扬州人，正以一种新方式体现以人为本的理念，那就是"幸福扬州"的提出。2002年以来，扬州每年的一号文件都是民生的话题，从解困民生向普惠民生、和谐民生、幸福民生行进，到2019年底实现贫困人口全部脱贫的目标。仁爱爱人的民本思想，让扬州获得了联合国人居环境奖，这是对扬州城市环境不断改善、人民群众安居乐业的肯定（图5-15、图5-16）。

扬州好人群体的出现是仁爱爱人精神的另一个生动体现。从2010年起，扬州在全市开展"学习扬州好人、争做扬州好人"活动，从电影《江北好人》中的"张维扬"，到现实生活中的刘应启、陈巧云、徐兆华、张志成等，先后涌现1000多个道德楷模和先进典型，一个个"扬州好人"用道德的火炬照亮了人们的心灵，引领了城市的文明风尚，全市公民道德建设呈现"森林效应"。好人越推越多、越选越多，由个体做好事，发展到道德模范带领志愿者团队服务社会，当好人、做公益成为扬州鲜明的社会风尚。短短几年，全市注册志愿者36万余人，注册志愿服务组织3200多个，成为城市文明建设的引领者和主力军，截至2017年3月，扬州共有51人荣登"中国好人榜"。央

图 5-15　扬州八怪群像

图 5-16　扬州大王庙供奉的两位大王

视"向幸福出发"栏目组第二次来扬州寻找"扬州好人"时，著名主持人李佳明感叹道，"扬州好人"的崇高道德水准向社会传递了正能量。如今整个社会都在培育社会主义核心价值观，如果里面的 12 个关键词是一个参照标准的话，扬州应该可以拿高分。在运河文化的熏陶下，崇文尚德凝练而成的城市人文精

图 5-17　扬州好人群体

神，使扬州形成仁爱爱人的社会风气，"扬州好人"群体犹如满城春风，扬州成了真正的诚信之城、大爱大城、文明之城（图 5-17）。

四、传承弘扬扬州运河文化，推动城市高质量发展

在历史上，扬州就有崇文尚德的传统，扬州遗产很多，历史古迹保护得很好，如今，"扬州讲坛""新知学堂"等高层次文化讲座已成为寻常百姓的文化大餐。开明开放，勇敢地面向世界来展现自己、交流思想，这是扬州人的传统，今后扬州将依托其开放、创新且精致的人文精神，以运河为媒介融入世界，连接世界五大洲，与全球运河城市携手并肩，共创第四次辉煌。创新创造是城市的主动力，扬州人的创新创造硕果累累，"三大支柱产业"转型升级，新能源、新材料以及智能电网等新兴产业快速增长（图 5-18）。在建设"强富美高"新扬州，高水平全面建成小康社会的征程中，发挥扬州运河文化优势，塑造新时期人文精神需要从以下四个方面寻求突破。

图 5-18 扬州高新产业基地

（一）坚持崇文尚德，繁荣扬州文化

塑造新时期扬州人文精神，要大力弘扬以德为基的运河文化。经历了两千多年的历史洗礼，扬州人感悟了以德为基带来的回报。"扬州人什么都可以没有，但是不能没有文化。"扬州要以习近平总书记提出的推进大运河文化带建设为契机，充分用好扬州2500年历史文化的底蕴，发挥运河文化优势，坚持文化为魂，以德育人，让崇文尚德成为城市的独特气质，全面推进文化扬州建设，努力再创一个文化发展的黄金期。一要常态化举办文化活动，在彰显城市精神和时代特征的同时，激发扬州人的审美情趣、鉴赏能力、文化兴趣。就像运河文化一样，所有文化的生命力都在于开放、交流和融合。要通过多种形式促进扬州文化大交流、大融合，只有大交流、大融合，才能出大作品、大画家、大作家，才能推动和促进扬州文化事业大发展、大繁荣。要注重对文化人才的培养，努力培养出更多的大家、大师，创造更多的传世作品。二要坚持文化事业和文化产业双轮驱动，体制改革和科技创新同步推进，多出精品和多出人才互动并进，积极传承扬州优秀传统文化，加快发展先进时代文化，致力兴办一批文化惠民实事，提升一批文化活动品牌，做强一批特色文化产业，推出一批文化精品力作，选培一批文化创新领军人才。要以"名城、名家、名作"工程为抓手，创作一批文化精品，培养和造就一批文化英才；要打造"书香扬州"，在创成"江苏省书香城市建设示范市"的基础上，争创世界图书之都（图5-19～图5-21）。三要充分发挥得天独厚的文化

图 5-19　扬州城市书房

图 5-20　扬州荣获"江苏省书香城市建设示范市"称号　　图 5-21　朱自清读书节活动

资源优势，用大创意、大策划拓展新兴业态并打响品牌。大运河是历史给予扬州的宝贵馈赠，从瓜洲至高邮湖，以游船为载体打造水上游项目，品江鲜、吃龙虾、游景点、赏风光、看表演，用大手笔、大策划、大景区思维将这种水上游项目化、景区化，建设一批大运河文化带示范区，打造世界独一无二的运河文化旅游品牌。四要大力发展体育文化产业。大运河沿线环境优美，作为世界级的遗产，在中外影响力巨大，可考虑举办沿大运河或环高邮湖、邵伯湖公路汽车拉力赛、自行车赛，将其打造成和鉴真马拉松赛一样具有国内、国际知名度的高端品牌赛事。

（二）扩大开放交流，打造国际化都市

历史上，大运河的开凿与运行，让扬州与全国、全世界的距离和时空发生了变化，包容开放成为扬州运河文化的代表，也成为扬州文化中最有魅力的特征。作为历史上中国对外交往的窗口之一，扬州要承袭开放交流的运河文化特点，以包容开放的胸怀，扩大对外开放，全面落实开放发展理念。一方面，扬州要进一步发展现代交通，为对外开放打开便捷通道；另一方面，要扩大开放发展新空间，务实推进宁镇扬同城化；以"一带一路"沿线国家为重点，支持制造业和建筑业企业"走出去"。加强对外宣传，传播"扬州声音"，进一步加大城市推介力度，不断提升城市国际化水平。一是借助

历史人物。打好鉴真、崔致远、马可·波罗、普哈丁这四张历史人物牌，积极开展对以日本、韩国、阿拉伯国家和欧洲等为代表的对外文化、教育交流。二是推出特色文化。推动扬州美食"走出去"，扬州园林、扬州工艺走上国际市场。三是用好运河纽带。利用大运河世界遗产这个国际化平台，继续办好运博会、世界运河城市论坛，推进大运河文化带建设，加强对外交流，提升国际化水平。四是打造交流平台（图5-22、图5-23）。继续办好烟花三月国际经贸旅游节，加强国际国内交流；利用承办世界园艺博览会的机会，创造新的交流平台，打造国际旅游目的地。

（三）追求创新创造，弘扬"工匠精神"

扬州园林的精致秀美，漆器、玉器几百道工序的精雕细琢，"三把刀"的精湛技艺展现的是扬州工匠精神，更是扬州运河文化对新时期人文精神塑造的生动体现。自古以来，扬州就尊重认同工匠文化，注重工匠精神传承，扬州匠人辈出。新时期更需要弘扬工匠精神，推动创新创造。

一是要强化职业教育基础。在职业教育的专业、课程、师资、技能等要素建设上，适应地方产业结构特点。推动职业院校与本地企业协同发展，制定职业教育校企合作管理办法。扬州职业教育院校要不断完善现代职业教育体系构建，深入推进教育教学改革，创新办学体制和人才培养模式，不断提高人才培养质量和社会服务水平，扩大职业教育的影响力，培养更多高素质技术技能型人才。

二是要放大"扬州工"品牌。将传统文化产业做成世界级文化产业，既需要传承也需要弘扬创新，要引入现代元素，用现代理念嫁接传统。扬州玉器虽然在全国行业中影响巨大，但产业却没有形成全国知名、世界闻名，漆器、剪纸、琴筝同样如此。

图5-22　世界运河城市论坛

图5-23　淮扬菜大师赴境外传艺

要构建扬州工的实践培训体系，开展传统服务业职业技能培训和现代产业质量技术培训，提升产业工人技能水平。支持工艺美术大师、非遗传承人、能工巧匠建立工作室，传承扬州工匠技艺、文化、精神。要构建扬州工匠精神的价值评价体系。将现代产业技术工人、工艺美术大师、非遗传承人、能工巧匠等纳入扬州市"英才培育计划"和城市荣誉体系，每年评选扬州市十大"能工巧匠"，开展"导师带徒"等活动，使"大国工匠"的绝技绝活代代有传人。

三是要营造创新创造的社会氛围。构建扬州工匠精神的宣传体系，形成尊重工匠、弘扬工匠精神的浓厚社会氛围。营造宽容失败的文化环境，建立创新失败补偿机制。真正让"工匠"专心于技术创新，营造"人人支持创新、人人参与创新、人人推动创新"的良好环境。让技术工人从创新中获益，进而唤起职工创新责任和主体意识，激发职工创新热情、创新思维和创新潜力。要把创新作为扬州发展的主引擎、城市转型的主动力（图5-24、图5-25），努力增创产业发展优势，加快构筑创新板块，着力建设创新人才高地。

图5-24　扬州工的培训

图5-25　盐商老宅记录着运河的商业繁荣

（四）践行仁爱爱人，打造"大爱之城"

以人为本的运河文化，给扬州带来发展的力量与源泉。无论在什么时代，人都是发展的力量之本，以人为本是扬州运河文化的立足点和出发点。在新的历史时期，坚持以人为本，践行仁爱爱人，就是要关注民生、体察民情、尊重民意、保障人权，就是要时刻关心群众疾苦，永远把百姓冷暖挂心头，切实解决人民群众特别是弱势群体的切身利益。

一是树立"以人为本"的施政理念。建设幸福扬州，这是由我们党的性质和宗旨决定的，也是以人为本、执政为民的根本追求。必须更加关注老百姓的幸福感受，更加注重社会公平正义和管理创新，更加注重民主法制建设和人文精神的塑造。"以人为本"的施政理念要体现在各项改革中，使得各项改革更加顺民意、谋民利、合民心；"以人为本"的施政理念要体现在政府努力满足百姓需求，切实维护群众权益上。要从群众最期盼、最需要的环节抓起，推动教育、医疗等公共服务标准化均等化发展。幸福是老百姓的主观感受，要让"幸福"这一充满人文色彩的词语物化成实实在在的可考核可操作的抓手，通过一项项指标的完成，让扬州的老百姓物质更加富裕、精神更加富足。

二是进一步弘扬好人精神，建设大爱之城。无论是历史上的扬州，还是今天的扬州都是座大爱之城，处处都有仁爱爱人的气息，扬州构建的中国首个城市荣誉体系将市民心中的道德力量不断激发。扬州要大力实施公民道德建设工程，放大"扬州好人"效应。政府还要从送温暖、困难救助、就业培训、学习宣传、尊崇礼遇等方面，制定出台关爱好人的具体办法。要打造线上线下的"典型库"，让越来越多的先进典型用行动诠释、传递、践行新时期扬州城市精神，建设大爱之城，以价值力量提振扬州人的精气神。要广泛开展"慈善奖"评选等活动，将慈善提升到城市事业的高度予以重视，融入城市文化建设中。

三是全面落实共享发展理念。要大力发展民生，每年集中力量办几件大事，拓宽富民增收渠道，为人们创业就业提供服务，持续增加居民经营性和财产性收入。要着力打造健康中国的扬州样本，创建国家食品安全城市，完善"10分钟健身圈"，健全覆盖城乡的基本医疗卫生体系和基本公共卫生服务体系，努力建设"优生之城"和"颐养之城"。大力发展公共交通，积极争创国家"公交都市"示范城市。打造美丽中国的扬州样板，完善公园体系，在建成300座公园的基础上，提高公园的管理水平，使扬州成为一座公园之城、幸福之城。要关心、关爱困难群众和困难儿童，确保所有的

第五章 扬州运河文化的特征及对城市精神的塑造　159

困境儿童上得了学、吃得好饭，决不能让一个困难群众掉队，在精准扶贫的策略下，确保全市人民都实现高水平的小康（图 5-26 ～图 5-30）。

图 5-26　扬州东关历史街区　　　　　　图 5-27　钟书阁求知的人群

图 5-28　扬州公园城市建设展　　图 5-29　扬州街头随处都是公园　　图 5-30　全国道德模范和扬州好人标兵

第六章
大运河文化带建设的扬州实践

2017年，习近平总书记两次对大运河保护利用工作做出重要批示："保护大运河是运河沿线所有地区的共同责任，""大运河是祖先留给我们的宝贵遗产，是流动的文化，要统筹保护好、传承好、利用好。"习近平总书记的重要指示为我们推进大运河文化带建设指明了方向。扬州作为唯一一座与大运河同生共长的城市，运河开挖最早、遗产最丰富的城市，又是大运河保护与申遗的牵头城市，如何推进大运河文化带建设成为一个重要课题。

一、大运河文化带建设的意义

当前，贯彻党的十九大精神，坚定文化自信，推动社会主义文化繁荣兴盛成为运河沿线城市的热点，在大运河列入世界遗产名录后，推进大运河文化带建设具有重要的现实意义。

大运河文化带建设是坚定文化自信、繁荣社会主义文化的重要抓手。习近平总书记在党的十九大报告中指出：没有高度的文化自信，没有文化的繁荣兴盛，就没有中华民族伟大复兴。中华优秀传统文化是文化自信之源。距今已有2500年历史的中国大运河是一条文化之河，可以说是中华文脉，是我们增强文化自信的宝库。因沟通交流功能而产生的中国大运河文化的特点是多元、包容和开放，而这正是衡量文化先进性的核心标准。随着大运河申遗成功，大运河世界遗产的保护理念在沿线3亿多国民中得到广泛传播。大运河文化带建设，可以唤醒全民族对大运河遗产的保护意识，增强全民族的文化自信，进一步继承中华优秀文化，弘扬运河文化，为实现中华民族伟大复兴的"中国梦"增添文化动力（图6-1）。

建设大运河文化带可以更全面展示博大精深的大运河文化。作为全世界开挖较早、河道最长、沿用时间最久的运河，中国大运河沿线积淀了丰厚的文化资源，吸纳了长达3200公里的大运河沿线京津、燕赵、中原、齐鲁、苏皖、吴越六大文化带的文化资源，大运河孕育出了自己特有的文化形态和景观：漫长的河道，无数的码头、船闸、桥梁、堤坝以及沿岸的衙署、钞关、官仓、会馆、庙宇和驿站，厚重的精神产品，如文学、艺术、民俗、史学等，还有运河沿岸各种文化节庆及其带来的品牌符号，形式多样的非物质文化遗产，众多中华文化明珠都通过大运河这一条金丝线串联起来。建设大运河文化带，就是要更好地挖掘、保护、传承大运河文化，并创造新的运河文化，使中国大运河成为展示和传播中华优秀文化的大长廊。

建设大运河文化带可以推进大运河文化资源的挖掘，打造新时期大运河特色文化。

图 6-1 流淌在大地上的中国大运河

中华民族伟大复兴需要以中华文化发展繁荣为条件，文化的繁荣发展是一个国家最深沉的软实力，是一个国家综合国力的重要组成部分，满足人民过上美好生活的新期待，必须提供丰富的精神食粮。大运河具有生生不息的文化精神，千余年来大运河是因其不断的创新变化而成就了运河沿岸的文明，因而我们在继承前人留下的"文化遗产"同时，有责任进一步研究大运河文化，挖掘其深厚内涵，创作运河文艺作品，繁荣运河文化，为后人留下经过我们创新的"文化遗产"。只有这样，才能使古老的大运河重新焕发生机，创造出新的文化形象和符号。大运河文化带建设可以通过加强对现存运河遗产资源的摸底调查，让大运河文化遗产的文化价值呈现在世人面前，更加彰显大运河作为世界遗产的价值，通过活化运河文化，将其融入到当代城市文化建设的洪流中去，打造新时期大运河文化。

建设大运河文化带可以促进运河文化产业发展，推进文化强国。在大运河的实用性功能逐渐淡化、文化价值充分显现的时代，使其进入全球视野，成为举世瞩目的"世界遗产"是对母亲河的回报方法之一。但最有价值的回报应当是使运河得到长期的、可持续的保护，使其永续长流。而要做到可持续保护，大运河文化带建设的提出无疑是一个很好的路径。我们已经进入文化为引领的时代，深厚的文化底蕴才能传播久远。大运河作为一条跨越时间维度、地理空间与文化荷载的超大体量遗产，在中国乃至世界范围内都具有号召力，大运河文化带建设对于整合运河资源，放大运河文化影响力，建设中国东部地区文化产业带，拓展中国东部发达地区的运河经济将起到重要作用。实现中华民族的伟大复兴，不仅要求我们建设经济强国，更要求建设文化强国。大运河为我们提供了丰富多彩的历史文化资源，建设大运河文化带，可以在保护好文化遗产的同时，充分挖掘、利用好这些文化资源，并利用现代科技和现代创意手段，将运河文化资源优势转变为优势文化产业，对外输出文化产品，宣传中华优秀文化，凭借大运河这一世界公认的文化资源，在世界文化的舞台上讲好中国大运河文化故事，助推文化强国、经济强国。

建设大运河文化带可以聚合运河沿线城市文化旅游资源，打造东部地区经济增长极。大运河连接起"沙漠丝绸之路"和"海上丝绸之路"，构成国内外经济文化交流的一个闭环。大运河文化带建设的提出正是国家的战略性举措，我国对外提出"一带一路"建设，对内提出大运河文化带建设，都是一个"统"的概念，聚合的作用，将不同区域的经济文化资源统一在一个共同目标下去推进。建设大运河文化带形成的统领协调作用，可以帮助各个城市结合自身特色，构建不同功能的运河文化廊道或文化产业园区，避免同质化竞争。大运河文化带中的"带"字很重要，大运河是因为漕运而形成的共有文化长廊，经济文化建设都要作"带状"思考，无论保护还是利用都要作为一个整体（图6-2）。建设大运河文化带就是让沿线城市

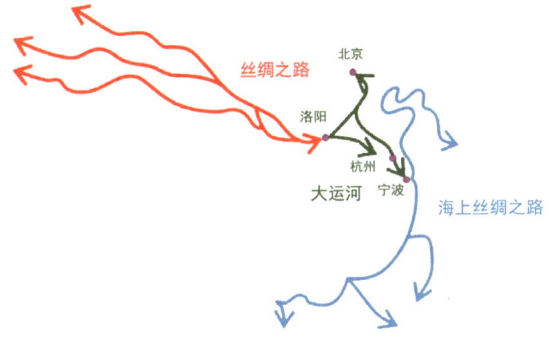

图6-2　中国线性遗产大运河与丝绸之路

共同发力，打破一亩三分地，促进更大范围的融合和交流。[1]

二、扬州大运河文化带建设的资源优势及主要内容

（一）扬州大运河文化带建设的资源优势

1. 运河开挖最早，与运河关系最密切

扬州是孕育大运河的摇篮，大运河又是扬州的母亲河，扬州是唯一一座与运河同生共长的城市。公元前486年，吴王夫差开邗沟、筑邗城，从此中国大运河有了最早的一段，同时扬州这片土地上也有了第一座城市。2500多年来，扬州一直与运河同兴衰，无论是隋唐大运河，还是京杭大运河，扬州都是最重要的航段，就是如今，扬州段运河货运量也是大运河沿线最多的。大运河成就了扬州在汉代、隋唐和清朝的三次繁荣，也培育了扬州独特的以运河文化为核心的城市精神。

2. 文化遗存最丰富，拥有运河遗产最多

扬州段运河遗产丰富，拥有各个历史时期的运河，有最早的古邗沟、运盐河，有东晋开挖的仪扬河，有隋文帝时期开挖的山阳河、隋炀帝时期开挖的邗沟西道，有唐代的伊娄河、宋代的官河，还有明代的白塔河、里运河，是名副其实的运河博物馆。在大运河列入《世界遗产名录》的1011公里河道和58个遗产点中，扬州有151公里河道、10个遗产点，占遗产河道总长度和遗产点总量的1/6左右，为全线拥有运河世界遗产最多的城市。扬州段运河沿线还积累了21处全国重点文物保护单位、46处省级文物保护单位、405处市级文物保护单位以及扬州第三次全国文物普查登记的1169处不可移动文物。大运河还孕育了多个运河聚落遗产集群，包含了不同历史时期，从城到镇到村，不同层次、不同类型的运河聚落遗产。大运河还催生和孕育了扬州丰富多彩的非物质文化遗产（图6-3）。

3. 水利功能最强，航道运输量最大

水资源充沛的大运河扬州段，水运功能一直发挥着重要的作用，是全国航运密度最大的内河航道。2004年大运河"三改二"工程实施以来，投资20亿元，通过升级航道、扩容船闸、建设生态驳岸，近十年来货运量年均递增8%，2018年大运河扬州段船舶通过量达到3.6亿吨（图6-4），货物通过量3.3亿吨，相当于4条京沪高速、两个葛

---

[1] 姜师立. 大运河文化带建设的意义、内容及实现路径 [J]. 中国名城, 2017.

洲坝的运量。大运河在为沿线提供舟楫之利的同时，也为流经的地域提供了丰富的水利资源，极大地促进了扬州及周边地区农业经济的发展。已建成的江都水利枢纽工程和设在大运河上的梯级抽水站等配套工程，不但作为南水北调东线的输水通道，而且在江淮地区暴雨形成洪涝时能排涝入江，保证里下河地区66万公顷农田稳产丰收。

4. 运河景点最多、观赏性最强

大运河扬州段不仅两岸自然景观十分精彩，而且有丰富的遗产遗存，旅游资源十分丰富（图6-5）。且不说瘦西湖和个园是全线仅有的两个以园林列入大运河遗产的遗产点，盂城驿是运河全线唯一一座保存完好的驿站，天宁寺是保存较好的清帝南巡行宫中的一个，还有众多的盐商大宅构成了扬州盐业

图6-3 扬州段运河遗产分布示意图

图6-4 邵伯船闸年货物通过量达3亿吨以上

历史遗迹，就是那壮观的邵伯三线船闸、日夜繁忙不息的大运河主航道、刘堡减水闸、邵伯古堤、大码头等水工遗存都是珍贵的运河旅游资源，使扬州段成为大运河沿线最

图 6-5 扬州瘦西湖

具有观赏性一段。大运河扬州作为世界遗产不仅可以吸引国内游客亲水休闲,而且具有相当高的国际吸引力。扬州精心打造的古运河水上游览和瘦西湖乾隆水上游览线吸引了不少中外游客,扬州要打造国际旅游目的地城市也离不开大运河这一世界级的文化符号。

5. 牵头申遗贡献最大,积累经验最丰富

作为大运河联合申遗的牵头城市、大运河保护与申遗城市联盟盟主、大运河联合申遗办所在城市,在8年的大运河联合申遗中,扬州发挥了牵头协调和示范带动的作用,在文物本体保护、河道修缮整治、保护规划编制、地方法规制定等方面做出了表率。同时通过建立大运河遗产监测管理平台、开展遗产研究与宣传,在大运河保护、传承和利用中发挥了重要作用,已经得到了国家和省有关部门以及社会各界的普遍认同。大运河申遗成功后,扬州又成为大运河遗产保护管理城市联盟的盟主、大运河遗产保护管理办公室所在城市,扬州在大运河保护与申遗中积累的重要经验,可以为大运河文化带建设提供重要的参考和积极的借鉴(图6-6)。

6. 大运河保护状况最佳,基础最好

扬州积极编制《大运河扬州段保护规划》,制定《大运河扬

图 6-6 大运河遗产保护管理办公室赴沿线城市督察

州段遗产保护管理办法》，成为大运河全线首家公布实施大运河保护规划和保护办法的城市。市政府提出"两个服从"：城市建设服从古城保护，古城保护服从遗产保护。规定涉及运河遗产的建设项目上规委会讨论前，必须书面征求申遗部门的意见，确保各类遗产点、河道不因建设项目遭受新的破坏。近年来，扬州为了保护大运河的生态环境，首倡江淮生态大走廊建设，沿运河绿色生态廊道正在形成。围绕运河沿岸绿色廊道打造，对永久绿地立法保护，以人大决议形式对淮河入江水道城区段实施"四控一禁"管控措施，拆除搬迁造船厂、砂石码头，配套建设、改造污水处理设施及管网，建设生态中心、生态体育休闲公园、健身步道，成片植树造林，致力于解决城市发展与生态环保的矛盾，构筑一道坚强有力的生态安全屏障。投入18亿元实施南水北调东线源头水质保护工程，累计投入120亿元实施"清水活水"城市建设，率先规划建设1800平方公里的江淮生态大走廊扬州段。大运河扬州段成为大运河沿线遗产保护状况最佳的遗产区（图6-7）。

（二）扬州大运河文化带建设的主要内容

大运河文化带建设绝不仅是文化建设的内容，它应该包括文化建设、经济建设、

图6-7 扬州打造江淮生态大走廊

生态建设、社会建设以及政治建设五个方面的内容。具体应包括大运河遗存的保护与利用、运河文化的挖掘传承与弘扬、运河功能的发挥、运河生态的建设、运河城市的经济文化发展等多方面内容。像扬州段这样全线通航，仍旧保存有运河原始功能的活态运河，大运河文化带建设应包括以下几个方面的内容。

1. 强化水运功能

大运河因水运而生，早期的运河能够迅速而便利地实现各种物资和军事力量运输。今天，大运河的水运功能仍然有比较优势，水路、铁路和公路的运费比大约是 1∶3∶5，所以水运能最大限度降低运输成本，具有明显的优势和发展前景。尤其是煤炭、砂石等货物，水路运输无疑是最合适的。在水资源仍然充沛的大运河扬州段，水运功能一直发挥着重要的作用。要进行大运河的现代化改造，建设现代化的装卸码头，采用先进的导航设备，实施智能化管理，提高运河的安全性和管理效率，建成畅通、高效、平安、绿色的大运河，成为活态遗产的展示名片（图 6-8）。

2. 提升水利功能

大运河是我国古代伟大的水利工程（图 6-9），是我国仅次于长江的第二条"黄

图 6-8　扬州段航运图

图 6-9 南水北调东线源头江都水利枢纽工程

金水道"。今天,古老的大运河成为国家南水北调东线工程的输水通道。大运河扬州段是南水北调东线的起点,利用大运河扬州段为输水主干线逐级提水北送,扬州南水北调东线送水一期工程设计抽江水能力 500 立方米/秒。大运河还发挥着防洪抗旱的积极作用,为沿线城镇提供泄洪通道,为两岸 110 万亩农田提供灌溉用水,为沿线居民提供生产生活用水。要严格按照世界遗产保护的要求,统筹兼顾,妥善处理保护与利用的关系,保护与治理的关系,遗产管理与水利管理的关系,文化功能与水利功能、航运功能的关系。坚持保护优先、加固与保护并重的原则,让运河始终保持原真性,使得文化遗产和水利功能得到充分保护,实现有效延续和拓展。

3. 凸显运河生态

大运河扬州段拥有众多湖泊河流的广大水面、湿地,是中国东部一个巨大的生态调节系统,是名副其实的大自然调节器、生态走廊。结合大运河文化带建设,扬州要在运河沿线全面开展断污工程,关停一批运河沿线的工业企业,禁止周边工厂的工业污水、渔民生活污水、周围居民生活污水进入大运河。保护和建立多样化的乡土生态系统、维护和恢复河道的自然形态、保护和恢复湿地系统,将运河两岸防护林体系与城市绿地系统相结合,以最经济和高效的格局,维护生态的健康与安全,实现人居环境的可持续发展(图6-10)。

4. 拓展景观效益

大运河扬州段两岸的自然景观十分精彩。运河有充沛的水流量,有大运河最开阔的水域,有丰富的遗产遗存,更有湿地生态、自然村落、沿岸古镇等难能可贵的景观。沿岸保留着一些文化遗存,见证了运河发展的历史。迫切需要从世界遗产价值的角度展示利用,通过展示利用去保护大运河的地方特色,保护大运河的生存环境,保护大运河遗留的物质遗产,挖掘、整理大运河沿线的非物质文化遗产。要通过运河旅游的深度开发,真正使"上北京登古长城,下扬州游大运河"成为现实(图6-11)。

5. 推进文化传播

借助大运河申遗成功,对大运河及扬州文化的价值与精神内涵作深度梳理与挖掘,形成一批论文、丛书等研究成果,创作一批反映运河文化的文学影视作品,建设一批运河旅游小镇,打造一批运河文化展示馆。从而讲好运河故事,利用大运河这一本教科书来唤醒国内民众的母体记忆,来激活大众对于文化遗产的认知;利用大运河这一世界级的文化遗产,让世人感知到中华文明的渊源博大(图6-12)。

6. 促进经济发展

大运河文化带建设就是要用文化来带动运河城市带构建,带动运河经济带构建,要在保护、传承的基础上进行合理的利用,利用大运河的交通动脉和文化廊道的功能,整合运河资源,发展高端产业,建设大运河文化产业带,拓展运河经济,打造运河经济增长带。将大运河文化融入到城市建设中,推进城市发展,推动文化强市、目标的实现(图6-13)。

图6-10 南水北调东线源头公园生态环境

图6-11 渔舟唱晚

图 6-12 运河文化传播

图 6-13 运河经济发展

三、扬州大运河文化带建设的目标

扬州是大运河的原点城市,作为牵头城市,为大运河申遗做出过重要贡献,扬州发挥的示范带动作用和牵头协调作用,得到了国家有关部门和沿线城市的充分肯定。扬州理应成为大运河文化带建设的先行示范城市。扬州市要清醒认识大运河文化带建设对扬州发展带来的重大机遇,自觉增强大运河文化带建设的"扬州担当",主动作为、扎实有效推动扬州大运河文化带建设。扬州要争当大运河文化带建设的示范城市,要自觉担当、奋力担纲大运河文化带建设的示范,确保扬州走在全线大运河文化带建设最前列。因此,扬州大运河文化带建设的目标就是打造大运河文化带示范区,具体要从以下几个方面寻找突破口。

(一)推行全面保护,打造"大运河保护第一城"

1. 保护运河遗产点段

建设大运河文化带的示范区首先要做大运河遗产保护的示范,在遗产保护上要坚守保护规划的红线,严格遵守《大运河遗产保护办法》,将扬州段的大运河遗产保护好;按《世界遗产公约》的要求,依据《大运河扬州段遗产保护办法》,将扬州段的151公里河道和10个遗产点保护好。同时,按照《大运河扬州段遗产保护规划》的要求,将列入保护范围的、全国重点文物保护单位范围内的其他大运河遗产保护好。防止重申报、轻管理,坚持守住遗产区内不得新建任何建筑这条红线,坚决制止建设性破坏。设置保护标志和保护界桩,进一步完善大运河遗产档案,全面采集现存实物信息,使现存历史信息获得真实、全面的永久保存。加强历史环境保护、建设环境整治、污染防治。通过现代科技方法,加强遗产监测管理体系建设,满足不同层级的管理需求。

在利用大运河遗产开发相关旅游项目时，一定要遵循适度的原则，通过适度利用弘扬运河遗产价值，激起市民的民族自豪感，而不能因为过度利用造成对运河遗产的破坏（图6-14）。

2. 保护运河沿线非遗项目

要建立大运河非遗保护数据库，设立非遗文献资料库、音像视频库、道具物品库，加大非遗阐释研究力度。要修订、完善非遗保护规划，完善市级、县级非遗名录和传承人机制。要构建运河非遗保护生态空间，推动非遗融入现代生活、植入创意设计理念，促进非遗健康长效传承发展，努力把玉器、漆器、木偶、剪纸、雕版印刷等扬州人祖传的传统工艺和文化技艺以及扬州曲艺、扬州园艺、扬州饮食文化等发扬光大，打造不同于其他城市的亮点。

图6-14 大运河遗产点保护标志牌

3. 保护运河生态环境

加强运河生态文明建设，以江淮生态大走廊建设为抓手，保护好运河生态。保护和建设好大运河文化带所在区域生态环境，全面提升区域生态系统服务功能，建设生态文化，让良好的区域生态环境成为大运河文化带的有效载体。拓展绿色生态空间，对沿岸拆除的船厂、沙石场进行生态修复，退耕还林，提升植被覆盖水平，建设大运河扬州段绿色生态廊道，推动形成绿色发展方式和绿色生活方式。以落实《江淮生态大走廊保护规划》为抓手，将遗产本体保护与生态修复、环境整治有机结合，建设运河文化生态大走廊，加强环境整治、污染防治。严格执行"三线一清单"制度，确立生态保护红线、资源利用上线、环境质量底线不突破，制定产业负面清单，强化生态环境硬约束。推进运河沿线湖泊保护，对高邮湖、宝应湖、邵伯湖实施一湖一策，提升污染防治水平，加快区域内现有钢铁、有色金属、化工等污染较重的企业搬迁，实施农村环境综合整治，推进高邮湖、邵伯湖退圩还湖、退圩还湿（图6-15）。保护好运河的生态，打造南水北调清水走廊，让一江清水流向北京。

（二）挖掘运河文化价值，讲好运河故事

1. 深度挖掘运河文化，提炼运河文化价值

要通过梳理与挖掘大运河文化的价值与精神内涵，确保扬州段大运河文化永世传

图 6-15 保护运河生态高邮湖退圩还湖

承,发扬光大。借助扬州牵头大运河申遗成功的独特地位,牵头对大运河文化的价值与精神内涵作深度梳理与挖掘,形成一批研究成果,牢牢确立扬州在大运河遗产保护和研究方面的领头地位。同时,运用这些研究成果创作一批运河文学作品,推动文化与旅游的深度融合(图6-16)。

2. 充分展示运河文化,打造"运河文化博览城"

重点规划建设好"一馆多园"项目。"一馆",就是建设好中国大运河博物馆,填补中国大运河作为世界文化遗产没有国字号博物馆的空白。新建一批大运河文化博物馆、展览馆和主题公园,将扬州城打造成为一个大的"运河文化博

图 6-16 运河文化研究成果

览城"。重点在建设好扬州城国家考古遗址公园、隋炀帝墓遗址公园的同时，加快推进龙虬庄遗址、隋江都宫遗存保护，加快推进康山文化园扬州大运河盐业盐商盐运主题展馆、京杭之心中国大运河文化展示馆、槐泗镇运河船舶文化展示馆等项目规划建设，做好沿线的古街巷、古遗址、古建筑等的修缮整治工作和历史文化名城名镇名村的整体性保护工作，形成覆盖全城、特色多样的运河文化展示体系。"多园"，即利用好历史名人、盐商漕运、水利工程等文化特色，在运河沿线打造邵伯谢太傅祠、高邮明清古镇街区、宝应南水北调水利风光园、仪扬运河和十二圩历史街区等一批展示运河文化特别是水工文化的综合性园区。要利用先进技术提升展示水平，如槐泗拟建的运河船舶文化展示馆、邵伯拟建的运河水工展示馆，可以把三维场景展示、AR、VR、音视频自动调度技术、单点全景展示、连续全景展示、船载全景展示等技术手段应用到展示馆建设中，形象生动地再现大运河的前世今生和重要场景，让游客如临其境，感同身受（图6-17）。

3. 加强运河文化传承，推进文化名城建设

坚持以文化人、以文化城，大力传承、弘扬生生不息的大运河精神，彰显"水韵""书香"城市特色，促进文化自信、文明进步和文艺繁荣。要传承运河城市书香文脉。开展"文化走亲""非遗文化进校园、社区、企业"等活动，弘扬传统文化，增进文化自信。积极打响地方文化名人牌，以推动全民阅读为抓手，向上争取提高"朱自清读书节"层次，创设国家级"朱自清散文奖"，举办纪念阮元、汪曾祺等名家的读书活动。积极打响瘦西湖畔"虹桥修禊"诗会牌，与国内知名媒体合作承办运河诗歌大会。策划建立大运河沿线城市阅读联盟，合理修缮利用37处阅读遗存，推动阅书·阅城活动互鉴推广，让大运河沿线城市的书香文脉看得见、听得到（图6-18）。推广新型阅读空间样本，推动城市书房融合发展、特色发展，鼓励城市书店举办大运河沿线城市最美书店论坛。

图6-17　大运河船闸文化展示馆

图6-18　朱自清读书节现场

4. 繁荣运河文化艺术事业，讲好运河故事

主动牵头推进大运河沿线城市地方文艺交流展演展览展示活动，继续培育做响"运河风情""江南曲美"展演展览品牌，积极推动扬州文化"走出去"。策划举办大运河曲艺交流展演、木偶交流展演、文化艺术节等活动，打造精品创作、文化交流、人才培养、文化产业四大基地，努力推动扬州"南方戏曲重镇"复兴繁荣。积极指导参与环高邮湖、环宝应湖、里下河地区等区域性文艺展演活动。围绕大运河题材，加强扬剧、曲艺、木偶、歌舞等艺术门类的剧（节）目创作，充分展示文化名城魅力。同时，充分运用好运博会、运河名城论坛等对外交流平台，组织好扬州相关国际活动，推进扬州木偶戏国际巡演活动（图6-19），打造并输出体现大运河精神的影视剧、舞台剧，讲好运河故事，传播优秀中华文化。

（三）推进文旅融合，打造国际旅游目的地

扬州的运河旅游资源得天独厚，大运河为扬州旅游产业的发展提供了全新的成长空间。扬州要理直气壮打出"上北京登长城、下扬州游运河"的口号，推进文化旅游深度融合，系统开发扬州运河旅游，打造世界级运河旅游目的地。

1. 整体规划大运河旅游

要以大运河文化为核心，融合古运河、瘦西湖、古邗沟、北护城河、二道河等城

图6-19　扬州文化团队赴沿线城市巡演

市运河水系，并上下游延伸到宝应和瓜洲，兼容邵伯湖、高邮湖，为扬州旅游建立更为系统和宏观的规划与管理，形成完整的网络化旅游线路，并进行全新的设计包装和创意衔接，在延展旅游的时间长度和空间宽度上下工夫。将景观欣赏（图6-20）、水工设施体验、地方文化品鉴、美食品尝、游戏等内容创意化整合，并带动七河八岛、邵伯湖、高邮、宝应等地的旅游。市县两级政府要制定政策、强化监管，把大运河文化旅游产品变成一个富有投资价值的平台，广泛吸引民资参与投资和开发。

2. 深度开发大运河水上游览线

几年前，扬州开通了"扬州—邵伯—高邮"大运河水上旅游专线，全程45公里。运营一段时间，效果并不好。最根本的原因还是因为旅游与文化结合不够深。在水上游览线的设计上要更好地展示扬州段运河的地方特色，展示大运河沿线的物质遗产和非物质文化遗产（图6-21）。一是要根据不同河段的资源状况，整体设计好扬州的大运河水上游览线，要在延展时间的长度和空间的宽度上下工夫。扬州运河城区段和郊野段河道宽窄不一，城区段较为狭窄，进入邵伯湖、高邮湖之后，河湖合一、水面开阔，整条水路风格多变，可以根据不同的段落作不同的设计安排，增加游船停靠游览点。二是要创意策划游船上的活动，做到文旅结合。要在扬州运河文化和游客需求之间寻找契合点，可以将扬州清曲、古琴、古筝等文艺表演引进游船；可以植入古人的游戏，比如斗茶、双陆、投壶等。还可通过场景再现，编写游戏性短剧，让游客直接参演与体验，从而吸引游客。三是要打造"水上美食街"。旅游的一项重要体验是美食，

图6-20　扬州马可·波罗花世界景区

图6-21　扬州运河一号游轮开通了扬州至邵伯的长线游

可以在充分考虑环保措施的前提下开发船上餐饮，在城区段古运河、高邮、邵伯等节点打造"水上美食街"，通过对水上游览线的深度开发，使大运河扬州段成为吸引国内外游客亲水休闲的旅游品牌。

3. 推进运河文化与旅游结合、物质和非物质文化遗产融合

扬州有园林、古宅、会馆、庙宇等众多运河物质遗产和旅游资源，同时也有清曲、评话、剪纸等众多的非物质遗产，要让运河文化与旅游深度融合，让物质文化遗产与非物质文化遗产在保护的基础上有机结合，让物质文化遗产如古建筑、园林、名人故居等成为非物质文化遗产的最佳载体，让剪纸、清曲等动态的非物质遗产进入瘦西湖、个园等固态的物质文化遗产，在互动的基础上激发出新的活力，变得更加生动，从而促进旅游品质的提升。另一方面，融合文化旅游资源打造旅游产品，紧扣"文化带"，将景观欣赏、水上游览、淮扬美食品尝、"三把刀"休闲娱乐等内容融合打造成旅游品牌，推动运河文化遗产活态利用，真正将运河资源转化为国际文化旅游名城的金色名片。结合古镇古街古巷保护，做足水文章，加快建设高邮中国大运河邮驿文化城、古运河南门大街、三湾生态旅游产业园、环邵伯湖、环高邮湖等大运河旅游项目、体育项目。试点推进小剧场建设，积极融入文博场所、旅游景点、古城古巷等（图6-22），培育发展文化旅游新业态。

图6-22　扬州古巷游

（四）营造运河聚落，建设运河文化小镇

将遗产点集中的运河古镇如邵伯、界首、樊川等作为运河聚落遗产整体打造，建设运河文化实景展示，恢复老街上的老字号店铺，打造运河文化旅游小镇，再现当年运河名镇船舶往来、桨声绵绵的情景。在运河沿线培育打造沙头乐活小镇、湾头玉器小镇、邵伯运河风情小镇、菱塘回族风情小镇、界首"芦荡渔乡"小镇等一批旅游特色小镇（图6-23）。结合美丽乡村和特色小镇建设，以农耕文化、码头文化、渡口文化、

图 6-23　扬州邵伯运河古镇

水工文化、玉文化、渔文化等为主题,把大运河沿线地区的文化旅游资源和产品串联起来,重点打造十二圩、瓜洲、施桥、槐泗、湾头、邵伯、樊川、界首、氾水、安宜等运河沿线古镇,推动扬州"城区游"向"全域游"转变,打造国际运河旅游目的地。

(五)发展文化产业,推进文化强市

1. 弘扬运河文化的创新精神

大运河符合世界遗产标准的第一条价值就是"天才的创造",大运河代表了中国人的创造精神。静态保护、循旧守成终究不是文化延展的方向所在,文化遗产保护的目的是不断使这种世代相传的遗产得到创新,同时使创造和共享文化遗产的人们有着历史感和认同感,从而进一步促进文化的多样性和人类的创造力,所以,创新文化才是文化遗产保护的重要手段和发展方向。应深入挖掘大运河沿线的优秀文化资源和深厚的文化底蕴、创新创意的思想,构建一个中国文化产业发展的高地。新时期扬州人文精神中的"开明开放、创新创造"也就来源于扬州运河文化中的包容、开放、创新,"扬州工"更是运河创新精神的精确反映。要构建扬州工的实践培训体系和价值评价体系,开展传统服务业职业技能培训和现代产业质量技术培训,提升产业工人技能水平。支持工艺美术大师、非遗传人、能工巧匠建立工作室,传承扬州工匠技艺、文化、精神,用运河文化孕育出的扬州工匠精神来推进运河文化产业发展(图6-24、图6-25)。扬州应继承运河文化的创新精神,将文化内涵和运河价值融入到物质产品中,打造运河文化产业,让民众既能感受到运河厚重的历史文化和精神品质,又能将其依然存在的实用价值融入到现实生活,从而造福民众,使运河福泽千秋万代。

2. 大力发展运河文化产业

要加强运河文化价值利用,推进文化产业、旅游名城建设。依托"互联网+""文化+生态""文化+旅游""文化+科技""文化+金融"等模式,打造运河文化产业创新地。要通过出台大运河文化产业发展优惠政策,支持"扬州工"品牌打造,推动非遗技艺和传统工艺产业化,制作一组代表扬州工艺最高水平的玉器、漆器、刺绣

图6-24 运河非遗项目扬州玉器制作

图6-25 扬州工匠精神成为扬州创新的新动力

等精品力作,打造一批彰显扬州特色的热销产品。以小微企业"两创"城市示范建设等为抓手,支持发展文创产业,重点把"486"非遗集聚区建设成特色鲜明、富集人气的文化商业中心,同时鼓励各县(市、区)、功能区培育一批文创集聚区、文创基地、文创街,不断扩大文化产业的体量和质量。在生态科技新城的"1912"文化休闲小镇,建设游艇俱乐部、音乐俱乐部等,打造"食—住—娱—游"一体的商业休闲文化业态。举办好"江浙沪特色文化产业项目路演及推广活动"等重点产业融合活动,合作推进大运河沿线特色文化产业项目,推介骨干文化企业、重点文化产业基地和园区(图6-26)。

图6-26 扬州文化产业集聚区

3. 利用运河文化资源，发展高端产业

运河是扬州的根，文化是扬州的魂，也是扬州一切发展的基础与出发点。扬州要通过大运河文化带的建设，弘扬运河文化，促进经济建设和文化建设，推进文化强市。大运河文化带建设，正是为了留给中华民族后世子孙一条真实的运河，一条可以看见、能追根溯源的运河。而大运河优越的生态环境，也为运河文化产业的发展提供了发展空间。要利用扬州段大运河的优势，整合运河文化资源，发展运河文化产业、动漫产业等高端产业，带动引领相关产业提升质量水平，加快实现产业结构调整和优化升级。

要利用大运河的知名度和优美环境，吸引一批人才和企业，发展金融、IT、现代服务业等高端产业。如在生态优越的"七河八岛"地区建设河宿野奢酒店、万方科创书院等高端产业，在景观如画的瘦西湖畔建设凤凰水街等项目。通过建设运河名城，让人民群众充分享受到运河文化带来的实实在在利益，为满足人民群众对美好生活的新期待提供精神食粮。要通过运河文化的建设推动运河经济的发展，同时又通过运河经济的大发展，推进运河文化的大繁荣，实现经济与文化的相互促进，实现文化强市的目标（图6-27）。

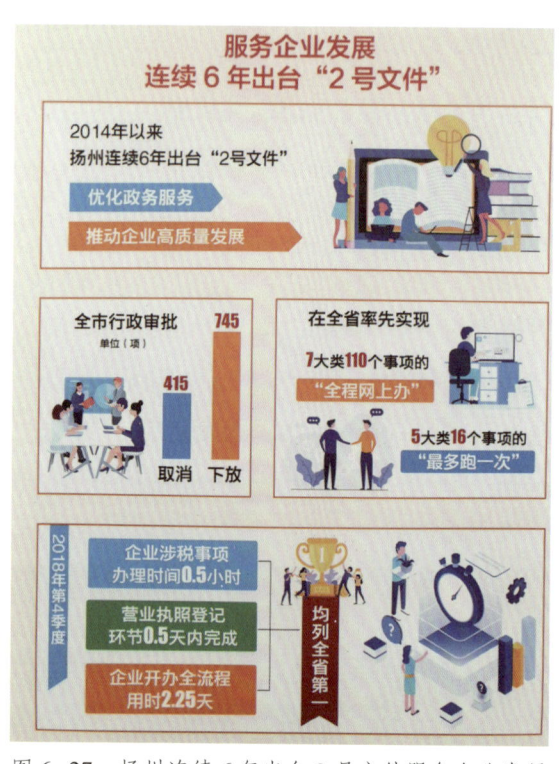

图6-27　扬州连续6年出台2号文件服务企业发展

四、扬州大运河文化带建设的生动实践

（一）强化组织领导，大运河文化带建设有了新机制

1. 完善协调机制

建立了"一会、一办、三组、一院、一平台"工作机制："一会"即市大运河文化带建设联席会议，并成立由市委书记亲自担任组长的大运河文化带建设领导小组；"一办"即市大运河文化带建设联席会议办公室；"三组"即文化长廊建设组、生态

长廊建设组、经济长廊建设组;"一院"即有智库性质的扬州大学中国大运河研究院;"一平台"即世界运河历史文化名城合作组织。各成员单位明确分工,各司其职,通力合作。联席会议办公室加强工作的综合协调和督查落实。三个专项工作组根据工作要点,合理分工,推进文化、生态、经济长廊重点建设任务的落地见效。各县(市、区)、功能区参照市里的模式,建立健全体制机制,通过有力的社会宣传,动员社会各方广泛参与,凝聚起大运河文化带建设的强大合力(图6-28)。

2. 强化政策支持机制

政策是导向,是推进大运河文化带建设的重要保障。各级财政部门统筹做好大运河文化带重点项目的财政资金保障,对条件成熟的项目纳入各级预算安排;发改部门积极谋划大运河文化带建设的重大项目和平台,争取列入国家、省有关专项以及市民生实事项目。积极吸引社会资本参与文化产业、生态旅游项目开发建设;环保、国土部门加大对集中展示运河文化的重点工程建设、运河沿线的环境整治、河道疏浚等基础设施项目以及水资源和文化遗产保护工程等用地计划保障力度,切实做好用地服务和保障工作。

3. 加强研究推进机制

大运河是民族的,也是世界的,建设大运河文化带的每项工作都要经得起历史的

图6-28 大运河扬州段航运图

图6-29 扬州学者的大运河研究成果

检验、世人的评说。扬州依托高校，整合研究资源，组织专题调研、开展重点课题研究，为大运河文化带建设提供决策咨询。突出高端性、平台性、智库性，成立了扬州大学中国大运河研究院和大运河文化带建设研究院扬州分院、扬州大运河研究中心等一批研究机构，组织了课题研究，发表了一批理论研究文章和决策咨询报告。扬州大学设立了大运河文库，出版了《中国大运河遗产》《中国大运河文化》等一批运河研究专著（图6-29）。

（二）加强立法执法，运河文化遗产保护有了新业绩

1. 保护好运河遗产

在大运河申遗过程中，扬州率先立法，制订了《大运河扬州段遗产保护管理办法》。大运河申遗成功后，扬州又按世界遗产的要求，将《大运河扬州段遗产保护管理办法》修改为《大运河扬州段世界遗产保护管理办法》。几年来，按照"两个服从"的要求，严格保护运河遗产，确保各类遗产点、河段不得因建设项目遭受新的建设性破坏。严格执行《大运河扬州段遗产保护规划》，做好大运河相关文物的考古、研究与认定工作。以实施保护工程项目为契机，推进实施扬州盐业历史遗迹保护展示工程、淮扬运河主线（扬州全段）遗产保护整治工程、高邮明清运河故道保护展示工程、大运河邵伯遗产区保护展示工程等，推动扬州文化遗产保护管理再上水平（图6-30）。

图6-30 对天宁寺行宫严格按照世界遗产的要求进行保护

2. 保护好运河非遗

扬州运河非遗资源丰富，在大运河文化带建设过程中，扬州制定并公布实施了《扬州市非物质文化遗产保护条例》（图6-31）。组织以"见人

见物见生活"为主题的非遗"大走访"活动。开展第二、三批国家级代表传承人抢救性记录工作。及时申报第五批省级非遗代表性传承人、第四批市级非遗代表性项目。参与大运河江苏段沿线传统工艺类非遗大展。结合"世界文化遗产日""大运河申遗成功纪念日"等重要节点，积极开展"运河情"大运河世界遗产宣传展示活动。以"非遗悦心"为抓手，推进非遗进校园（图6-32）、进公园、进基层。建立了雕版印刷、扬州剪纸等13个传统文化重点传承保护基地，打造了"486"非遗集聚区、中国琴筝文化园等文化产业基地。

（三）打造绿色生态，运河生态环境有了新变化

1. 着力强化生态系统保护

对照打造绿色生态带的要求，持续实施生态保护工程。一是规划建设江淮生态大走廊。2016年扬州首倡以南水北调清水通道为主轴，以淮河流域湖泊、河道、湿地为依托建设江淮生态大走廊，率先规划建设1800平方公里的江淮生态大走廊扬州段，规划实施普转型升级、清水活水、公园体系和生态中心建设、良好湖泊保护、生态廊道和生态屏障建设、农村生态环境综合整治、环境基础设施建设、生态环境监管能力提升八大工程68个项目。近年来，完成70余个子项目，可统计投资160亿元。二是流域污染综合治理，启动高宝邵伯湖"三退三还"工程，累计退出9万亩围网养殖；积极开展高宝邵伯湖水环境保护，实施23条入湖河道综合整治。实施"渔民上岸工程"，邗江区沿湖村被国家有关部门认定为全国27个"最美渔村"之一。高邮界首镇对原金

图6-31 《扬州市非物质文化遗产保护条例》　　图6-32 运河非遗进校园

图 6-33 运河湿地的修复

墩村 300 多户渔民实施整体搬迁，减少渔民生产生活入湖污染。三是加强绿色屏障建设。按照建设 4 星级以上景区的标准，在大运河沿线建成宝应运西生态中心、三湾湿地生态中心等 6 个单体面积超过 10 平方公里的生态中心；累计造林 7.4 万亩、修复湿地 1.34 万亩。四是深化生态修复（图 6-33）。开展大运河沿线两侧 1 公里范围内化工企业关停搬迁，全市已有 225 家化工企业实施关停搬迁。累计关停搬迁大运河两侧 1 公里范围内的化工、小电镀、船厂、砂石码头、混凝土搅拌站 327 家。宝应、邗江、仪征、高邮被评为首批省级生态文明建设示范县（市、区）。

2. 着力强化生态空间管控

把南水北调东线输水沿线周边 340 平方公里范围划定为核心保护区，投放 1.19 亿元实施核心保护区一期工程，建成邵伯湖湿地自然保护区和南水北调东线源头饮用水水源保护区。以南水北调源头水质和区域饮用水源为重点，在大运河沿线及周边划定了洪水调蓄区 2 个、饮用水源保护区及清水通道维护区 19 个、重要湿地或湿地公园 5 个、自然保护区 3 个，共计 1070 多平方公里生态保护红线区域。自 2015 年起对生态保护红线区域进行检查考核，并将考核结果与年度生态补偿资金发放挂钩。投入 3400 万元，全面实施了大运河水环境综合整治项目，共计拆除砂石场地、违章建筑 1.8 万平方米，完成滩地、堤防清杂整治及绿化修复约 75 万平方米。

3. 强化基础设施建设

推进运河沿线污水处理设施、污泥处置设施及城镇雨污分流管网建设，完成县级以上污水处理一级 A 排放标准达标改造工程。加强建设垃圾分类收运处置体系，提升危废焚烧处置能力，形成 9 万吨处置能力，实现自给有余。开展沿江沿河沿湖等重点区域固体废特非法储存、倾倒和填埋点排查整治，2018 年大运河管理范围就清理固体废物垃圾 2810 立方米。启动天空地一体化环境大数据监测监管体系，建成邵伯湖湖心浮标站及主要河道岸基站，基本具备对重大环境问题的预警响应和环境质量监督考核能力，同时加强农村环境综合整治，疏浚农村河道 110 条，整治河塘 800 余条。累计关闭禁养区内畜禽养殖场 844 家，城乡生态环境得到有效改善。扬州还以国家级和省级水利风景区创建为载体，不断改造提升大运河沿线的水生态、水环境。目前，在大运河沿线成功创建了国家级水利风景区 2 处、省级水利风景区 3 处，在宝应打造了南水北调水利风光园，以南水北调宝应站为原点，以京杭运河为干，以邗沟故道为支，西接宝应湖生态湿地公园和有机农业开发区，北接宝应古城、氾水古镇，沟通宝应湖、高邮湖。

4. 着力强化生态文明建设长效机制构建

编制大运河文化带扬州段建设规划生态环境保护专题篇章，提出大运河文化带扬州段核心区水质稳定优于三类等规划目标及建设路径（图 6-34）。建立由环保、水利、交通、农委等十多个部门组成的全市水污染防治联席会议制度，搭建联防联控平台，协同治理水污染。实行大运河监测断面"断面长"负责制，在大运河设立重点控制断面，由市县两级党政领导担任"断面长"，对水质达标负责。强化对水质不达标断面综合整治。编制实施三垛西大桥、泰西、大寨桥等重点断面水质改善强制污染减排方案，精准治理初见成效。同时将南水北调考核断面新通扬运河泰西、北澄子河三垛西大桥断面纳入省水环境区域补偿范围。并建立了全市横向水环境区域补偿机制，将补偿断面增加到 21 个，收缴补偿资金 2400 余万元。

图 6-34 大运河生态环境建设

(四)建立名师工作室,运河文化传承有了新路径

1. 加强文脉整理

加强对运河文献资料的挖掘、整理和研究,理清运河文化的文脉和历史内涵。编辑出版了《中国大运河百问》《中国大运河遗产》《中国大运河文化》三本中国大运河丛书,全面系统地介绍中国大运河文化和遗产,从而确立扬州在大运河研究方面的主导地位。

2. 推进运河主题创作

围绕建设大运河文化带等主题,推出一批弘扬时代精神、践行社会主义核心价值观的优秀现实题材文艺作品。组织知名作家、艺术家等深入大运河沿线采风,创作出一批反映大运河生态风貌、人文精神的精品力作。开展"运河风情"中国运河城市美术展。编创木偶剧《运河之花》、扬剧《鉴真东渡》、舞剧《水印扬州》、国画长卷《千里运河图》等作品(图6-35)。

3. 有序传承运河非遗

扬州在运河非遗传承的思路和对策上、主体和对象上、方法和手段上有新"道道"。不仅口耳相传,而且根据现代人的审美变化、生活节奏、阅读习惯,把非遗传承的全过程制作成视频放在APP、网站、微信、微博上。非遗传承人拥抱互联网,让网络世界成为非遗传播的新阵地。两年前建立的26个文化名师工作室,为非遗传承找到了新的载体,收到了出人才、出精品、出社会影响的效果。2017年度扬州市5部作品获省"五个一"工程奖,文化名师工作室就贡献了3部。[1]

图6-35 千里运河图

(五)讲好运河故事,运河文化传播有了新平台

1. 做大做亮文化交流展示活动

重点提升鉴真国际半程马拉松赛、大运河文化旅游博览会、朱自清散文奖、汪曾

---

[1] 李广春. 让大运河文化活起来. 红旗文稿,2019(8).

祺文学奖等重大节展赛事的品牌影响力（图6-36、图6-37）。组织开展中国扬州首届国际微电影展，组织系列文艺展演、美术展览、非遗展示活动。促进文化交流合作，将地方曲艺、传统工艺、文化创意整合纳入"一带一路一河"文化交流合作框架内，以扬州戏曲园、扬州市音乐厅等为阵地，引进"一带一路一河"城市精品戏曲、音舞项目来扬州展演。牵头推进大运河沿线城市地方文艺交流，积极参与环高邮湖、环宝应湖、里下河地区等区域性文艺展演活动。做响"运河风情""江南曲美"国家级非遗项目展演展示交流品牌，向更多地区辐射。成功承办了首届江苏省大运河文化旅游博览会。2019年5月3日至6日，首届大运河文化旅游博览会在扬州举办，为展示大运河历史文化底蕴和时代风采，设计创作"璀璨运河"灯光秀和花船巡游，组织歌剧《运之河》演出，启动了千名国际友人畅游大运河、运河沿线城市骑行、运河达人秀、房车巡游等配套活动，围绕打造国际国内有重要影响的文旅融合品牌目标定位，组织大运河旅游精品展，把艺术创作、文旅精品、文物非遗、旅游装备及美食等结合起来，展览展示总面积超过5万平方米，参展单位500余家，参展的文物精品、旅游产品、非遗项目、名宴美食、旅游装备品和文创产品等7000多件。以文旅融合为主题举办三个主题论坛，邀请400多位国内外运河城市代表、文化和旅游业界专家学者进行交流探讨，为推动文化和旅游高水平融合、高质量发展探索路径。

2. 做实做好相关文化交流平台

发挥大运河遗产保护管理办公室、世界运河历史文化城市合作组织等重要平台的作用，引入相关研究机构和社会合作组织；配合做好世界遗产运河古镇合作大会、大运河图片展、世界运河城市论坛相关工作。2019年9月27日，世界运河城市论坛暨世界运河大会在扬州开幕，活动期间举办了2019年世界运河城市论坛、2019年世界

图6-36　大运河文化旅游博览会

图6-37　香港龙舟参加江苏省大运河文化旅游博览会

运河大会、大运河文化带建设智库峰会、2019运河文化嘉年华活动、运河城市文化旅游企业家峰会等多场活动。国际运河城市代表、IWI在线注册嘉宾、国际组织代表、国外驻华使领馆代表、大运河文化带建设智库峰会部分专家、丝路金桥智库论坛代表、部分国内运河城市代表约200人参会。近30个国家的政要、高级官员、专家顾问等会聚扬州，深入探讨"运河文化保护传承利用、运河生态建设、运河文化旅游融合发展"话题。中国文化遗产研究院、南京博物院、江苏省水利厅、聊城大学运河学研究院的专家，分别围绕大运河文化遗产的保护利用展示、南水北调与大运河文化带建设、运河学研究的理论方法等主题发表演讲。活动期间，还举办了灯光秀、开幕式、民间达人秀、永新华非遗展示、运河老字号展销、运河城市微视频展、嘉年华巡游（图6-38）、木偶皮影表演、运河城市摄影展、国际风情歌舞、运河戏曲曲艺歌舞表演、"千年运河•宜居扬州"展示、水上飞板、大马戏、运河美食小吃15项活动，成为大运河文化带建设的一次创新性探索。

图6-38 运河嘉年华

3. 打造一批运河文化阵地

中国大运河博物馆项目正式启动。作为扬州的"新十件大事"，中国大运河博物馆已列入国家发改委编制的《大运河文化保护传承利用规划纲要》的项目，扬州邀请国内顶尖专家、工程院院士张锦秋女士团队进行设计。采用唐代古风设计形式，博物馆由一座四层建筑和一座百米高的大运塔组成，主体建筑形似一条破浪前进的船，总体形成对大运河2500年发展历程的全流域、全时段展示。就在2019年9月的世界运河城市论坛上，中国大运河博物馆的土建工程已动工开建。同时，根据规划，9平方公里的运河三湾风景区被定位为"世界运河文化旅游目的地"，以"运河文化新地标、城市旅游新板块、滨水开发新模式"为目标，倾力打造大运河博物馆及运河文旅板块、公园休闲板块、文创科创板块、会展酒店板块。修缮利用运河阅读遗存，推进运河城市书房建设。扬州主城区的24小时城市书房已达30家，实现区域全覆盖。如今，这束"文化之光"已从城区辐射至乡村，在运河身边的城市书房"姊妹版"——沙头村草垛子书房、沿湖村渔家书房两家乡村书房正式开放。投资20亿元的扬州运河大剧院即将竣工。未来这里将成为集戏剧院、综合性剧院、影院、综合书城、艺术培训中心等功能设施于一体的城市文化新地标。汇聚四海文化，为运河源头的扬州张开开放融合、拥抱世界的翅膀。截至2018年年底，全市完善提升、恢复和新建文博场所138处，2019年还将再建16处文博场所。文博城建设绘就的磅礴画卷，把"古代文化与现代文明交相辉映"的现实模样直观地展现在世人眼前（图6-39）。

图6-39　中国大运河博物馆效果图

（六）适度开发利用，运河经济打造有了新特色

1. 发展运河文化产业

近年来，扬州加强运河沿线文化产业整体规划建设，发挥沿线历史文化名城名镇名村众多的优势，鼓励差异化错位发展，打造了沿运河特色文化产业带（图6-40）。不断推进486非遗集聚区等非遗类产业园区融合发展，推进非遗+旅游融合发展，将486打造成具有运河特色的文化核心展示区。规划面积4.5平方公里，集文创、旅游、商业、休闲多种业态于一体的扬州华侨城大型文化旅游综合项目已在扬州北郊的运河畔动工开建。2019年9月26日，扬州历史上投资最多的旅游项目万有（扬州）国际旅游度假区项目落户仪征枣林湾。万有（扬州）国际旅游度假区项目总投资约300亿元，将在仪征枣林湾景区建设集狂野世界、山海奇幻、湿地乐园、玩水世界、熊猫乐园五大主题景区和主题度假酒店群、文化演艺、休闲度假小镇于一体的世界级文化旅游综合体。项目建成后，预计每年可吸引游客1500万人次，实现营收约百亿元，直接就业岗位2万个，带动相关产业就业10万人。万有项目将加快推动扬州旅游业由"静"向"动"、由传统观光向现代休闲、由"烟花三月"向"四季旺游"转型提升、实现跨越。通过承办江苏省运河文化旅游博览会，加快项目对接、产业承接，让文化产业项目落地，使文博会成为运河文化产业发展新亮点。2019年江苏省文化旅游博览会开展六大

图 6-40 扬州国泰大厦文化产业园

类别 20 个分项的 50 多个活动。国际运河城市文化旅游精品展达成合作意向 238 个，旅游装备展现场销售近 700 台（套）产品，房车、游艇等参展企业达成合作意向 365 个。江苏文投集团还与世界运河历史文化城市合作组织等签署 8 项与大运河文旅投融资相关的合作协议。

2. 打造运河创意空间

深度挖掘、充分利用运河遗产资源，鼓励具有市场前景的遗产资源与创意设计和资本相结合，开发出文创产品，让运河文化遗产借助创意设计，进入市场、融入生活。举办了运河文创设计大赛、海峡两岸文创大赛，涌现了瘦西湖有礼等一批运河文创产品品牌。顺应"互联网+"时代大众创业、万众创新的新趋势，积极支持利用运河遗存打造众创空间，营造良好的创新创业生态环境，吸引更多的创业人才、创新团队加入到文化的创意、创业和创新中来，在扬州古运河畔老街区创办了文化创意街区。在江苏旅游职业学院、扬州职业大学和扬州文化艺术学校建立了乡土人才"三带"研修学院，不断激发乡土人才创新力。位于扬州高新技术开发区的智谷大厦，是扬州文化科技综合体建设的佼佼者。短短两三年，这栋文化科技产业综合体就吸引了 97 家企业入驻，亩均创造税收 350 万元，是制造业亩均税收 10 倍以上。像优客工场、智谷这样的文化创意空间（图 6-41），在扬州遍地开花，一个个创新典型不断涌现。

3. 积聚运河文旅亮点

大运河扬州段有着丰富的人文自然景观和众多的名胜古迹，是满足人们精神文化需求的好去处。近年来，扬州整合运河文化旅游资源，培育了琴筝小镇、玉器小镇等一批"文化特色小镇"，为本土传统文化产业转型发展新添动力。推进了蜀冈—瘦西湖景区华侨城文化旅游综合项目、江都光线传媒扬州影视产业基地项目、邗江天山海世界文旅特色小镇等文化旅游项目，使扬州运河旅游有一批新亮点。扬州还着手与上海、杭州等城市联手打造"中国江南"全球旅游目的地，让"到扬州、品江南、看中国"成为经典旅游品牌。2019年暑期，扬州运河成为青少年研学游的重要目的地，北京的中国人民大学附属中学、台湾的新竹中学等多个学校组织青少年来扬州研学大运河。同时一批批的国外游客来到扬州游览大运河，大运河扬州段成为国内外游客领略运河风情、接受传统教育、增强文化自信的国际旅游目的地（图6-42、图6-43）。

图6-41 扬州智谷大厦

五、扬州大运河文化带建设存在的不足

党的十九大提出，对中华优秀传统文化要在传承中创新，发展中转化。尽管扬州

图6-42 大运河文化创意产品

图6-43 扬州成为研学游目的地

大运河文化带建设方面取得了一些成就,但按照高标准的要求也存在一些误区。

1. 片面地搞大运河文化保护,缺少系统的理念

重物质形态的修复,轻精神层面的传承。在大运河文化带建设中,重物质形态的修复,如复建古迹、修复古建筑,在这上面一投几百万甚至上千万。而轻精神层面的传承,如在文化研究、古籍出版方面投入不足。《扬州八怪全集》《朱自清全集》都因为资金问题难以出版。有大钱建展馆,没小钱搞研究。大运河文化基础研究不够,对运河各个历史时期重要的运口及重要节点的考研勘察不足,价值难以依据实物进行证实。对扬州运河文化的深入挖掘不够,没有形成系统性的研究。只见运河的物质遗存,不见运河文化与精神传承的现象。文化挖掘重"硬"轻"软"。一些古镇古村的重点文物建筑、遗址、河道等物质文化遗产的保护修缮正在积极进行,但对这些村镇的历史源流、民风民俗、运河传说故事、传统技艺等历史文化内涵的挖掘整理严重滞后,百姓的运河文化记忆逐渐模糊,与运河的情感联系日渐淡漠。运河文化的真正传承应该是物质和精神两个层面的,如果只注重物质层面的复建,关于扬州运河文化的研究没有人去做,对运河文化的精髓就不能很好地去继承,很容易造一批假古董出来。大运河文化带建设没有运河精神的传承、没有运河文化的内核,就会造成只见大运河不见文化。

2. 静态地搞大运河文化传承,缺少创造性的转化

近年来,扬州对大运河非物质文化遗产保护传承工作做得不错,但对非物质文化遗产的创造性转化不够,未形成规模较大的文化产业。有专家评价说,对运河非物质文化遗产保护传承利用研究,静态保护的研究有余,生活化转化、生产化研究不够,对扬州非遗产业如何形成规模较大的文化产业的研究不够。将扬州底蕴丰厚的运河文化资源转化为旅游品牌、旅游效益研究不够。扬州玉器虽然在全国行业中影响巨大,但产业却没有形成全国知名、世界闻名的品牌,漆器、剪纸、琴筝同样如此。扬州古城保护做得不错,但将扬州古城的建筑特色和文化元素创造性地在新城建设中应用得不够。扬州城市标志中对富有扬州地方运河文化内涵的融入不足,造成城市标志、宣传标语橱窗的粗、大、笨现象。扬州园林技艺精湛,但大多数是藏在深园中,在街头上显示不够,在街头小品中运用不够;扬州园林走出扬州、走出国门力度不够。

3. 僵化地搞大运河文化利用,缺少发展的观念

不能做到统筹兼顾,将大运河文化带建设与高质量发展结合起来。将文化看成死

的东西，不能创造性转化、创新性发展。在诸如大运河文化带建设对扬州社会经济将会产生哪些重大影响，如何将推进大运河文化带建设与扬州高质量发展有机结合等方面的研究明显不够。保护好运河文化遗产不能僵化地保护，只见保护，不见传承与利用，这种保护也是没有灵魂的保护。在古城保护和城市建设中，只重视保护古迹，不重视文化建设，缺少精神传承和产业的利用。隋炀帝、唐诗宋词、扬州八怪、朱自清……扬州文化底蕴丰厚，文化资源众多，但这种资源转化为旅游效益不够，利用形成旅游品牌不多。"扬州工"是精致扬州运河文化的代表，但在将追求精致的"扬州工"运用到服务业的提质增效上做得不够，将创新创造的创业精神运用到产业的转型升级上做得也不够，运河文化在扬州经济的高质量发展中运用明显不足。

4. 功利性地搞大运河文化带项目，缺少文化自觉意识

规划设计重"物"轻"人"。一些古镇古村和历史街区的近期及远期保护利用方案，大多关注广场建设、道路绿化等物质载体的改造修缮，有的仿古建筑与当地运河古镇风貌并不协调。功能设置重"客"轻"主"，基层政府期望把古镇古村当成拉动地方经济发展的摇钱树，在功能布局上注重旅游开发，在商业业态上过度迎合游客趣味。[1] 有些基层单位，为了应付大运河文化带建设的号召，在统计数字上做文章，什么都往大运河文化带里面装，有的房地产、农业项目与大运河文化一点不沾边，也拼命往里装。功利性太强，一谈到大运河文化带建设就要上项目，建旅游设施，缺少对运河的挖掘传承，只见运河不见文化。造成真正的心思没有用在对大运河文化的挖掘利用上，缺少真正的保护、传承、利用大运河文化的项目。对运河遗产文化价值的展示不够，运河遗产点的影响力不强，运河旅游的长线化与游客需求短期性相矛盾，旅游资源集聚优势未形成，与旅游产品开发、群众运动赛事的开发设计结合不够。

5. 机械地搞大运河生态保护，缺少长期效果

尽管扬州在大运河生态环境保护方面做了不少工作，但由于历史欠账多，长期稳定的效果并没有达到最佳。一是水体环境好中有忧，生态服务功能不足。扬州段的运河水质近年来呈好转趋势，但仍有部分断面水质不稳定，部分河段受沿岸工业企业、畜禽养殖、生活污水等污染排放影响，水质相对较差。大运河扬州段沿线分布了诸多的砂石码头、小船厂和混凝土搅拌站，其中部分企业非法占用河道堤防，生产方式粗放，无污染防治设施，粉尘污染严重，废水直排，一些断面好水比例不够高。二是环境基础设施建设不足，治污保水所需资金投入大。运河沿线农业面源污染治理手段和技术

---

[1] 全国政协文化文史和学习委员会.让古老的大运河向世界亮出金名片［J］.求是，2019（15）.

还较为薄弱，湖泊总磷污染问题严重，城市内河水质不佳，截污不彻底、生态污水收集率低、管网建设不到位、污水处理设施运维不正常等问题还不同程度存在。三是保护与发展矛盾突出。大运河沿线的高邮、宝应在全省属于经济相对"洼地"，经济发展、生态保护、脱贫攻坚任务繁重，而大运河本身是仍在使用的活态遗产，原始河道岸线保护和利用、区域生态保护与经济发展矛盾较为突出。

6. 孤立地搞大运河文化建设，缺少整体概念

不能从整体上、从带状去思考大运河文化带建设。大运河是一条共有的文化长廊，无论是扬州各县、市、区，还是大运河沿线城市都需要联手去建设大运河文化带，但个别地区和部门在大运河文化带建设中习惯于孤立地去规划，各自为政，各管一块。既不能从空间上联合，也不能从部门上联手，更不能从内容上联动。扬州作为大运河保护与申遗的牵头城市、大运河遗产保护管理城市联盟的盟主城市，又是大运河遗产保护管理办公室所在地，需要真正发挥牵头示范作用，当好盟主，带好头，为沿线城市做好榜样，还要协调沿线城市，共同做好大运河文化的保护、传承与利用（图6-44、图6-45）。

图6-44 世界运河城市论坛

图6-45 宋夹城风光

第七章 打造扬州大运河文化带建设示范区

新的时代,新的征程,扬州提出了建设"人们心目中的扬州",在中华民族伟大复兴的新征程中争创扬州城市的"第四次辉煌"的目标。笔者认为,大运河文化带建设是历史文化名城复兴的必由之路、建设"人们心目中的扬州"的重要抓手、争创城市"第四次辉煌"的文化引领路径。新的历史时期,扬州要以运河文化为魂,延续"因运而兴"的城市文脉,在大运河文化带建设上继续走在全国最前列,全力打造扬州大运河文化带建设示范区,争做运河遗产保护、运河生态文明、运河文化产业、运河特色乡村建设和运河文化研究与国际交流的示范,贡献大运河文化带建设的"扬州智慧"。

一、扬州大运河文化带建设的定位

（一）解读中办、国办文件，探讨扬州大运河文化带建设的意义

国家发改委组织编制的《大运河文化保护传承利用规划纲要》提出的战略定位就是打造三个"带"：继古开今的璀璨文化带、山水秀丽的绿色生态带、享誉中外的缤纷旅游带。那么，这三个"带"是什么关系呢？《大运河文化保护传承利用规划纲要》对继古开今的璀璨文化带的解释是：统筹大运河沿线类型多样、底蕴深厚的遗产资源，以大运河文化遗产为载体，以大运河承载的文化价值和精神内涵为核心，突出文化的普遍意义，将大运河打造成为丰富多元、特色鲜明、包容开放、兼收并蓄、凝聚悠久历史文脉、荟萃中华文明精华的"魅力运河"。对山水秀丽的绿色生态带的解释是：坚持系统治理，拓展绿色生态空间，提升植被覆盖水平，建设大运河绿色生态廊道，推动形成绿色发展方式和绿色生活方式，将大运河打造成河湖岸线功能有序、生态空间山清水秀、农业空间绿色宜居、城镇空间特色突出、山水林田湖草生命共同体相得益彰的"美丽运河"。对享誉中外的缤纷旅游带的解释是：紧扣满足人民日益增长的美好生活需要，强化文化旅游发展的顶层设计，加快文化旅游资源的古今汇合、类别融合、区域整合，建设大运河文化旅游精品线路，培育统一的"千年运河"文化旅游品牌，把大运河打造成设施完备、服务优良、特色突出、效益良好、示范带动力强的"多彩运河"。从上面的解读可以看出，这三个"带"都离不开文化这一根本。大运河文化带建设归根到底还是对运河文化的保护、传承与发展。扬州作为大运河沿线的重要节点城市，积极融入大运河文化带建设，有助于彰显扬州运河文化特色品牌，强化保护与传承运河文化，科学审慎利用运河文化，打造内容丰富的文化之河、生态之河、开放之河和经济之河（图7-1）。

图 7-1 古运河夜景

1. 进一步彰显扬州运河文化特色

扬州段既是大运河最早开凿的一段,也是持续运用时间最长的一段,无论是水利工程技术,还是文化遗存都在运河沿线首屈一指。建设大运河文化带,可以探索扬州运河文化资源的整合利用新途径,有利于进一步放大扬州运河文化品牌特色,使之成为全国运河文化精品。

2. 进一步保护和传承运河文化遗产

建设大运河文化带,有利于充分发挥扬州运河文化的优势,通过保护、传承与利用,放大扬州运河文化的影响,发挥其在当今社会的作用,推动旅游业、文化产业的发展,推进扬州的文化建设迈上新台阶。

3. 进一步发挥运河综合效应

建设大运河文化带,有利于调整、优化扬州段大运河的功能,加强文化遗产和生态环境保护,优化交通航运,彰显大运河的文化特色,促进综合利用,实现永续发展(图7-2)。

4. 进一步实现乡村振兴战略

大运河扬州段沿线村镇众多,全面梳理历史、自然、人文、生态等资源,按照国

图 7-2 大运河扬州段的美景

家新型城镇化发展路径要求，以运河文化资源为元素，推进乡镇差别化发展，通过大运河文化旅游生态体系建设，实施乡镇振兴战略，努力打造特色乡镇、特色美丽田园乡村，实现农村就地安居乐业，建设"看得见山，看得见水，留得住乡愁"的社会主义新农村。

（二）分析大运河文化的来源，确定扬州大运河文化带建设的原则

什么是大运河文化？这里的"文化"，不是小文化，也不是中文化，是大文化，具有"文明"概念的广阔内涵。推进大运河文化带建设，应树立系统思维和整体观念，着眼经济社会发展全局，统筹推进保护、传承、利用等各项工作。我们要建设的既是一条璀璨文化带，也是一条绿色生态带，还是一条特色旅游带。[1] 笔者在《中国大运河文化》（图7-3）一书中对大运河文化的概念作了一个定义：大

图 7-3 《中国大运河文化》图书

---

[1] 全国政协文化文史和学习委员会调研组. 让古老的大运河向世界亮出金名片 [J]. 求是，2019（15）.

运河文化是运河经济的繁荣所带来的运河城市的兴起、文学艺术的融合、不同文化背景的参与所形成的多元一体的物质和非物质文化遗产及思想领域的合成。[1] 文化是非常广泛和最具人文意味的概念。简单来说，文化就是一个地区人类的生活要素形态的统称，即衣、冠、文、物、食、住、行等。《辞海》中的解释是：文化是相对于政治、经济而言的人类全部精神活动及其活动产品。因此，一般的观念认为，文化是一种社会现象，它是由人类长期创造形成的产物，同时又是一种历史现象，是人类社会与历史的积淀物。也就是说，文化是凝结在物质之中又游离于物质之外的，能够被传承的国家或民族的历史、地理、风土人情、传统习俗、生活方式、文学艺术、行为规范、思维方式、价值观念等。它是人类相互之间进行交流的普遍认可的一种能够传承的意识形态，是对客观世界感性上的知识与经验的升华。因此，文化既是当今社会的意识形态，也是过去社会的经济基础。大运河文化即由大运河沿线的经济繁荣而积淀下来的物质文化遗产、非物质文化遗产及思想领域的合成，就是过去的生产力。依这样的理解方式，中国大运河文化就是中国大运河地区人类的生活要素形态的统称，是中国大运河地区的历史、地理、风土人情、传统习俗、生活方式、文学艺术、行为规范、思维方式、价值观念等，即大运河地区的衣、冠、文、物、食、住、行等。它是由运河经济繁荣、商贸发达，积淀而成的运河文化。通过对大运河文化进行定位，我们觉得扬州大运河文化带建设应该坚持的方向，就是用过去积淀下来的生活要素发展今天的生产力，做到创造性转化、创新性发展。具体要坚持以下原则：

1. 坚持文化为魂

把文化建设作为大运河文化带建设的战略工程，以大运河遗产保护为重点，加强对大运河文化遗产、地域特色文化、传统民俗文化等文化形态的保护、传承和弘扬，把沿运河古镇村落打造成旅游特色小镇和特色田园乡村，加强沿线非物质文化遗产保护展示，打造大运河扬州段高品位的文化长廊。

2. 坚持生态优先

把江淮生态大走廊建设作为大运河文化带建设的先导工程，着力构建生态安全屏障，充分落实在保护中发展的思路，守住生态红线并切实保护运河流域生态环境，打造大运河扬州段高颜值的生态长廊。

3. 坚持产业支撑

将生态农业、旅游业、养老服务业、先进制造业等作为大运河文化带建设的核心

---

[1] 姜师立.中国大运河文化［M］.北京：中国建材工业出版社，2019.

工程，依托运河"黄金水道"和良好的人文生态环境发展高端文创文旅产业和金融服务、休闲度假产业，促进各产业协同发展，打造大运河扬州段高效益的经济长廊。

4. 坚持社会共享

坚持以人民为中心的思想，在资源的开发与利用过程中，充分考虑原住民的要求，坚持运河文化带建设与改善民生相结合。动员广大人民群众积极参与，打造优美的生活环境和优良的社会环境，共建共享大运河文化带建设带来的美好生活。

5. 坚持对外合作

对接国家"一带一路"战略，将大运河文化带扬州段建设与经济、文化"走出去"结合起来，通过凝聚文化共识，加强文化交流，促进经济的合作共赢，将大运河文化带建设成为中国与世界接轨的桥梁与纽带。

6. 坚持改革创新

将大运河文化带建设作为整体进行统筹保护，完善一体化发展机制，确立沿线各县（市、区）、功能区共同的发展目标和导向，打破行政区划界限，加强跨区域统筹，促进地区间、省市间协作，有效推动各类要素跨区域有序流动和优化配置，带动运河沿线经济文化的大交流大融合。[1]

（三）扬州大运河文化带建设的空间布局、主要目标及注意事项

北京华清安地建筑设计院为扬州段大运河文化的保护、传承、利用编制了一个规划大纲，重点是在空间布局上进行了规划。扬州市发改委也编制了《扬州大运河文化保护传承利用规划》（图7-4）。据此，扬州段大运河文化带由一条大运河文化轴、一个核心功能板块、三大片区、多个特色节点组成。

一条大运河文化轴。即以大运河扬州段主线作为文化发展轴，更好地挖掘、保护、传承大运河文化，并创造优秀的新运河文化，联合周边区域，打造运河文化旅游品牌，发展运河文化产业，将大运河文化带打造成为贯穿南北文化的大长廊、建设旅游强市的支

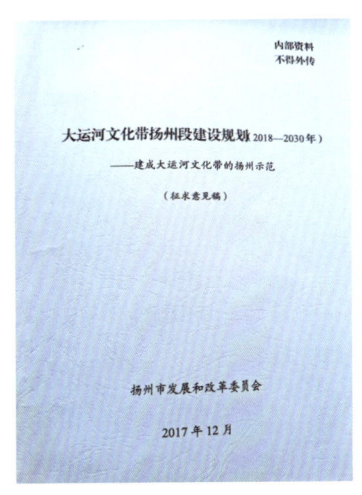

图7-4 《扬州大运河文化保护传承利用规划》封面

---

1 扬州市发改委. 大运河文化带扬州段建设规划（2018—2030年）（征求意见稿），2017.

撑点。

一个核心功能板块。即以大运河扬州城区段为核心功能板块，贯通城区水系，进一步打开和打通大框架、大通道，串联扬州古城、湾头古镇、邵伯古镇、瓜洲古镇等历史城镇，瘦西湖、个园、汪鲁门盐商住宅等历史遗存，高旻寺、普哈丁墓园、仙鹤寺等人文遗迹，三湾湿地、七河八岛、三河六岸等生态资源，完善城市结构和功能，打造以中国大运河博物馆为核心的开放式运河博览园大景区，彰显水韵扬州。

三大片区。即充分依托运河沿线深厚的文化底蕴、历史积淀和人才优势，推进运河沿岸产业转型升级，振兴高邮、宝应、仪征等城市的历史经典产业，加快培育新兴文化创意产业，促进产业集聚和文化融合发展。

多个特色节点。即充分利用大运河的自然景观和人文景观，通过"以线串点、以点带面"，串联起各个特色节点、文化特色镇村，加快沿运河景观带建设，打造运河文化旅游精品线路和旅游产品，促进特色田园乡村建设，结合运河资源特点，打造体育精品赛事和大众休闲运动项目。[1]

按照国家发改委编制的《规划纲要》建设绿色生态带、璀璨文化带、缤纷旅游带的总体目标，结合这一空间布局，《大运河文化带扬州段建设规划》（2018—2030年）（征求意见稿）将扬州段大运河文化带的主要目标分为两个阶段性目标。

一是到2020年，"一轴、一板块、三片区"的文化带建设整体框架基本形成。沿运河遗产遗迹、历史风貌、人文风俗和生态环境得到充分保护，运河旅游、水运等经济功能得到有效提升。建成中国大运河博物馆，"一馆多园"布局基本形成；江淮生态大走廊建设基础更加扎实，生态运河的样板初步形成；沿线旅游资源得到初步集聚，"精致运河"旅游品牌初步打造，旅游服务更加完善。

二是到2030年，扬州盐商、水工、漕运、民俗文化等运河文化遗产全面弘扬展示，核心功能板块、三大片区、特色节点得到科学开发利用。运河枢纽门户地位进一步确立，水韵生态人文风光带全面建成，沿线城镇区域联动，组团发展，一体营销，成为国际运河旅游的首选目的地和世界知名的运河遗产旅游线路。再现"淮左名都，竹西佳处"和"烟花三月下扬州"的唯美意象，重现扬州运河枢纽、核心节点的历史地位。[2]

目标是美好的，但要实现这一目标，还需要坚持不懈的努力。笔者以为，扬州的大运河文化带建设还要做到"五个避免、五个树立"：

一是避免片面研究，树立系统的理念，统筹兼顾，提高大运河文化研究的层次和

---

1 北京华清安地建筑设计院.扬州大运河文化保护传承利用计划，2017.
2 扬州市发改委.大运河文化带扬州段建设规划（2018—2030年）（征求意见稿）2017.

解决实际问题的能力，系统推进大运河文化带建设。

二是避免功利性地搞建设，只见运河不见文化，树立大文化的概念，提高文化带建设中的文化含量，高质量推进大运河文化带建设。

三是避免孤立地搞大运河文化带建设，只见文化不见文化带，树立整体概念，联手、联动、合力推进大运河文化带建设。

四是避免静态保护，树立活态保护的理念。对大运河文化遗产的保护不应是守成的静态保护，而是既要包含科学保护，也应包含有效功能延续和合理利用。通过活态保护，一方面维护遗产的价值内涵和真实性、完整性、延续性，另一方面按照适度、合理、可持续等要求，充分发挥其文化传播、水利航运、旅游休憩等功能。

五是避免固化、僵化地继承，树立发展的观念，活化利用运河文化遗产，实现文化遗产创造性转化、创造性发展，创新推进大运河带建设。

二、坚持文化引领路径，打造人们心目中的扬州

扬州历史上曾经有过西汉、唐代、清代的三次辉煌，这三次辉煌得益于运河，都是运河畅通带来的经济繁荣，进而是文化昌盛。人们心目中的扬州就是文化扬州。保护好、传承好、利用好大运河文化这份宝贵的遗产，推进扬州大运河文化带建设，不仅是贯彻落实中央、省委关于大运河文化带建设工作要求的必然之举，更是扬州坚持高质量发展、建设"人们心目中的扬州"的必由之路。要推动运河保护精细化、运河传承标志化、运河利用科学化、企业文化交流国际化，从而打造"世界运河文化之都"。

（一）推进运河保护精细化

扬州是国务院首批公布的24座历史文化名城之一，是一座具有2500多年建城史的"通史式"城市，数千年的历史积淀在大运河扬州段留下了众多的遗址遗迹（图7-5）。这些有形、无形的文化遗产，是老祖宗留下来的宝贵财富，我们要倍加珍惜，不仅要整理好、保护好，还要传承好、弘扬好、利用好，将大运河非物质遗产保护好，将运河文脉传承好。

1. 要保护好运河历史文化遗迹

作为世界遗产，传承弘扬大运河文化首先要恪守对国际社会的承诺，按照《世界遗产公约》的标准，将中国大运河文化遗产保护好。将列入世界遗产名录的扬州151

公里河道和 10 个遗产点保护好。其次要充分挖掘和表达扬州段的运河遗产价值，扩大文化遗产影响，在现有遗产点段的基础上，严格按照国家文物局批准的方案，实施大运河保护修缮与展示项目，严格按照工程管理规定，有序推进大运河遗产保护工程项目。落实《扬州历史文化名城保护规划》，继续实施大运河扬州段遗产保护、隋炀帝墓保护、扬州城及龙虬庄国家大遗址公园建设（图 7-6）。同时，做好大运河沿线古巷、古遗址、古建筑的修缮整治和历史文化名城名镇名村的整体性保护工作。

2. 保护好运河非物质遗产资源

要健全非遗立档、保护、研究、传承、复兴等多环节保护体系，充分利用各级文化馆以及非遗基地等场馆资源，提升非遗展示空间。推进"486"非遗集聚区建立活态体验区、大师工作室、旅游购物区、"丝绸之路"沿线国家非遗产品展示区、非遗文化传承基地等多个功能性区域，在静态展示之外融入现场互动体验。实施科技＋非遗工程，充分发挥数字化多媒体等现代科技手段的优势，通过网络传播、数据集成等方式，对非遗众多的门类和海量资源进行信息存储和社会平台展示交流。运用声、光、电等现代科技手段及 VR、AR 等技术，让参观者立体感知非遗项目。利用扬剧、曲艺等传统表演类非遗资源拍摄数字电影，丰富故事内容和表现形式，吸引年轻一代观众。

3. 保护好运河历史风貌

要分类确定水工遗产、运河聚落遗产区划总体要求，因地制宜、分类指导。针对水工遗产，严格控制运河污染源，加强水环境及大气环境的监测，对大运河支流整治、拓浚、堤岸加固、涵闸改建等工程先行组织文物影响评估，规范保护区内扩建、改建项目。针对聚落运河遗产（运河城镇和村落），明确保护范围，不得擅自改变历史城镇空间格局，

图 7-5　运河非遗表演

图 7-6　龙虬庄国家大遗址公园

道路和改扩建应通过遗产保护的专家论证并与城镇历史格局相协调,不得新建对环境有污染的工业企业,搬迁现在污染企业。同时划分保护区域,科学确定大运河物质文化遗产重点保护区、一般保护区、建设控制地带,实行分级管理。严管项目建设,控制土地使用性质,不得扩大建设用地比例。水利、交通工程要充分考虑遗产保护,要有利于遗产保护。新一轮县乡道路建设工程要与运河沿线遗产点展示、旅游体育项目的打造相结合,实现与遗产和旅游点的快速衔接。兴修水利要与水利遗产点保护相结合,科学规划运河沿线的水利建设,用好水工遗产点。

4. 打造开放式运河文化博览城

在大运河文化带建设进程中,要坚持保护优先的原则,发挥大运河作为巨型文化遗产的集聚效应,探索运河遗产保护利用新模式,营造浓厚的人文气息、文化氛围,打造开放式的运河文化博览城,形成覆盖全域、特色多样的运河文化博览场馆体系,建成大运河保护的示范城市。在大运河沿线重点片区规划建设以一馆多园为代表的博物馆群,以中国大运河博物馆为龙头,学习借鉴国际先进做法,使用世界通行的、先进的博物馆建设理念和技术手法,新建一批大运河文化博览城,加上扬州现有的运河遗产体系和文博场馆,形成开放式的运河文化博览城。扬州申报的环扬州古城运河遗产展示利用方案,已获国家文物局立项,计划利用城区遗产河道串联诸多遗产点的优势,整合环水步道系统、水上交通系统,再通过古城街巷和城区运河水系的串联,将众多散布在古城区的遗产点串联在一起,打造一个开放式的运河博物馆(图7-7)。

要借鉴世界遗产运河保护经验,提倡科学、合理利用;要秉持正确保护理念,切实维护大运河的历史文化价值,以文化建设为引领,带动物流、生态等各个领域的建设,向世界展示扬州大运河文化。要加快推动与运河相关的博物馆群建设,打造大运河国家文化公园建设先行段。要通过积极的实践,创造大运河保护的扬州经验。

图7-7 中国大运河博物馆效果图

（二）推进运河文化研究系统化

深入挖掘、提炼中国大运河文化价值是构建"运河学"基础。扬州作为大运河保护申遗的牵头城市，在运河文化研究上也要走在前列，要加强对大运河文化的研究挖掘，要对大运河及扬州城市文化的价值与精神内涵作深度梳理与挖掘，形成一批研究成果。中国文物学会副会长、大运河专业委员会会长张廷皓说："目前对大运河文化价值的挖掘远远不够，大运河文化的本质意义是什么，为什么说它是文化带，远没有说清楚。"[1]研究不足、阐释不足、认识不足，导致大运河沿线的旅游开发、文化产业定位同质化严重，远未展现出大运河应有的价值。扬州段大运河遗产的研究同样没有得到应有的重视，特别是大运河遗产的一些段落尚未开展充分的研究和考古勘察工作，尤其是各个历史时期重要的运口以及周围地带遗存现状不清楚，一些重要遗产要素，如平津堰、真州闸等遗址的考古研究和历史研究都不到位，难以依据实物遗存证实其价值，保护等级也无法确定，管理规定也无法落实，更不能得到切实有效的保护和展示利用。要加强对运河遗产的研究，继续推进大运河遗产保护工程，对沿线遗址进行调查、考古、发掘，加大保护项目储备，组织力量加强对现存运河遗产资源的摸底调查、发掘研究，让大运河遗产特别是扬州段大运河遗产的文化价值呈现在世人面前。已故的罗哲文先生提出将大运河的研究工作提升到"运河学"高度来认识，建立一门全新的"运河学"学科。"运河学"的进一步发展也是对大运河文化遗产做出进一步的挖掘和提炼。同时，这也将成为一门理论性、实践性、管理性和经营性多方面兼顾的学科。2019年9月27日，由江苏凤凰出版传媒集团科技出版社出版的《中国运河志》正式出版（图7-8），为运河学的建立做出了贡献。

扬州应组织开展运河学研究，在加强扬州运河文化研究的基础上，牵头建立"中国大运河文化旅游资源库""中国大运河水利工程枢纽资源库"等大运河文化资源库，整合各地运河文化资源，为"运河学"的奠基做出积极的贡献。在对大运

图7-8　笔者参与《中国运河志》的编辑出版工作

1　陈晨. 繁华不只为追忆：续写千年大运河的精彩故事[N]. 光明日报，2019-05-26（5）.

河文化的研究上，需要在三个层面上做文章：

第一是深入的基础理论研究，为大运河文化带建设提供理论基础。大运河文化带建设就是要多出研究成果，特别是理论成果。聊城大学运河学研究院的《运河学专刊》已出版第三辑，各地的大运河研究院也出了不少成果，要逐步形成品牌效应。扬州要加强对运河学的学术体系建设，提高基础研究水平，加强战略性、全局性、前瞻性问题研究，着力提升解决重大问题能力和原始创新能力。

第二是加强面对现实的应用性研究，为大运河文化带建设提供业务咨询。扬州的大运河文化带建设内涵十分丰富，包括对大运河存续功能利用的强化，如水运功能，淮扬运河主线年货物运输量3.6亿吨，成为江苏最主要的"黄金水道"。目前航运部门正在进一步提升水运的智能化水平，理论研究要体现对实际工作的指导作用。如水利功能方面，大运河扬州段既承担南水北调东线工程的输水任务，又是淮河的入江水道，是里下河地区的防洪屏障，目前又在开展江淮生态大走廊建设，这些都是我们应用研究的课题。再有就是对运河再生功能的利用。就是对大运河文化传播功能、景观功能、生态调节功能、产业发展功能等多方面的利用。比如扬州的运河旅游如何转型发展，如何做到文旅融合，这都是研究者很好的研究切入点。在新的历史阶段，无论是扬州的高校还是社会各界的研究者都要直面火热的大运河文化带建设实践，发挥智库的作用。积极开展应用研究，为扬州大运河文化的保护、传承和利用，为推进城市高质量发展提供决策咨询。

第三是大运河文化的传承、运河精神的弘扬。大运河文化保护、传承和利用，一方面要通过研究成果来传播、传承运河文化，弘扬运河文化。另一方面要利用高校的讲台、课堂传承大运河文化，让运河学成为一门学科，走进高校，引导更多的学子们热爱大运河、了解大运河、投身大运河文化带建设的事业。运河学作为一门全新的学科，包含众多领域。扬州大学要率先开设相关运河学课程。扬州大学一些条件具备的学院可以率先开设一批运河学专业课程，如建筑学院、文史学院、水利学院、社会发展学院等都有条件开设运河学专业课。在运河学学科体系建立前，可以探索性地开设一些与运河学相关的专业，设立一些选修课，逐步完善运河学学科体系，培养一批运河学专业人才。在对运河文化的弘扬方面，市新闻出版单位要加强运河研究成果的出版，将运河研究书籍纳入主题出版计划予以重点扶持，充分体现介绍运河知识、传播运河文化、促进运河发展、践行运河保护的理念（图7-9）。扬州大学建立的大运河文化带建设数据平台是一个很好的尝试。社会各界都需要对大运河遗产价值与精神内涵作深度梳理与挖掘，要深入挖掘扬州运河文化，如盐商文化、水工文化、开放文化

图 7-9 运河文化研究成果

等,唤醒沿线民众对大运河遗产的保护意识,增强全民族的文化自信,进一步继承弘扬运河文化,为实现中华民族伟大复兴的"中国梦"扬州篇章增添文化动力。

(三) 推进运河文化传承活态化

大运河文化带建设中,扬州提出了打造世界运河文化之都的目标。打造世界运河文化之都,离不开对运河文化的传承弘扬。要通过编纂出版扬州运河文化史等文史资料、拍摄专题纪录片、编撰普及读本等手段,讲好运河故事,传播运河文化,传承运河基因,让社会各界广泛了解大运河扬州段的前世今生,让运河文化发扬光大。

1. 讲好运河故事

一要讲好大运河扬州段的文化故事,充分挖掘运河文化的历史渊源,保护和传承好大运河沿线具有地方特色的节庆、戏曲、文学、民间艺术、传统技艺等,挖掘历史上的运河名人,恢复名人故居、名家遗迹,形成深厚的文化氛围。二要讲好大运河的开放故事。围绕隋朝开凿运河、鉴真东渡、康乾南巡等历史事件,讲好三个时代运河赋予扬州的开放精神。利用运河航运、水利功能和现代技术,进一步带动运河沿线城市的互联互通、共建共享。通过办好运河城市论坛,推动世界运河城市的交流合作。

2. 推进运河文化交流互鉴

推进大运河沿线城市地方文艺交流展演展览展示活动,继续培育做响"运河风情"(图 7-10)"江南曲美"展演展览品牌,积极推动扬州文化"走出去"。围绕运河文化交流互鉴,推广一批运河文化旅游路线、开展一轮运河沿线文艺采风、实施一批运河沿线志愿者集中活动、组织一次媒体沿线采访,让大运河沿线城市成为展示扬州运河文化发展成果的"宣传栏",唤起人们心目中的大运河,增强全民对大运河文化带建设的责任感、使命感。

3. 加强运河文艺创作

要充分运用历史文化、民族民间文化、红色文化、旅游生态文化等资源，推动文化精品创作生产，加大对原创文化精品的扶持力度，推出更多思想精深、艺术精湛、制作精良的力作。加强大运河题材文艺作品规划，创排一批反映运河文化的精品力作。要以项目为抓手，通过政府购买公共文化服务等形式，对扬剧、弹词、评弹、木偶、剪纸等代表扬州形象的表演项目逐年加大投入，使非遗有人肯做、有事能做、有钱可做。鼓励用创意表达引领非遗生活化融入、时尚化表达、社会化普及，开发出更多的富有时代特色、地方特质、个性特点的非遗产品和服务。

4. 加强对运河传统文化的传承

一是加强对运河传统工艺的传承。在保护历史遗存的基础上，坚持创造性转化、创新性发展，全面推进传统工艺振兴计划；加快文化产业发展，开展大运河主题文化创意设计大赛，推进沿运河特色创意产业带建设，大力发展运河沿线孕育的剪纸、扬绣、玉雕、琴筝、古籍线装等历史经典产业（图7-11）。二是加强对运河老字号的传承。以品牌立城，老字号见证了"淮左名都"曾经的风采，谢馥春、冶春、富春、戴春林、三和四美、共和春……历史上，它们凭先进的技术、过硬的质量，塑造了一个时代的品牌。这些品牌在繁荣城市文化、造福于民的同时，也积淀为城市文化，更成为扬州最显著的文化标志。文化不仅包含生活、生产，而且有人与自然相互作用的生态。作为运河城市的扬州，美食、园林、工艺美术是远近闻名的城市经典，是鲜明的扬州文化标志。我们要加强对这些运河老字号的传承，让老字号焕发出新的生机与活力，成为今天城市高质量发展的动力。

图7-10 扬州"运河风情"赴运河沿线交流演出

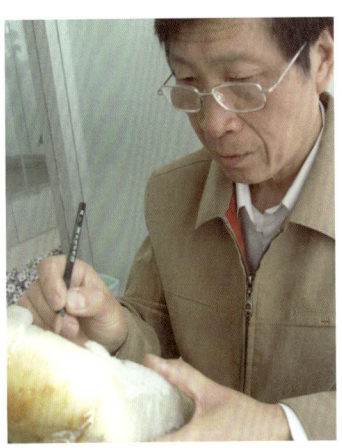

图7-11 玉雕工艺大师在表演

三、坚持以人民为中心，建设世界人民向往的扬州

推进大运河文化带建设，必须坚持以人民为中心，在活化利用、旅游开发、发展产业时，不忘把群众利益放在首位，着力改善人民生产生活，把大运河还给人民。在大运河文化带建设中要更加注重人的发展，铸时代新魂，育时代新人，建设世界人民向往的扬州。

（一）践行民本思想，提高人民群众的幸福感、获得感

前文已经分析过，扬州运河文化的重要特点之一就是仁爱爱人的民生为本思想。运河是人类智慧的创造，今天的运河文化，是我们对历史遗产的再创造。我们不仅要保护、传承运河文化的精华，更要立足人民群众对美好生活的向往，创造与时代脉搏同频共振的运河盛景，让全体人民在共建共享中有更多获得感、幸福感和自豪感。以人为本是扬州运河文化的立足点和出发点。在新的历史时期，要坚持以人为本，践行仁爱爱人，就是要通过改革创新，创造更多的运河文化产品，解决人民对美好生活的新需求与不平衡不充分的发展之间的矛盾，推动人民生活高质量，进而吸引更多的外地人才、国外人才来扬州就业创业。

1. 树立"以人为本"的施政理念

满足人民群众对美好生活的新需求，必须更加关注老百姓的幸福感受，要时刻关心群众疾苦，永远把百姓冷暖挂心头。更加注重社会公平正义和管理创新，更加注重民主法制建设和人文精神的塑造。"以人为本"的施政理念还应体现在政府努力满足百姓需求，切实维护群众权益上。要从群众最期盼、最需要的环节抓起，推动教育、医疗等公共服务标准化、均等化发展，通过一项项指标的完成，满足人民群众对美好生活的向往。

2. 进一步弘扬"好人"精神，建设大爱之城

近年来，扬州涌现了一批全国、全省的道德模范，出现了一个个扬州好人品牌，构建了覆盖城乡的扬州好人体系，成为扬州大爱之城的标志之一。进入新时代，扬州要继续大力实施公民道德建设工程，放大"扬州好人"效应。政府还要从送温暖、困难救助、就业培训、学习宣传、尊崇礼遇等方面，制订出台关爱好人的具体办法。进一步弘扬"好人"精神，打造大爱之城，为在扬州生活、创业、旅游的人们营造良好的人文环境（图7-12）。

3. 全面落实共享发展理念

要实现所有民众对美好生活的新需求，就要大力发展民生，每年集中力量办几件大事，拓宽富民增收渠道，为人们创业就业提供服务，持续增加居民经营性和财产性收入。要从人民群众的所需所求出发，丰富人民群众的精神文化生活，继续推进城市书房建设，加快建设新时代文明实践

图 7-12　表彰扬州好人

中心（站、所），整合农村文化礼堂、乡镇影院、农家书屋等农村文化设施，推行基层基本公共服务功能配置标准化、公共服务均等化。要不断完善公园体系建设，努力建设公园城市，努力提高公园的运行质量和文化内涵，真正实现让扬州人文起来、动起来、乐起来。从2018年开始，扬州市政府机关就出台政策，决定在清明节、劳动节、国庆节这三个法定节假日，以及"烟花三月"旅游旺季的双休日，开放文昌路沿线所有的政府机关内部停车场，免费让外地游客停放车辆，同时机关餐厅为外地游客供应淮扬特色的简餐。这一举措受到了游客和媒体的广泛好评，扬州政府机关大院成为众多外地游客的打卡地。扬州应继续坚持这一做法，更多地为来扬旅游的外地游客着想，在停车、住宿、吃饭、购物等多方面提供便利，确保外地游客到扬州不但能欣赏到美景，而且能享受到温馨的服务，这样才能将扬州建成世界人民向往的扬州，使扬州成为一座外地人来了就不想走的城市（图7-13、图7-14）。

（二）打好生态宜居美食"三张牌"，营造创新创业环境

扬州要成为世界人民向往的地方，需要打好生态、宜居、美食"三张牌"，营造良好的创新创业环境。

图 7-13　扬州建设公园城市

图 7-14　扬州人文起来、动起来、乐起来

1. 打好生态牌

大运河本身就是一个和谐的生态系统,自古以来大运河的修筑就体现了"天人合一"的生态文明观,正因为此,千年大运河才能一直沿用至今。今天,大运河文化带建设更离不开生态文明建设。要保证大运河文化带建设得以顺利推进,必须从生态文明的角度强化大运河生态环境保护工作,为文化带建设提供生态屏障。从生态环境保护的角度来看,大运河扬州段从宝应县小涵洞始,流经宝应、高邮、江都,进入扬州市区后,一分为二,一条是从茱萸湾一直往南,从六圩入江;另一条是经过明清古城,从瓜洲入江。扬州段的大运河作为水上交通大动脉和南水北调东线的主干线,都需要全面推进江淮生态大走廊建设,高标准保护大运河扬州段沿线生态环境,持续改善水环境、水生态、水资源,科学规划、高效利用运河岸线资源,打造以运河为主轴的生态文明廊道,为大运河文化带建设提供生态屏障。

一要保护和改善水环境。改善大运河区域生态环境质量,努力为大运河文化带建设提供坚强生态保障。打好断面达标攻坚战,按照划定的各类水体水质保护目标,逐一排查断面达标状况。到2020年,全市断面水质好于三类水的比例逐年提高,劣于五类水断面抽逐年减少直至消除。加强环境基础设施建设,加快补齐城镇污水收集和处理设施短板,尽快实现污水管网全覆盖、全收集、全处理,提高污水处理收集率和达标率。综合整治入河排污口,全面完成入河、湖排污口排查建档,推进动态监测,取缔、整治非法及设置不合理排污口,规范排污口设置和管理。防控环境风险。开展流域生态隐患和环境风险调查评估,划定高风险区域。加强危化品运输风险管控及运输过程安全监管,严防交通运输环境事件风险。加强运河航运船舶污染防治(图7-15)。

二要保护和改善水生态。一是实施良好湖泊保护。结合江淮生态大走廊建设,实施"一湖一策"保护计划。实施高邮湖退还工程,白马湖、宝应湖水系连通工程。邵伯湖、

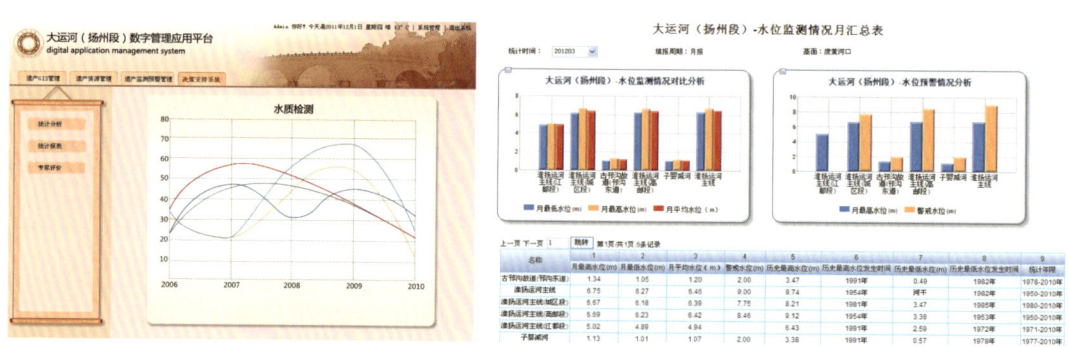

图7-15 大运河扬州段监测预警平台对运河水环境的监测

高邮湖、宝应湖 3 公里范围内要全面实施"三退三还"（退耕、退渔、退养、还林、还湖、还湿地）。开展入湖河流环境综合整治，实施两岸截污工程。实施湖泊生物多样性保护，对列入国家省级重点保护名录中的野生动植物开展全面调查。控制渔业污染，全面落实河长制，统筹推进大运河河道综合治理管护河湖空间完整与功能良好。二是加大湿地保护力度。以江淮生态大走廊生态中心建设为载体，积极推进湿地公园、湿地保护区提档升级。要着力推进扬州市高宝湿地保护区升级，加大对渌阳湖湿地公园、高邮东湖湿地公园和宝应湖湿地公园的保护力度，加快退化湿地的恢复治理，逐步扩大退耕还湿，退光环还湿，退养还湿。三是加强生态修复。按照"山水林田湖草"系统保护的要求，加强自然保护区和生态系统养护，加快实施江淮生态大走廊建设。以保护和恢复河道水生态环境为核心，实施区域主要河道岸线改造工程，构建河道生态廊道、景观绿化带。

三要保护和利用水资源。一是建立水资源管理制度，落实水资源开发利用控制、用水效率控制、水功能区限制纳污三条红线。二是全面提高水资源利用效率。建立健全万元地区生产总值水耗指标等用水效率评估体系，大力推进节水型社会建设。至 2020 年、2030 年，工业用水重复利用率分别达到 85%、90%，城镇污水处理厂尾水再生利用率分别达 15%、25%。

2. 打好宜居牌

扬州要努力打造人文生态宜居的新扬州，推进城市功能不断完善、城市品位不断提升、城市管理不断创新、市民素质得到显著提高。扬州曾先后先后获得了"全国创建文明城市工作先进城市"、"国家优秀旅游城市"、"国家环保模范城市"、"国家生态示范市"、"中国人居环境奖"、"联合国人居奖"等荣誉称号。下一步，要打造"健康中国扬州样本"，推动现代医疗卫生体系建设取得重要进展，居民健康主要指标达到国际先进水平。通过清单式工作任务的落实，更好地发挥生活性服务业对提高人民生活水平、促进消费结构升级、拉动经济增长的重要作用。要通过宽市场准入、加强人才培训、强化质量优先、建立标准体系、规范市场行为等专项政策，更好地扶持生活服务业加快发展，切实将生活性服务业打造成建设"宜居宜游宜创"城市的新引擎、新动力。

3. 打好美食牌，打造"淮扬菜"品牌工程

扬州刚刚获得世界美食之都的荣誉，要进一步夯实淮扬菜产业基础，推动专业化特色食材生产基地和交易市场建设，推动"淮扬菜"走出去。完善"淮扬菜"标准体系，

构建"淮扬菜名菜、名店、名师品牌体系",打造本土淮扬菜美食节,扩大"淮扬菜"品牌影响。推动"淮扬菜"与旅游融合发展,整合现有旅游资源和美食文化资源,开发"淮扬菜美食文化旅游线路",推出一批游客可参与、可体验、可互动的美食文化体验场所。

4. 借助扬州运河文化,塑造更多创新创业人才

一要利用扬州的知名度和优美环境吸引高端人才来扬州创业。利用扬州独特的人文环境和景观环境,利用扬州的知名度和优美环境,吸引企业来扬创业,吸引更多的创新创业人才,发展体育、休闲、文化、生态、IT、金融等高端产业。

二要加强扬州高校的"双一流"建设,培养更多的高端人才,特别是扬州大学要通过大运河文化带建设打造更多的一流学科。

三要用扬州的文化来培养实用人才,如用"扬州工"培养高素质的制造业人才,提升产业工人技能水平。继续办好名师工作室,支持工艺美术大师、非遗传承人、能工巧匠、文化名人建立名师工作室,传承扬州工匠技艺、文化、精神。用"三把刀"技艺培养高端的服务业人才,通过组建一批园艺、盆景、古建筑工艺、玉器、漆器等制作基地,以基地建设带动人才培养。用创新创造的精神培养高素质的创业人才,着力建设创新人才高地,为城市高质量发展提供人才引擎(图7-16、图7-17)。

(三)打造开放创新的城市文化标志,增强扬州文化的传播力

历史上的扬州因运河的沟通而成为一座开放的城市,"烟花三月下扬州"等诗句使扬州美名远扬,成为世界人民向往的地方。包容开放成为扬州运河文化中最有魅力的特征。推进大运河文化带建设,要承袭开放交流的运河文化特点,以包容开放的胸怀,全面落实开放发展理念,利用扬州厚重的历史文化,让扬州运河文化"走出去",传播"扬州声音",进一步增强文化传播力,不断提升城市国际化水平。

图7-16 扬州信息产业园

图7-17 扬州名师工作室

1. 推进企业文化交流国际化，让扬州运河园林、工艺、美食"走出去"

江苏省社科院研究员徐清在《大运河文化"走出去"研究》一文中提出：大运河文化"走出去"要建立在文化自强、文化自信的基础上，保持民族文化独立性与开放性，既发挥自身的特色和优势，又要不断吸取和接受外来优秀文化，不断挖掘具有鲜明中国文化特色的中国元素。既要坚持民族文化保护，又不断推动文化内容和载体的创新。[1] 扬州作为"一带一路"的交汇点大运河沿线的重要城市，要借助对外文化交流和贸易平台，实施"一带一路"文化交流工程，以"一带一路"沿线国家和扬州友好城市为切入点，积极组织扬州市大运河文化项目参加我国与沿线国家举办的文化节、艺术节，传递大运河的文化精神，在国际上建立大运河文化的亲切感，增强扬州运河文化的核心竞争力。

一要推动扬州运河园林走出国门。要传承历史、着力创新、面向世界，传承和发展扬州园林园艺的技艺、工艺和手艺。要梳理扬州园林园艺的传统核心要素，提炼出特色鲜明、通俗易懂的扬州传统园林风格，让外国人了解扬州园林"基因"，推动扬州园林园艺走出国门（图 7-18）。

图 7-18　扬州园林

---

[1] 徐清. 大运河文化"走出去"研究［C］. 大运河文化带建设智库峰会论文集，2019.

二要通过在国外举办工艺品展销活动等多种形式,让扬州运河工艺"走出去",让更多的外国人感知扬州工艺的文化魅力,在更大范围内扩大辐射力、影响力。

三要通过在国外多开分店、举办"淮扬菜国际化专家论坛"等形式,让扬州运河美食走出中国,走向世界,让世界人民共同享受人类饮食文化的璀璨成果。

2. 创作更多宣传扬州的文艺作品,让运河名城美名扬出去

古今中外的人们,大多数都是从文学作品中了解扬州的。要加强对扬州运河文化的研究,利用扬州的传统文化、历史名人,如史可法、郑板桥、朱自清等创造出更多的当代文化作品,要以"名城、名家、名作"工程为抓手,创作一批文化精品,培养和造就一批文化英才,将运河名城扬州宣传出去、美名扬起来。要像唐诗宋词时代一样,吸引名人为扬州代言:利用朱自清散文奖等平台,吸引国内外作家写扬州;打造"八怪书画展",吸引国内外画家画扬州;利用虹桥修禊等活动,吸引国内外诗人赞扬州。要繁荣文化艺术事业,讲好扬州故事、运河故事。继续牵头推进大运河沿线城市地方文艺交流展演展览展示活动,做响"运河风情"展演展览品牌,同时进行提档升级,实现其表演的通俗化、市场化、国际化,增加其市场认同度,进而推向世界运河城市,用世界语言讲好扬州故事,积极推动扬州文化"走出去",让运河名城扬州的美名传得更远、更响(图7-19)。

3. 组织文化体育活动,打造世界运河文化中心,将扬州传播出去

要利用大运河文化带建设的契机,围绕世界遗产大运河组织开展各类文化体育活动,如大运河公路汽车拉力赛、大运河自行车赛等。要组织运河城市阅读论坛、读书节,传承运河城市书香文脉,建设书香扬州。要举办世界运河城市音乐节、书画节、美食节、运河徒步行等,打造世界运河文化中心,扩大扬州的知名度与美誉度。要利用隋炀帝、李白、苏轼等文化名人打造旅游品牌,如打造隋唐文化旅游线、唐诗宋诗中的扬州运河旅游线、"运河遗产体验游"专线,以名人名诗名篇来引领海内外学子感受扬州丰富的历史文化。要利用扬州运河文化,发展研学游,为游客打造一个包含音乐、美食、国学、研学等多种元素的扬州运河旅游专线,让外地游客了解扬州、热爱扬州,一年

图7-19 扬州艺术家赴澳门演出

四季都来扬州。

4. 借助名人名会，打造国际交流平台，将扬州推介出去

扬州要承袭开放交流的运河文化特点，以包容开放的胸怀，扩大对外开放，提升国际化水平。要打好鉴真、崔致远、马可·波罗、普哈丁这四张历史人物牌，积极开展对日本、韩国、阿拉伯国家和欧洲等为代表的对外文化、教育交流。要利用大运河世界遗产这个国际化平台，继续办好烟花三月国际经贸旅游节、世界运河城市论坛（图7-20），打造国际交流平台。要利用承办世界园艺博览会的机会，创造新的交流平台，打造国际旅游目的地。从而将更多的游客吸引到扬州，将更多的人才集聚到扬州。同时，以文化企业为主体，以文化贸易为主要方式，推动大运河文化走向世界。推进开放发展与合作共赢，加快发展对外文化贸易，推动扬州优秀文化企业、产品和服务"走出去"，构建互利共赢的文化产业国际交流合作新格局。扩大与运河沿线城市及"一带一路"沿线国家和地区的文化贸易往来、文化产业交流合作。

图7-20　世界运河城市论坛

扬州运河文化企业"走出去"，不能满足于全球文化产品的低端，而要整合各类文化要素和资源，在文化观念、现代科技、协作方式等方面实现国际化的跨越，通过并购、外包、战略联盟等方式与产业链上的其他主体实现资源整合，从而降低独立开发成本，分散经营风险。文化企业尤其注重文化创意、品牌塑造等高附加值环节，打造具有自主知识产权和核心竞争力的扬州文化品牌。

四、坚持融合发展理念，争创城市"第四次辉煌"

在大运河文化带建设中还要传承创新创业的运河精神，推进经济高质量发展，做到科学利用水资源、文旅结合、产业融合，让大运河文化带成为扬州文化繁荣经济发展的新增点。

（一）传承创新创造的运河精神，推动扬州经济发展高质量

扬州的运河文化具有强烈的商业文化的特征，这一文化蕴含着丰富的创新创造精神，我们建设大运河文化带，重要的是传承创新创造的精神，加强对创造性创新性创业型人才的培养，弘扬"工匠精神"，推动经济发展高质量。要通过弘扬"工匠精神"，对扬州传统文化创新性转化，植入现代元素，用现代理念嫁接传统，将玉器、漆器等传统文化产业做成世界级文化产业，推动扬州经济高质量发展。

1. 让传统的地方优势变为现实的产业优势

扬州园林的精致秀美，漆器、玉器几百道工序的精雕细琢，"三把刀"的精湛技艺展现的是扬州工匠精神，更是扬州独特文化魅力。在产业的转型升级上，要将"扬州三把刀"等传统的地方优势产业转变为现实的产业发展优势，发展工艺美术、琴筝制作、古籍线装、淮扬美食等非遗产业，通过与旅游的创意化结合，将景观欣赏、水工设施体验、地方文化品鉴、美食品尝、游戏等内容创意化整合，推动城市特色化发展。

2. 用追求精致的运河精神推动传统服务业做优做强

扬州运河文化的一大特色就是追求精致，精致是扬州这座城市的一个符号，精致文化在产业上的具体体现就是扬州工。要通过出台产业发展优惠政策，支持"扬州工"品牌打造，推动非遗技艺和传统工艺产业化，制造一批代表扬州工艺最高水平的玉器、漆器、刺绣等精品力作，打造一批彰显扬州特色的热销产品（图7-21）。让精致成为扬州产品的代名词。利用运河文化中的扬州"工匠精神"，培育发展生活性服务业。一是实施老字号保护提升工程。加强老字号特色街区建设，培育一批具有自主品牌、文化特色浓、市场竞争能力强的老字号企业，促进老字号企业集聚式、品牌化发展。引导谢馥春、富春、漆器厂、玉器厂、冶春等具有品牌、技术和市场优势的扬州老字号企业在保持传统特色基础上，开展技术改造、人才培养、知识产权保护。推动老字号应用连锁经营、电子商务、现代物流、资产重组等方式做大做强。二是实施"三把刀"服务创新工程，制定相关行业标准，通过生活服务业专业

图7-21　扬州漆器制作技艺

培训和人才输送,建立服务项目和经营行为标准、开展资质认定和专业人才查询工作,向国外输送"三把刀"服务人员和品牌。二是发展健康养老服务业工程。以打造国内知名健康养老城市为目标,进一步弘扬扬州宜居宜养城市特色品牌,围绕提升全民健康素质和水平,加快建立覆盖全生命周期、内容丰富、布局合理的健康服务体系,不断满足人民群众日益增长的健康服务需求。

3. 用运河文化的创新精神来助推产业转型升级

要将扬州传统文化中创新创造的精神弘扬放大,用于推进扬州制造业的转型升级,要把创新作为扬州高质量发展的主引擎、城市转型的主动力,努力增创产业发展优势,加快构筑创新板块,带动引领相关产业提升质量水平,实现产业结构调整和优化升级。一是利用创新创造的运河精神,推动重点制造业中高端发展。坚持新动能培育和传统动能提升双轮驱动。推动传统产业技改提升,以信息化和智能制造为背后引擎,创新发展高档数控机床、智能制造装备、先进农业装备、新型电子装备、节能环保装备等高技术产品,提升扬州制造的自动化、智能化水平。二是利用运河良好生态,吸引发展战略性新兴产业。着力形成一批具有竞争力的龙头企业和引领产业升级的战略性新兴产业集群。做大做强新能源、新光源、新材料、智能电网、节能环保五大产业,培育发展高端装备制造、新一代信息技术、生物技术和新医药三大产业。在集成电路、生物技术、绿色低碳、高端装备与材料、数字创意等重点领域求得突破。三是培育打造传统特色产业品牌。围绕大运河沿线体现城市品位和特质的生产要素,借助现代技术手段,挖掘扬州特有的资源优势、文化优势、工艺优势、服务优势,提升产业影响力。

如工艺美术、毛绒玩具是扬州的经典产业,一度成为"食之无味弃之可惜的鸡肋",其根本原因在于缺乏原创设计能力,处于产业链低端。要通过各种创意设计大赛,汇聚创意,招揽高手,开发新品,打造品牌,创新模式,重新夺取市场定价权和话语权,不断提高经济效益,使其成为实实在在的富民产业,让经典产业经久不衰(图7-22)。

图 7-22　扬州毛绒玩具的创新

(二)科学利用大运河扬州段水资源

1. 有序利用大运河岸线资源

一是编制岸线利用规划,对大运河扬州段岸线现状及资源利用情况进行调查,掌握岸线基础数据。按照统筹规划、远近结合、逐步开发、留有余地的原则,科学编制《大运河扬州段岸线利用规划》,合理划分岸线功能,将大运河扬州段岸线保护利用好。二是加强岸线综合管理,开展专项清理整治行动,推动沿河两岸产能改造提升、有序转移,腾出高端产业发展和生态建设的空间,让大运河永葆生机活力。同时加强生态环境协同保护,加强流域环境联防联控,推进生态保护机制创新,加强政策支撑与扶持力度。

2. 开发黄金水道新价值

优化配置运河水资源,科学调度,统筹推进水资源全域管理,切实发挥大运河扬州段在南水北调、农业灌溉、防洪排涝、航运等领域的功能,再造扬州黄金水道。一是维护提升南水北调用水。在完成南水北调东线一期工程的基础上完善配套工程,加快推进后续输水线路完善、二线口门加固改造及完善、输水二线水质保护等工程,基本保障现有江水北调和南水北调工程安全稳定。同时加强饮用水源地的保护与长效管护。加强南水北调区域水环境治理,实施清水活水工程、良好湖泊保护工程及生态廊道安全屏障建设工程,稳定南水北调水质优于三类水。二是保证农业灌溉用水。实施灌溉节水工程,围绕现代农业发展和新农村建设,加强农田水利建设,重点加快高邮、宝应、江都农田水利重点县建设以及沿大运河地区大型灌区续建配套与节水改造工程。到2030年,旱涝保收面积率提升于90%,有效灌溉面积率提升至95%。三是发挥防洪排涝作用。加强大运河水道治理和岸线加固工程,巩固提升大运河流域防洪排涝能力。加强沿运河区域治理,提高区域引排能力。达标加固宝应运河西堤、大运河城区段堤防,除险加固运东堤历史险工患段。里运河堤防要全面达到2级标准。四是完善航运功能。要提升大运河通航能力,实施施桥船闸至长江口门段、通扬线高邮段、盐宝线宝应段、江都段、芒稻河等航道整治工程,新增四级以上二线航道80公里,构建高等级航道网络,形成以大运河为主干线的高等级航道网络。实施盐邵船闸、樊川船闸、高邮运西闸等扩容改造工程,提升大运河航道船闸通过能力,到2020年,主要干线航道船闸整体通航能力比2015年提高1倍。要提高绿色航运发展水平。全面实施航道、船闸、港口环境整治,实施30万平方米以上的航道沿线绿化,新建高邮城东作业区,建设一批绿色生态驳岸、航道和景观工程。开展全市干线航道沿线非法码头整治工作,进一步规范内河水运建设监管市场,建立完善内河码头长效管理机制。加快智慧航道建议,建成水上搜救中心和省级航闸应急基地,增强水上运输、旅游以及防污染监管和服务能力。

(三)推进文旅融合,高质量发展运河旅游产业

在文旅融合的背景下,扬州要充分利用以大运河为核心的历史文化及景观资源,注重沿岸文旅活态传承及保护,推动运河文化、生态共融共生,系统整合运河沿线旅游资源和体育资源,推动全域旅游协调发展和体育事业绿色发展,推进运河旅游高质量发展,加快由旅游城市、体育强市向旅游名城、健康强市的战略转型,使扬州成为精致运河的旅游示范城市、长三角运河旅游首选目的地、国际著名运河旅游城市和全民健身示范城市。

1. 统筹编制运河旅游规划

一要统筹沿线不同县市区、不同景点、不同管理部门的利益。要加强跨县区、部门的协调,根据扬州运河文化遗产廊道的特点整体规划运河旅游,既要挖掘运河的旅游基础资源,也要挖掘旅游的无形资源。

二要注重让运河物质遗产和非遗交相辉映。扬州段运河物质遗产和非遗相互依存,在编制规划时要注重二者兼顾,交相辉映,一方面使物质遗产的旅游更有观赏价值(图7-23),另一方面保护传承附着在物质遗产上的非遗(图7-24)。

图7-23 南水北调东线源头公园

图 7-24　扬州曲艺演员在古运河游览船上为游客表演扬州评话

三要妥善处理各种关系。要处理好旅游开发与遗产保护的关系、旅游开发与文化传承的关系、旅游开发与航道管理的关系、旅游开发与水利设施管理的关系。

2. 融合开发运河旅游产品

在开发运河旅游产品时，要注重文化与旅游的深度融合，让游客从视觉、听觉、嗅觉、味觉等多个维度来体验运河的文化。

一是展示式旅游。除了让游客坐在船上看运河外，还可以让游客登上运河大桥看蜿蜒壮观的船队，走近古闸坝、古码头，体味先民的创造力等（图7-25）。

二是体验式旅游。可以开通游船过邵伯船闸的体验之旅，开通运河美食之旅等（图7-26）。

三是运河水上旅游。做优扬州市区的古运河游览线，开通运河水上巴士，纾解陆路交通压力；做活"扬州—邵伯—高邮"大运河水上旅游专线。

四是全域运河遗产旅游。扬州古城段运河遗产相对集中，可以整合环水慢道系统、水上交通系统，再通过古城街巷的串联，将众多散布在古城区的遗产点串联成片。

五是运河生态游。扬州运河沿线是一个巨大的生态调节系统，是扬州的绿肺和生

图 7-25　大运河水上游览船

态走廊，可以打造"运河生态廊道游"系列产品，让市民游客散步、骑行，沿河欣赏悠悠运河水。

六是网上游运河。可以围绕大运河遗产实施"互联网＋中华文明工程"，通过网络技术展示运河历史面貌，让外地游客通过手机 App 就能查阅到相关信息，到达运河景点旅游。

图 7-26　扬州开通的过邵伯船闸体验游

3. 精心打造运河文化旅游精品线路

要强化区域间旅游服务协作，以大运河为纽带"串珠成线、以点带面"，统筹水上游览、沿线自驾等旅游方式，与沿线城市共同精心打造运河旅游精品线路。

一是运河遗产研学游。探寻运河线路历史变迁，揭秘真州闸、邵伯闸、运河三湾等运河水工科技，打造运河文化传承教育实践线路。

二是运河沿线古镇游。根据各运河古镇的特点打造旅游点，再现当年运河名镇船舶往来、桨声绵绵的情景，再串联成综合展示运河风貌、承载记忆、回味乡愁的文化旅游精品线路。既可以将扬州境内的运河古镇如氾水镇、界首镇、邵伯镇、瓜洲镇、十二圩镇串联成一条游线，也可以延伸到淮扬运河沿线的淮安河下镇、高堰镇、码头镇，江南运河的惠山镇、平望镇、塘栖镇，中河的窑湾、南阳镇等，打造长线的运河古镇游（图 7-27）。

三是运河特色专题游。设计运河美食、运河诗画、运河曲艺、运河工艺、水利水工、美丽乡村等特色专题文化旅游精品线路。

四是运河水上长线游。在做好扬州至邵伯、高邮水上长线游览线的基础上，与运河沿线城市联手打造"大运河水上旅游专线"，打造集都市观光、文化体验、休闲度假等于一体的运河文化旅游精品线路。

此外，还可以开发世界文化遗产精品线路、盐商文化休闲经典线路、运河水文化体验线路、运河休闲线路等品牌旅游线路和宗教文化主题、古镇渡口主题、邮驿文化主题、美食文化主题、红楼文化主题、名人主题等不同的品牌文化之旅。

4. 双向延长运河旅游产业链

以文旅融合建设为载体，可以打造精品文化项目，推动文旅融合发展成为经济转型升级的新动能。在体验经济时代，运河周边的博物馆及相关文化场所可通过举办特

图 7-27　运河古镇游

色专题展览、开展专业知识讲座及创意手作体验，构建三位一体的深度体验模式，让静态的古老文物在新时代焕发新的生命力，进而激发游客观展趣味、增强观众体验黏性。通过产业链的双向延伸，利用好运河文化资源，以点带线，形成一个融产业链条、文化展示、旅游线路为一体的新型文化服务业态。丰富运河旅游产品体系，重点打造景区主导、运河古镇、休闲度假、旅游节庆、旅游美食、旅游商品 6 类旅游产品品牌，构建文化观光类、科普研学类、休闲体验类、民俗体验类、运河休闲类、文化演出类等 7 类运河旅游产品体系（图 7-28）。

5. 塑造扬州运河文化旅游品牌

扬州运河旅游一直缺少品牌来彰显神韵。国家发改委《大运河文化保护传承利用规划纲要》给扬州运河旅游的定位是"运河原点·风雅扬州"。笔者觉得，扬州的运河文化旅游品牌用"上北京看长城、下扬州游运河"比较合适。这一创意源于李白为扬州所做的千年广告"烟花三月下扬州"。这里将"下扬州"与"上北京"并列，既可以吸引以北京为主的北方游客，也充分凸显出扬州的城市地位，吸引国内外游客来扬州看运河，像提到长城就想到八达岭一样，让人们一提到运河就想到扬州。同时，将长城与大运河这两枚中华民族祖先的智慧结晶联系在一起，可以充分吸引国外的旅客，将扬州打造成为国际旅游的目的地（图 7-29）。

6. 发展运河绿道体育项目

充分利用大运河沿线绿化、生态体育公园等绿道资源，大力发展运河绿道体育项

第七章　打造扬州大运河文化带建设示范区　227

图 7-28　扬州全域旅游开发的"瘦西湖有礼"文创产品

图 7-29　扬州运河旅游

目。要鼓励发展体育休闲产业。积极开发徒步、健步走、马拉松、骑行、自驾车等产品，形成新的消费热点，加快体育休闲、健康、旅游深度融合（图7-30）。深入实施体育旅游示范工程，发展沿运河体育休闲旅游产业。利用宝应湖、高邮湖、邵伯湖等水域资源开展皮划艇、帆船、龙舟赛等水上体育项目。利用运河沿岸的瓜洲古渡、高旻寺、茱萸湾等历史人文资源开展自行车、迷你马拉松、健步走、轮滑等体育项目。利用瓜洲润扬森林公园、宝射河休闲体育公园、七河八岛等自然生态资源开展远足、森林浴、骑马等户外休闲运动项目。依托鉴真扬马品牌，融入更多运河元素，优先选择沿运河绿道作为赛事路线。举办具有地方特色的运河绿道体育赛事，进一步扩大江都国际龙狮邀请赛、环高邮湖国际自行车越野赛、高邮运河半程马拉松、横渡高邮湖游泳赛、宝应自行车邀请赛等大运河品牌体育赛事的规模和影响力。

（四）实现产业融合，创新性发展运河经济

与现代生活相融合，将大运河文化遗产资源利用为今天发展文化产业，推进高质量发展的重要力量，才是大运河文化带建设的终极目标之一。中国大运河作为一条人造的河，带动的是周边一群创新创造的人。运河两岸的桥梁、船只、景色，都是人类的创造。千百年来，运河儿女创造了灿烂的文化。大运河文化是一

图 7-30　扬州运河边锻炼的市民

种"活态的、线性的文化遗产",它具有生生不息的文化精神。千余年来,大运河因其不断的创新变化而成就了运河沿岸的文明,因而我们在继承前人留下的文化遗产的同时,有责任进一步研究大运河文化,挖掘其深厚内涵,发展文化旅游产业,为后人留下经过我们创新的文化遗产。只有这样,才能使古老的大运河文化焕发生机,创造出新的文化形象和符号。

中国文物学会副会长、大运河专业委员会会长张廷皓先生说:"对于大运河文化带的建设,绝不是简单的发展旅游、文化产业。要有高层次高水平的建设意义,要研究大运河如何体现中华民族的民族精神,这是凝聚民族的建设,体现的是中国的文化自信。"因此,打造扬州大运河文化带建设示范区要注重文化与经济的融合,要在保护、传承的基础上进行合理的利用,利用大运河的交通动脉和文化廊道的功能,深入挖掘、充分整合运河资源,发展高端产业,在运河沿线构建一个扬州文化产业发展的新高地。要通过运河文化传承弘扬推动运河经济的发展,将大运河文化融入到经济建设中,同时又通过运河经济的大发展,推进运河文化的大繁荣,实现经济与文化的相互促进,实现文化强市的目标(图7-31)。

1. 融合运河文化资源,发展文化创意产业

传承弘扬扬州运河文化,更要发展运河文化,要集聚扬州运河沿线关键资源要素,梳理现有文化资源,挖掘潜在文化资源,开发创意文化资源,利用扬州段大运河文化丰富、生态良好的优势,整合运河文化资源,发展运河文化产业、动漫产业等高端产业,使扬州运河文化表达更符合现代审美品位和社会需求。

一是用创意为文化产业增加动能。要发展与大运河文化相关联的创意设计服务、文化软件服务、文化休闲娱乐服务、文化艺术服务等文化产业,推动文化产业与旅游、体育、农业、工业等相关产业深度融合,助力区域经济高质量发展。在创意产业、文化产业集聚区、文化知名品牌培育、人才引培、文化科技融合、文化旅游等方面,要眼睛向下,重心下移,发现苗头性、倾向性的问题及时引导并加以解决,对有先导性、

图7-31 大运河文化旅游博览会论坛

探索性的好做法在理论上予以总结并加以推广，形成示范效应。

二是挖掘运河文化内涵，打造运河特色文化街区。通过运河遗产的活化，扬州运河聚落应能成为扬州旅游的新看点，恢复具有人文气息的市井生活。在仁丰里、皮市街、南河下等老街坊打造入眼的景观、走心的文化，原汁原味地呈现扬州市民生活，让具有人文气息的市民生活成为外来旅游者领略风土人情、体验市民生活、欣赏扬州文化的一扇窗户，使外来旅游者流连忘返、融入其中。要依托古城古街古巷众多的优势，利用"微更新"的修复手段，突出文化内涵的挖掘，集聚民间资本，吸引文化名流入驻，丰富文化雅集活动，增加扬剧、评话、弹词、木偶等地方传统艺术的驻场演出，尤其和原住民同生共长，为老街区注入新活力。要利用运河文化，推动工业产业转型升级，充分利用大运河两岸工业化过程中遗留下来的老旧工业厂房、仓库等设施，加强工业遗产保护利用和改造升级，发展文化创意、科技研发等高附加值产业，丰富制造业、加工业等行业产品的人文内涵，增加附加值。[1]

三是推动运河文化与相关产业融合，培育骨干文化产业。文化产业是融合一、二、三产业的综合性产业，关联度高、带动性强，是推动大运河文化带建设的重要力量。特别是要促进文化产业与旅游业深度融合，以文化提升旅游的内涵，以旅游扩大文化的传播和消费。鼓励银行、保险等金融机构研发符合文化创意企业需求的产品，引导文化企业采用各类金融工具依法拓宽融资渠道。运河沿线的县市区和乡镇要把握公众需求变化趋势，进一步扩大文化产品和服务的有效供给，使大运河文化产业成为绿色产业、低碳产业和幸福产业。同时，市级层面也要充分挖掘文化元素、创意设计在美化人居环境中的作用，进一步推动文化产业发展融入生态文明建设全局，鼓励和引导大运河沿线地区立足文化特色和区域功能定位，深入发掘地域文化资源，结合时代特点，优化产业结构布局，积极发展新型文化产业。要推动运河文化资源转化为多样化、个性化的文化产业项目。推动大运河文化与互联网、大数据、云计算、人工智能等高新科技深度融合，培育新型文化业态，形成区域文化产业新的增长点（图7-32、图7-33）。[2]

2. 利用运河良好生态，大力发展现代生态农业

一是实施特色农业提质增效行动。大力发展运河地区优质粮油、名特优果茶、特色水产水禽养殖等优质农产品，满足消费者多层次、高质量、个性化需求。

二是强化农产品质量安全，全面推行农业标准化生产，积极探索建立长效监管机制，

---

[1] 国家发改委.大运河文化保护传承利用规划纲要，2019.
[2] 李广春.让大运河文化活起来［J］.红旗文稿，2019（8）.

图 7-32 运河文化产业

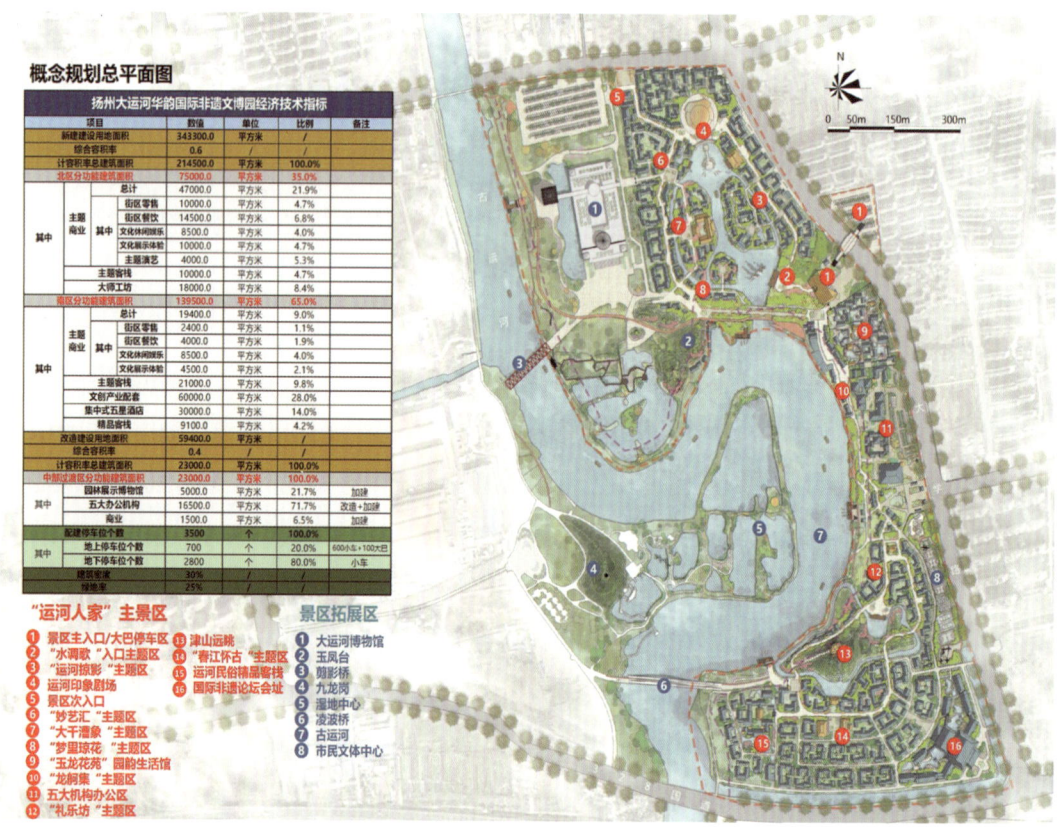

图 7-33 运河三湾文化旅游区规划图

推进农村清洁能源建设,突出秸秆还田,加大农业废弃物综合利用,大力发展低碳农业、生态农业和循环农业,提高资源利用率和环境友好率,在发展运河经济的同时,保护好运河良好生态。

三是提升休闲农业发展水平。大力挖掘具有农业文化印记的产品和文化遗产，积极整合旅游、教育、文化、科技、康养等产业，强化对农业全产业链及其经营场所进行包装、设计、创意，推动大运河沿岸举办芍药节、盆景艺术节等重大节庆活动，增强乡村旅游资源吸引力（图7-34）。以2021世界园艺博览会为契机，加快建设丘陵林木生态休闲观光带，打造特色休闲渔业区、都市农业观光园、农耕文化休闲观光园等。鼓励和引导运河沿线村镇发展休闲农业和乡村旅游，建设一批功能完备、特色突出、服务优良、示范带动力强的美丽休闲乡村、休闲农庄（园）、精品民宿，培育一批效益良好的示范品牌，带动农业提档升级、农村环境改善、农民脱贫致富，助力乡村振兴。

3. 利用运河聚落遗产，培育运河特色小镇

扬州运河沿线有一批名镇，有里运河沿线的古镇氾水、因驿成镇的界首、水工重镇邵伯、有扬州古运河沿线的玉文化代表湾头、瓜洲运河沿线的诗渡瓜洲、仪扬运河沿线的盐都十二圩、邗沟东道山阳河沿线的汉文化代表射阳湖，水乡文化的代表樊川、临泽等。要加强运河沿线特色小镇建设，培育建设一批产业特色鲜明、体制机制灵活、人文气息浓郁、生态环境优美、多种功能叠加的特色小镇，引领乡镇转型升级。充分

图7-34　运河优美生态环境

挖掘运河沿岸的农耕文化、盐运文化、码头文化、渡口文化、水工文化、玉文化、渔文化，加快广陵区湾头玉缘风情小镇、江都区邵伯运河风情小镇、菱塘回族乡民族风情小镇、十二圩盐文化旅游风情小镇、界首芦荡渔乡小镇、车逻鸭鸭小镇、瓜洲诗渡文化小镇、樊川尚善小镇、宜陵运河特色水文奇观小镇、氾水特色小镇等特色小镇建设，推动特色小镇成为大运河扬州段的明珠（图7-35、图7-36）。

图7-35　运河特色小镇界首镇　　　　　图7-36　运河特色小镇湾头玉文化小镇

4. 以和谐共生为目标，加强运河特色田园乡村建设

坚持将特色田园乡村作为大运河文化带建设的重要载体，在大运河扬州段打造一批生态优、村庄美、产业特、农民富、集体强、乡风好的特色田园乡村示范。依托特色村落的自然景观、文化习俗、历史遗存等资源，优先选择一批特色产业基础良好、区位条件优越、核心区集中和发展潜力较好的乡镇试点建设特色田园乡村。高水平编制村庄规划，彰显田园乡村特色风貌，体现地域特色和时代特征，实现空间、生态、基础设施、公共服务和产业规划有机融合。发展壮大特色产业，提升经济综合实力。实施"山水田林人居"和谐共生（图7-37、图7-38）。传承乡土文脉，挖掘、保护、传承和利用农耕文化、民间技艺、乡风民俗等，

图7-37　运河田园乡村建设

图 7-38　特色田园乡村甘泉陈园

彰显乡村文化特色。按照城乡一体化和均等化要求，改善乡村公共服务。推进城乡统一的人力资源、建设用地、科技服务、金融保险等要素市场建设，促进先进生产要素向农村流动，实现主要市场要素在城乡之间合理流动。

5. 以运河文化为基础，加快科创名城建设

一是借助运河传统文化，培育打造特色产业品牌。要围绕大运河沿线体现城市品位和特质的生产要素，借助现代技术手段，挖掘扬州特有的运河文化优势、资源优势、工艺优势、服务优势，培育打造传统特色产业品牌，提升产业影响力。

二是弘扬运河创新创造精神，推进重点产业向中高端发展。坚持新动能培育和传统动能提升双轮驱动。围绕两化融合、质量提升、节能减排、安全生产等领域，推广应用新技术、新工艺、新装备、新材料，提升企业技术水平和效益，推动太阳能光伏、半导体照明等新兴产业开展产业链一体化整合。以集成起步、专用导向、引培结合、以用促产为原则，重点发展工业机器人，提升扬州制造的自动化、智能化水平。

三是利用运河良好生态，规模发展新型战略性产业。扬州要在新时代取得领先地位，必须从过去的"皮包水，水包皮"的消费城市向创业、创新、创造的科创名城、文化旅游名城转变。要利用运河带来的良好生态环境，聚焦创新型经济新业态，着力形成一批具有竞争力的龙头企业和引领产业升级的战略性新兴产业集群，继续做大做强新能源、新光源、新材料、智能电网、节能环保五大产业，培育发展高端装备制造、新一代信息技术、生物技术和新医药三大产业，在集成电路、生物技术、绿色低碳、高端装备与材料、数字化创意重点领域取得突破，形成布局合理、集聚集群发展的现代产业体系[1]（图 7-39～图 7-41）。

1　扬州市发改委. 大运河文化带扬州段建设规划（2018—2030 年）（征求意见稿），2017.

图 7-39 扬州发展新型战略性产业

图 7-40 扬州创新中心

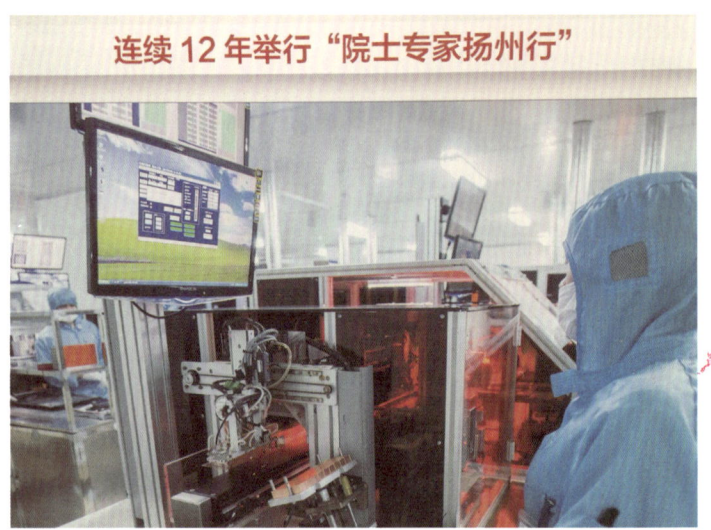

图 7-41 扬州连续 12 年举办院士专家扬州行活动

第八章

从牵头申遗到牵头保护、传承、利用
——"运河长子"的时代担当

第八章　从牵头申遗到牵头保护、传承、利用——"运河长子"的时代担当

2019年5月和9月，文化和旅游部部长雒树刚两次来到扬州，他称赞道："扬州是中国大运河的原点城市和申遗牵头城市，在运河保护利用和价值弘扬方面做了大量富有成效的探索工作，发挥了示范引领作用。"他同时寄语扬州："深入挖掘大运河承载的深厚文化价值和精神内涵，着力展现新时代大运河文化带的崭新风貌，向世界传播大运河承载的中国故事。"他还特别勉励扬州继续发挥大运河遗产保护管理牵头城市的作用，在大运河文化保护、传承、利用方面主动牵头协调，体现新时代的责任与担当。

在大运河文化带建设的新时代，作为大运河遗产保护管理城市联盟的盟主、大运河遗产保护管理办公室所在城市，扬州如何延伸牵头申遗的效应，主动融入国家大运河文化带建设，谱写大运河文化带建设的扬州篇章？笔者认为，扬州既有条件在大运河文化带建设中走在前列，做大运河文化带建设的示范，也有义务像牵头大运河申遗一样，在大运河文化保护、传承和利用上继续发挥牵头协调作用，成为全线大运河文化带建设的积极推动者，体现扬州的时代担当。扬州如何继续发挥牵头协调和示范带动作用，推进大运河沿线区域互动合作机制的形成，做好大运河国家文化公园的示范和先行，在新时代体现扬州的新担当，实现扬州的新作为，是当代扬州人迫切需要思考的问题。

大运河作为一个独特的文化长廊、一个世界级的遗产廊道，建设一个整合沿线城市的大运河文化带具备充足的条件（图8-1、图8-2）。目前在大运河文化的

图8-1　扬州瘦西湖

图8-2　大运河古纤道

研究方面，运河沿线地区对大运河文化价值的挖掘还停留在不同的城市研究各自的运河文化，出一批各自河段的论文等研究成果的阶段；在传承利用方面，大运河文化产业发展、运河旅游开发，也存在各自为政的现象，导致条块分割、相互竞争的现象，缺少将中国大运河作为一个整体来进行研究的机制，未形成协同发展态势。

2019年5月，中办、国办发布了国家发改委编制的《大运河文化保护传承利用规划纲要》，标志着大运河文化带建设进入了新的阶段。根据该规划纲要，大运河文化带建设范围分为核心区、拓展区和辐射区。大运河文化带核心区包含大运河历史和今天流经的北京、天津、河北、山东、河南、安徽、江苏、浙江8省市的150个区县，并设置核心监控区。拓展区涉及北京5个区和河北、山东、河南、安徽、江苏、浙江6省的34个地市除核心区之外的地域范围。辐射区包括沿线8省市除核心区和辐射区之外的地域范围。值得注意的是，与大运河申遗时的范围相比，核心区增加了河北雄安新区的雄县、安新县，河南濮阳市的南乐县、清丰县、台前县。《大运河文化保护传承利用规划纲要》全面贯彻了习近平总书记关于把大运河文化保护好、传承好、利用好的重要指示精神，充分表明党中央、国务院对大运河文化保护、传承、利用工作的高度重视，既是保护、传承、利用大运河文化的纲领性文件，又是扬州做好大运河文化保护、传承、利用工作的行动指南。扬州作为大运河的原点城市、大运河保护与申遗的牵头城市，落实该规划纲要，推进大运河文化带建设，发挥大运河遗产保护管理的牵头城市作用，是扬州必须承担的重大政治任务、必须把握的重大历史机遇、必须体现的重大时代担当。扬州既要发挥示范城市作用，主动将自身融入国家战略，当好大运河文化带建设的示范，又要发挥牵头城市作用，推动中央政府和沿线省市政府从顶层设计和具体操作两个层面探索大运河文化带的协同发展机制，整合大运河沿线的文化资源，整体实现大运河文化的保护和传承。其具体要从"三联"上去推进。

表8-1为大运河文化带建设的范围规划及功能分区表。

表8-1 大运河文化带建设的范围规划及功能分区表

辐射区	拓展区	核心区
北京市	昌平区、海淀区、东城区、西城区、顺义区	朝阳区、通州区
天津市		武清区、北辰区、河北区、红桥区、南开区、西青区、静海区
河北省	廊坊市	香河县、霸州市、文安县
	沧州市	青县、新华区、运河区、沧县、泊头市、南皮县、东光县、吴桥县
	衡水市	阜城县、景县、故城县

续表

辐射区	拓展区	核心区
河北省	邢台市	清河县、临西县
	邯郸市	馆陶县、魏县、大名县
	雄安新区	雄县、安新县
山东省	德州市	德城区、武城县、夏津县
	聊城市	临清市、茌平县、东昌府区、阳谷县
	泰安市	东平县
	济宁市	梁山县、汶上县、任城区、嘉祥县、鱼台县、微山县
	枣庄市	滕州市、薛城区、峄城区、台儿庄区
河南省	濮阳市	南乐县、清丰县、台前县
	安阳市	内黄县、汤阴县、滑县
	鹤壁市	浚县
	新乡市	卫辉市、辉县市、凤泉区、牧野区、卫滨区、红旗区、新乡县、获嘉县
	焦作市	修武县、武陟县、博爱县
	洛阳市	洛龙区、西工区、老城区、瀍河回族区、偃师市
	郑州市	巩义市、惠济区、金水区、中牟县
	开封市	龙亭区、鼓楼区、顺河回族区、禹王台区、祥符区、杞县
	商丘市	睢县、宁陵县、睢阳区、梁园区、虞城县、夏邑县、永城市
安徽省	淮北市	濉溪县、烈山区、相山区
	宿州市	埇桥区、萧县、灵璧县、泗县
江苏省	徐州市	沛县、铜山区、鼓楼区、贾汪区、邳州市、新沂市
	宿迁市	宿城区、宿豫区、泗阳县、泗洪县
	淮安市	淮阴区、清江浦区、淮安区、洪泽区、盱眙县
	扬州市	宝应县、高邮市、江都区、广陵区、仪征市、邗江区
	镇江市	京口区、丹徒区、丹阳市
	常州市	新北区、钟楼区、天宁区、武进区
	无锡市	惠山区、梁溪区、新吴区、滨湖区
	苏州市	相城区、虎丘区、姑苏区、吴中区、吴江区
浙江省	嘉兴市	秀洲区、桐乡市
	湖州市	南浔区、德清县
	杭州市	余杭区、拱墅区、下城区、江干区、萧山区
	绍兴市	柯桥区、越城区、上虞区
	宁波市	余姚市、海曙区、江北区、鄞州区、北仑区、镇海区
合计		150

一、在保护上体现联动

2014年，大运河申遗刚成功时，有媒体采访笔者，问大运河申遗成功了，以后对大运河还有什么打算？当时笔者就提出了三点希望：一是希望成立统一的大运河保护管理机构，必要时可以参照长江、淮河的模式成立流域性管理机构；二是希望完成大运河专项立法，以全流域立法的形式在国家层面为大运河制定专项法规；三是希望加强对大运河文化的研究，建立运河学。可喜的是，在五年后的今天，这三点希望一步步地走向现实。

（一）推动保护管理联动机制建立

作为线性活态遗产，从地域上看，大运河分属沿线8个省（市）、35座城市、150个区县管理，这些相互之间权力平等的省或市、县各自为政，各管一段，大运河被分隔成了一段段的小运河。从功能上看，无论是在省，还是在市、县层面，大运河都分属不同的部门管理。这些部门也是政出多门，根据自己的部门利益决定保护管理方式、价值取向和开发利用方向。对大运河遗产保护管理的根本问题是缺乏一个掌控所有事务的国家级管理中心。在申遗过程中建立了省部际会商小组、市厅际会商小组等多层面的保护管理协调机制，在申遗成功后，这一机制的功能普遍被弱化。各地在运河文化保护利用中仍旧存在条块分割、多头并管的局面，缺乏整体规划和统一的管理协调机制。2019年6月，为贯彻落实中共中央办公厅、国务院办公厅印发的《大运河文化保护传承利用规划纲要》（以下简称《规划纲要》），加强跨地区、跨部门协作，经国务院同意，以国家发改委牵头，建立了大运河文化保护传承利用工作省部际联席会议（以下简称联席会议）制度。其主要职责是在党中央、国务院领导下，深入贯彻落实《规划纲要》，加强对大运河文化保护、传承、利用各项工作的统筹协调，研究审议相关重要政策、年度计划、工作总结和其他重要事项，指导做好重大任务、重大工程、重大措施的组织实施，协调解决跨地区、跨部门的重大问题，完成党中央、国务院交办的其他事项，着力将大运河打造成为宣传中国形象、展示中华文明、彰显文化自信的亮丽名片（图8-3）。联席会议由国家发改委、中央宣传部、文化和旅游部、教育部、工业和信息化部、财政部、人力资源和社会保障部、自然资源部、生态环境部、住房和城乡建设部、交通运输部、水利部、农业农村部、商务部、体育总局、国家林草局、国家文物局等17个部门，以及北京市、天津市、河北省、江苏省、浙江省、安徽省、山东省、河南省8省（市）组成，国家发改委为牵头单位。与大运河申遗期

图 8-3 北京通州运河文化广场

间成立的大运河保护与申遗省部际会商小组相比,联席会议增加了 4 个部门,特别是国家发改委、中宣部的加入,使这一机制的影响更广、作用更大。与此同时,大运河沿线 8 省(市)都成立了大运河文化带建设专项工作组,由省(市)委书记或省(市)长担任组长;沿线省市县(区)制定了各自的大运河保护建设实施规划和行动计划,有力推进了大运河文化带建设,古老的运河正在展现喜人的新姿。

我们也应该清醒地认识到,大运河统筹协调管理机制尚未健全。大运河纵跨 8 个省(市),涉及众多行业部门,"九龙治水"现象明显,部门间协调配合还不够,统筹协调管理机制尚未健全。同时,大运河沿线省际、市县之间不同类型的利益诉求多、矛盾多,协调起来难度大,缺乏跨区域协作的有效平台。大运河申遗成功后,国家文物局在扬州召开会议,决定将大运河保护与申遗城市联盟更名为大运河遗产保护管理城市联盟,继续由扬州牵头大运河遗产保护管理工作。扬州作为大运河遗产保护管理的牵头城市和大运河遗产保护管理办公室所在地,有责任积极配合国家发改委做好大运河文化带建设的协调工作。在大运河文化带建设中,扬州要借鉴申遗过程中的协调联动机制,推动运河沿线城市建立跨地区、跨部门的大运河文化带建设联动机制,形成合理的协调机制和分工体系。要利用大运河遗产保护管理城市联盟这一载体，推动协调联动机制落到实处。当下，从遗产保护角度，在扬州设有直属国家文物局领导的大运河遗产保护管理办公室，但在申遗成功的这几年由于人员调整，骨干力量流失严重，并未发挥协调指导大运河全线遗产保护管理工作的作用。目前，扬州按照国家有关部委的要求，正在推动大运河遗产保护管理办公室实体化、相对独立运作。扬州市委提出要进一步充实壮大大运河遗产保护管理办公室的对外协调和沿线大运河遗产的管理工作职能，主动对接国家文化和旅游部，努力按国家文物局的要求，做好大运河遗产保护管理的协调工作。按照国家文物局的要求，要将大运河遗产保护管理办公室建成大运河遗产保护管理的宣传中心、培训中心、监测中心、保护中心、研究中心，这样才能切实有效地履行大运河遗产保护管理职能。

（二）联动制订高起点规划

习近平总书记强调，"保护大运河是运河沿线所有地区的共同责任"。目前大运河沿线的开发项目缺乏统筹设计，同质化明显，各类文化生态资源活化利用形式和途径较为单一，部分优质资源长期闲置，与相关产业的融合程度较低，传承利用的质量还不高。全国政协文化文史和学习委员会在调研中发现，无论是京杭大运河还是隋唐大运河，沿线都出现了一些打着文物保护旗号，兴建各类园区、开发房地产等建设项目，跑马圈地现象突出。国家发改委相关负责人在谈及下一步如何推进《大运河文化保护传承利用规划纲要》实施时表示，要建立大运河文化保护传承利用工作协调机制，负责统一指导和统筹协调《大运河文化保护传承利用规划纲要》实施，审议重大政策、重大问题和年度工作安排，协调跨地区跨部门重大事项，督促检查重要工作落实情况。相关行业主管部门要加快制订文化遗产保护传承、河道水系治理管护、生态环境保护修复、文化和旅游融合发展4个专项规划，大运河沿线8省（市）要抓紧制订出台本地区的实施规划。"[1]

扬州作为大运河保护管理的牵头城市要承担起自己的责任，要推动沿线城市在进行大运河文化带建设顶层设计和战略规划时高起点定位，整体上考虑。一要让沿线城市做到注重区域合作。建设大运河文化带就是让大家共同发力，沿线35个城市要形成区域合作、城市间合作，互联互通，借鉴支撑，优势互补，资源共享。扬州要推动沿线城市在规划编制时形成既有合作又有分工的文化产业园区和文化旅游带规划编制机制。二要推动部门协调。大运河遗产分属不同部门管理，水利航运、园林建设、文化、

---

[1] 刘政.《大运河文化保护传承利用规划纲要》发布［N］.中国改革报，2019-05-11.

旅游，容易形成各自为政、条块分割、相互竞争的格局，无论是扬州还是其他城市，在规划之初就要形成协同发展、跨专业领域合作的态势，从而构建不同功能的运河文化廊道或文化产业园区，避免同质化的竞争。扬州各部门在做相关规划时要注重相互衔接，同时，要推动国家各部委在做相关大运河规划时注意相互衔接。如在中办、国办发布国家发改委编制的《大运河文化保护传承利用规划纲要》后，水利部、自然资源部、文化旅游部、国家文物局分别编制了文化遗产保护传承、河道水系治理管护、生态环境保护修复、文化和旅游融合发展4个专项规划，笔者作为专家也参与了部分规划的调研和编制工作。在相关会议上，笔者特别提出了这些专项规划既要与上位规划、与《大运河遗产保护管理规划》等相关规划衔接，也要做到相互之间的衔接，与各沿线城市规划的衔接。三要处理好保护与利用的关系。作为活态遗产，既要遵循文物保护的原则，又要考虑其活态的特征，合理利用。要按照统筹兼顾的原则，妥善处理保护与利用的关系、遗产管理与水利航运管理的关系、文化功能与航运功能的关系，协调建设大运河文化带（图8-4）。扬州目前正在编制《扬州大运河文化旅游概念性规划》《大运河文化旅游带建设规划》《扬州运河文化旅游度假区规划》，这其中要处理好保护与利用的关系。同时，作为大运河遗产保护管理的牵头城市，更要让沿线城市树立保护文化遗产的意识，注重处理好保护与利用的关系，既要将大运河文化传承利用好，也要让大运河遗产永续留存。

图8-4 《京杭大运河旅游总体规划》

（三）推进统一立法

与其他文化遗产相比，大运河最显著的特征就是活态，至今大运河山东济宁以南段仍有近900公里在正常通航。大运河跨地区、跨行业管理和线性活态的特点，决定了大运河除了受《世界遗产公约》《文物法》《水法》等法律保护外，还受到《航道管理条例》等法规的保护。正因为多种法律法规的交叉管理，缺少统一立法，在具体管理活动中法律依据混乱，导致运河文化资源遭到破坏。从国外经验来看，以运河著称的国家多数都制定了运河法，如 1912 年的《巴拿马运河法》。对跨地域、跨行业的大型线性活态遗产大运河来说，现有法律法规还无法涵盖大运河保护、管理、利用所面临的问题，大运河需要一部专项行政法规，从而整合文物、交通、水利、建设、环保、国土等各领域机构和众多相关利益者，形成合力。在大运河申遗过程中，扬州倡议并起草了《大运河遗产保护联合协定》，文化部出台了部门规章《大运河遗产保护管理办法》，代替大运河的国家立法提交给世界遗产委员会，促进了大运河申遗成功，但在具体管理活动中这个协定和办法的法律效应是远远不够的。这些保护办法基本都是不分章节，只有十多条，特别是在罚则上几乎没有任何体现。现有的《中华人民共和国文物保护法》由于其静态管理的模式，不能适应大运河这一活态遗产保护管理与利用方面的矛盾，在大运河宏观决策、规划建设、多部门协调和社会管理等方面还不能满足保护管理需求，现有涉及大运河的相关规章制度也是各管一事，还不能完全覆盖大运河的整体保护。2012 年，文化部颁布的《大运河遗产保护管理办法》属部门规章性质，且仅适用于文化、文物领域。当前，亟须尽快启动国家专项保护立法，有关的法律规章也需要评估。[1]《长城保护条例》已于 2006 年施行，其中"国家对长城实行整体保护、分段管理"对大运河有很好的借鉴意义。全国"两会"上，政协委员多次提议要加强大运河的统一立法。江苏省已完成大运河文化带建设的立法。水利部也希望大运河流域性专项立法能够早日实现。应该说目前大运河统一立法的条件已经成熟。现实情况是，尽管运河沿线部分省市对大运河的保护制定了相关的地方法规，但尚未形成统一立法。扬州在自身完成大运河立法的基础上，要积极推动流域性大运河文化保护、传承、利用立法，推进法治建设，抓紧完善立法和健全大运河保护法规体系（图 8-5、图 8-6）。进而联合沿线城市，在已有法规基

法律法规	国家部门（文化部）规章
	各省的立法
	35 座运河城市的地方法规
	大运河保护与申遗城市联盟的联合协定
保护规划	大运河保护管理总体性规划
	省段保护规划
	市段保护规划

图 8-5 大运河相关法规一览表

图 8-6 江苏省人大组织的大运河文化保护立法调研

---

[1] 全国政协文化文史和学习委员会让古老的大运河向世界亮出金名片 [J]．求是，2019（15）．

础上,推动有关部门在国家层面制定《大运河保护条例》。在此基础上,根据区域差别加快地方立法,沿线各省市出台大运河保护管理办法,制定配套实施细则。同时,要推动在全流域范围内广泛开展依法行政、遵纪守法教育,让法治思维、法治方式内化为广大干部群众的自觉行动,保护好大运河遗产。

(四) 推动建立沿线城市生态环境保护联动机制

2019年4月,全国政协文化文史和学习委员会组织调研组对大运河的保护、传承、利用工作进行了专项调研(图8-7),这已是全国政协在大运河申遗成功后第三次组织调研大运河。从全国政协文化文史和学习委员会的调研报告我们看到,大运河申遗以来,大运河沿线生态环保趋势向好,景观环境质量和沿岸群众幸福指数显著提升。目前,大运河沿线各省全面建立河长制,沿线水环境实行按月全面监测,江南运河江苏段、淮扬运河和中运河段进行了全面治理和保护,山东段基本消除劣V类水体,苏北段水质整体为II~III类,河南段水质断面整体达标率4年来提升了67个百分点。但目前,大运河生态环境仍存在不少问题,如水质较差,生态环境治理薄弱亟待改善。调研组在沿线考察时看到,目前水的问题比较突出:在黄河以北,大运河大部分河段常年干枯或演变成季节性河流,部分河道淤积、富营养化严重、水质较差;沿线部分在用古代水利工程管理失范、严重老化;违章建设、违规排放等行为时有发生;有些居民环保意识不强,农村面源污染整治难度大;大运河防洪、排涝、供水、航运、环境、生态等多功能的冲突不断出现。从目前情况看,大运河黄河以北河段解决"有水"是主要矛盾,黄河以南至江浙河段改善水质的"清水"任务则十分艰巨。

图8-7 2015年全国政协考察组督查大运河遗产保护工作

《大运河文化保护传承利用规划纲要》要求：坚持系统治理，拓展绿色生态空间，提升植被覆盖水平，建设大运河绿色生态廊道，推动形成绿色发展方式和绿色生活方式，将大运河打造成河湖岸线功能有序、生态空间山清水秀、农业空间绿色宜居、城镇空间特色突出、山水林田湖草生命共同体相得益彰的"美丽运河"。大运河沿线有众多湖泊河流的广大水面、湿地，中国十大淡水湖有5个在大运河沿线，即太湖、高邮湖、洪泽湖、骆马湖、南四湖。大运河是中国东部一个巨大的生态调节系统，是名副其实的大自然调节器、生态走廊。大运河的水系是相通的，南水北调东线的一江清水，无论沿线哪个地方出现了污染，最终送到北京的都是受到污染的水。因此，单独一个城市保护好运河生态环境是不现实的，需要沿线城市打破一亩三分地，共同发力，才能真正治理好运河生态环境。国家相关部门就编制大运河生态环境保护规划在各地调研时，第一站就来到了扬州，因为扬州既是大运河的最典型区段，也是对大运河生态保护最好的城市，更重要的是扬州作为大运河遗产保护管理的牵头城市，可以带动其他沿线城市共同建立大运河生态保护的联动机制。在大运河文化带建设中，扬州积极加强运河生态文明建设，以江淮生态大走廊建设为抓手，将大运河文化带建设与南水北调东线源头工程保护相结合，与南水北调东线沿线城市一道保护好运河生态。保护和建设好大运河文化带所在区域生态环境，全面提升区域生态系统服务功能，建设生态文化，让良好的区域生态环境成为大运河文化带的有效载体。保护和建立多样化的乡土生态系统、维护和恢复河道的自然形态、保护和恢复湿地系统，将运河两岸防护林体系与城市绿地系统相结合，以最经济和高效的格局，维护生态的健康与安全，实现人居环境的可持续性发展。扬州对照打造绿色生态带的要求，持续实施生态保护工程（图8-8、图8-9）。扬州制订的《江淮生态大走廊规划》，计划在"十三五"期间，投入293亿元，实施产业转型升级、清水活水、公园体系和生态中心建设、良好湖泊

图8-8 扬州运河生态

图8-9 自然资源部调研大运河生态环境修复工作

保护、生态廊道和生态屏障建设、农村综合环境整治、环境基础设施建设、生态环境监管能力提升八大工程 68 个项目。推进运河沿线湖泊保护，对高邮湖、宝应湖、邵伯湖实施一湖一策，提升污染防治水平，加快区域内现有钢铁、有色金属、化工等污染较重的企业搬迁，实施农村环境综合整治，推进高邮湖、邵伯湖退圩还湖、退圩还湿。保护好运河的生态，打造南水北调清水走廊，让一江春江流向北方。在此基础上还要联动保护大运河生态，推动大运河生态环境保护联动机制的建立。大运河生态环境保护是一项流域性的工作，工作涉及面广，与区域国民经济发展规划、产业结构调整、土地利用开发、城镇发展总体规划等密切相关。由于相关法律法规、政策支撑不足，工作协调环节多，跨区域部门性的事务多、工作量大，且南水北调东线工程调水源头地区受客水水质影响大，水质保护与提升压力大。比如，作为大运河的重要水源、南水北调清水走廊的重要湖泊，高邮湖连接江苏、安徽两省，跨越扬州、淮安、滁州三市，尽管在大运河生态环境保护和打造南水北调清水走廊过程中，扬州做了大量的工作，但如果没有上级部门的统筹，没有沿线城市的协同，对这一类跨境湖泊管理还是不能得到最佳的效果。

因此，扬州需要从以下几个方面来推进大运河生态环境保护联动机制的构建。

一是推进大运河全流域生态环境保护立法。大运河文化带建设要树立全线"一盘棋"思想，注重顶层设计，探索流域立法，从现在的按区域管治转向按流域管治，通过上下游的利益平衡和环境生态保护补偿，构建一个具有统一约束力和规制力的保护体系，形成流域共治、战略共保的工作格局。

二是推进生态补偿制度设计。构建公平公正、权责一致的生态补偿制度，探索建立纵向和横向两个维度的生态补偿。纵向上，突出以奖代补的生态补偿机制。对水质改善较好、生态保护贡献大、节约用水好的市、县加大补偿力度，进一步调动保护生态环境的积极性。横向上，建立区域流域上下游"双向补偿"机制，坚持"谁保护，谁受益""谁贡献大，谁受益"的原则，制订覆盖大运河文化带区域内主要河流的区域补偿制度，确保属地管理责任得到有效落实。

三是推进重点项目资金扶持政策的建立。扬州要推动中央及省级财政，对大运河文化带特别是南水北调东线工程建立治污项目资金扶持政策，对沿线已列入国家专项规划的项目如江淮生态大走廊建设、南水北调东线工程建设等重点项目，给予一定的专项政策扶持和资金支持。

四是推动大运河生态合作组织的建立。扬州要通过办好江淮生态大走廊运河城市合作恳谈会，在《江淮生态大走廊运河城市合作框架共识》的基础上，扩大参加城

图 8-10　杭州治水

市范围，争取吸纳江南运河、浙东运河及大运河沿线所有城市参加，成立大运河沿线城市生态合作组织，像当初大运河申遗一样，建立大运河沿线城市生态环境保护合作机制（图8-10、图8-11）。在此基础上，要推动省及全国层面建立大运河生态保护联防联控机制，参照大运河文化带建设联席会议制度，建立跨市、县流域、区域的环境综合整治机制，全面实行区域水环境共保、共防、共治，实现区域生态建设一体化。统领沿线城市合力保护大运河生态环境，编制生态保护规划，出台保护标准，并推动国家有关部委出台大运河生态补偿计划，为大运河文化带建设提供生态保障。

二、在传承上体现联手

大运河沿线各省（市）是推进大运河文化保护、传承、利用的主体，要切实承担主体责任，精准把握方向定位，健全工作体制机制，各市县承担各项任务落实的直接

图 8-11　运河三湾风景区

责任。但扬州作为牵头城市要推动沿线各地在传承大运河文化时,创新工作思路和方法,既突出大运河特点和地方特色,又要整合优化各类资源,联手推进。

(一) 联手挖掘运河文化价值

目前全社会都知道大运河,但大运河究竟是哪条河,有多长,沿用多久,申遗成功的究竟是哪条河,是中国大运河,还是京杭大运河,别说普通百姓,就是文化界、新闻界也说不清,在媒体上经常出现错误。这些误解的出现,是我们对大运河研究不够、宣传不够,国内对大运河的研究,相对来说还处于起步阶段。因此要将中国大运河的研究工作提升到"运河学"高度来认识。就拿大运河历史文献档案资料来说,内容极为丰富,涉及历代治水思想、工程、河务、漕运、运河区域社会发展状况等,目前对文献档案也缺少系统全面的梳理和收集,且没有国家层面的统一规划和工作机制。目前运河沿线地区对大运河文化价值的挖掘还停留在不同的城市研究各自的运河文化,出一批本地河段的论文等研究成果的阶段;大运河文化带建设的提出,就是要求我们整体研究中国大运河,朝着建立"运河学"的方向努力。敦煌学、长城学以及对"丝绸之路"的系统研究都呈现出新气象,但从文化遗产角度对大运河进行挖掘和提炼还比较薄弱。而大运河本身是鲜活的,它涉及文物、遗产、历史、景观、艺术、文学、建筑、规划、管理、考古、经济等众多领域,"运河学"就是要对大运河文化做出进一步的挖掘和提炼,促进大运河价值的公众意识(图8-12)。

运河学是总体上研究中国大运河的一门学问,是对中国大运河进行综合研究的学科。把各相关部门学科所获得的对运河不同侧面和各个层面的认识有机地组合起来,

图8-12 《中国运河志》专家团队

达到对于中国大运河的总体认识，就是运河学的任务。运河学的内涵目前还没有一个科学的界定，运河学可以涵盖运河文献学、运河考古学、运河历史学、运河文学、运河地理学、运河科技、运河漕运、运河水工、运河城市、运河文化、运河建筑、运河生态、运河非遗、运河旅游等众多主题。在这里，笔者对运河学的研究领域作了初步的界定，它应该包括但不限于运河文化遗产、运河环境景观、运河建筑规划、运河水利航运、运河城市学、运河历史学、运河科技、运河经济学、运河社会学、运河旅游、运河文化交流、运河文化产业12个方面。随着研究的深入，运河学的内涵将逐步完善，运河学将成为一门理论性、实践性、管理性和经营性多方面兼顾的学科。

从中国大运河的特点和范围出发，参照其他地方学学科分类，在运河学初创阶段，可以将运河学分为理论运河学、应用运河学、运河史学。理论运河学内容包括：一是探讨运河学本身内在的规律性；二是研究运河学如何客观反映历史发展规律。应用运河学内容包括：一是研究大运河为当代社会服务的可能性及其作用和地位；二是研究用科学的规划、方案对大运河实施保护、利用。

从运河学的发展现状来看，相关研究机构陆续成立。聊城大学组建了运河学研究院，成立了运河史、运河与区域社会经济发展、运河文化三个研究中心，举办了运河学论坛，编印了《运河学研究集刊》两辑，出版了《大运河蓝皮书》。扬州大学成立大运河研究中心，承担了国家文物局关于大运河遗产保护体系研究课题，并与扬州市政府联合筹备成立中国大运河研究院。江苏省成立了大运河文化带建设研究院，并在6个城市设立了分院。作为大运河申遗牵头城市的扬州，在运河文化的研究上先行一步，在这些以高校为基础建立的研究机构基础上，积极筹划建立中国大运河研究会，目的是把运河学的研究推向一个新的起点。2014年以来，国内陆续出版了《京杭大运河遗产保护出版工程》系列丛书。作为中国大运河研究者，笔者也在2018年和2019年出版了"中国大运河三部曲"：《中国大运河百问》《中国大运河遗产》和《中国大运河文化》。在2019年世界运河城市论坛上正式面世、历时8年编纂而成的《中国运河志》（图8-13），是"十三五"国家重点出版物出版规划项目，共9卷11册1400万字。这部皇皇巨著是首部中国运河通志，也是大运河文化带建设的重大成果。虽然运河学研究取得了长足进展，提出了颇具新意的学术观点。但从运河学学科建设方面来看，学科体系尚未真正构建。目前对大运河的研究缺乏系统性，学科建设还未起步。运河沿线城市对运河文化的挖掘研究仍然是专注于各自的运河文化，出一批自己河段的研究成果，对运河的价值认定缺少整体的视野、联手的机制。高校对大运河文化的研究也只是东鳞西爪，功利化现象严重，搞一些决策咨询文章较多，对大运河的研究缺少学术性和系统性。没有一家高校推出运河学的教学课程，运河学学科的建立也未有权威机构正式提出。正因为对运河研究得不够，才使大运河的保护、传承、利用存在许多问题。

扬州要推进有关部门组建国家大运河文化

图8-13 《中国运河志》出版

带研究和咨询机构，发挥思想库、智囊团作用，统筹隋唐大运河、京杭大运河、浙东运河文化带研究；重点开展对大运河物质文化遗产保护、非物质文化遗产传承以及历史文化名城名镇名村建设等的专题研究。当然从根本上解决运河文化的研究问题，还需要建立运河学。运河学作为一个学科建设应该包含三个要素：构成运河学学术体系的各个分支、在一定研究领域生成运河学专门知识、从事运河学研究工作的专门的人员队伍和设施。运河学学科建设的推进路径有以下几个：

第一，着眼长远，统筹规划，明确运河学学科建设与专业发展的思路。运河学学科建设规划主要涉及学科方向、学科队伍、学科平台三类建设。运河学的建立，学科组织规划和实施是第一位的，必须从国家层面成立完善的领导体系，制订好长远规划，明确各阶段任务和目标，明确运河学学科建设和专业发展思路，实现对大运河研究现有知识的超越和进取。

第二，多方联手，整合力量，建立运河学学术体系和专业课程，运河学的建立不是哪家高校能够独立完成的，需要各相关高校共同努力、联手打造。要由国家相关机构牵头成立研究运河学的学术委员会，整合各高校中现有的各类研究资源，多方联手，推动运河学学科体系的建立。在有条件的高校开设一批相关运河学专业课程，扬州大学可率先垂范，在与大运河相关的建筑学院、文史学院、水利学院、商学院等开设运河学专业课程和相关专业。

第三，引培结合，专兼互补，推进运河学学科队伍建设。缺乏运河学人才是最主要的制约因素，要采取各种措施加强学术队伍的建设：一是要培养人才，实行"传、帮、带"，共同申请课题，形成某研究方向的科研团队。二是要广泛招引，有效利用校外人才资源，吸引国内知名学者到学校并委以重任，组建有特色的科学研究团队。同时也可通过兼职的形式，解决高校目前在运河学研究上的人才缺乏问题。三是规范建立一批运河学的研究机构，要在全国层面成立一个运河学研究机构，将各地各高校作为分支机构，进而构建高效统一的运河学学科组织。就扬州来看，要整合扬州大学大运河研究中心、中国大运河研究院、江苏省大运河文化带建设研究院扬州分院、市社科界及文化界等多方研究力量，建立一支学科门类齐全的研究团队。

第四，面向现实，服务社会，为运河学的构建创造良好环境。运河学的研究要围绕大运河文化带建设的需求，对学界、对社会保持充分的开放性。要借助大运河文化带建设的热潮，适应社会客观需求，确定一批研究课题，推出一批研究成果，形成一批论文、丛书等研究成果，通过运河学的研究揭示中国社会的发展规律。同时要大力推进研究成果的转化，推动运河学得到社会认同。运河学的建立，既要通过对运河文化的深入挖掘研究，让大运河的价值呈现在世人面前，又要推进学科建设，培养一批大运河文化研究和大运河文化带建设的专业人才，真正使运河学成为被社会广泛认同的热门学科。作为大运河文化带建设示范城市的扬州来说，还要以大运河遗产保护管理牵头城市的时代担当，推进运河学的建立，以大运河全线的保护、传承、利用研究为己任，带动大运河整体研究水平的提高。运河学的研究更要以服务社会为目的，通过整合运河学研究力量和大运河文化带建设的实践人才，推进研究成果的转化，活化运河历史，将其融入当代文化建设的大潮中去，发展运河旅游产业和运河文化产业，打造新时期大运河文化（图8-14～图8-16）。

图8-14 大运河研究成果

（二）联手打造运河文化传播平台

大运河申遗过程中，由35个城市共同组成的大运河保护与申遗城市联盟以及中国扬州世界运河名城博览会等平台发挥了重要作用。申遗成功后，沿线城市又组成了大运河遗产保护管理城市联盟，并将大运河联合申遗办更名为大运河遗产保护管理办公室，作为城市联盟的秘书处。扬州要在推动大运河遗产保护管理办公室实体化、独立运作的基础上，进一步壮大该机构管理与对外协调的力量，主动与国家文化旅游部、

图 8-15 大运河文化带建设研讨会　　图 8-16 杭州富义仓改为运河文化讲堂

国家文物局对接，科学设置内设处室，完善其对内对外功能，主动争取国家文物局的领导和支持，切实履行大运河遗产保护管理职能。在大运河文化带建设中仍需要发挥文化传播平台的作用。《规划纲要》提出"积极开展大运河文化保护传承利用的宣传推广，发挥中国古迹遗址保护协会、世界运河历史文化城市合作组织等各类行业协会、公益组织的作用，树立统一的推广展示理念，提高千年运河整体辨识度，积极探索大运河沿线文化遗产活化利用的新途径、新方法，形成全球知名的中国大运河文化品牌"，"发挥扬州世界运河城市论坛、杭州大运河国际论坛等交流平台的重要作用，向世界传播大运河承载的中国故事"，2019 年 5 月，由江苏省委宣传部与扬州市政府共同举办的江苏省大运河文化旅游博览会在扬州举行，这可以认为是对连续举办 8 年、后来停止的中国扬州世界运河名城博览会的恢复，以后可以一年或两年举办一次，坚持下去，使之成为运河文化的重要传播平台。2019 年 9 月举办的世界运河历史文化城市论坛已是第 13 届。这次论坛提高了规格，由国家文化和旅游部、江苏省政府主办，省委宣传部和省文化厅承办。其活动内容更加丰富，既有国内外运河城市参加的世界运河城市论坛，又有 30 多个国家运河城市代表和国际组织参加的世界运河大会，还组织了运河嘉年华，让运河文化旅游得到了长足发展。扬州还要通过举办大运河文化带建设论坛、大运河遗产保护论坛，发挥大运河遗产保护管理城市联盟、运河历史文化城市合作组织等民间组织的作用，推进运河城市的文化、经济交流，助推大运河文化带建设。作为大运河遗产保护管理的牵头城市，扬州还要积极参与沿线其他城市的运河文化传播活动，如苏州举办的江南运河文化论坛、无锡举办的大运河生活节、洛阳举办的隋唐大运河论坛，从而引领运河文化研究的风尚。要通过建立大运河文化保护开发基金等平台，推动建立政府投入和社会力量共同协作的机制，聚合大运河沿线的文化元素，在大运河沿线城市共建运河文化圈,从而形成一个推动运河文化、主题文化、创意产业的长效机制,联手挖掘运河文化价值。江苏省成立了大运河文化产业基金,扬州要成立市级层面的基金,同时面向社会募集,建立商业化的基金,形成社会化的投入机制。

图 8-17　运博会现场

同时,要借助世界运河历史文化城市合作组织,筹措面向全段的商业基金,用于全线的大运河文化保护、传承、利用,带动沿线城市做好大运河文化带建设。还要借助运河古镇大会、运河媒体联盟等载体,打造运河文化传播的平台,通过宣传传播运河文化,将其塑造成为运河文化产业发展的助推器(图 8-17~图 8-19)。

图 8-18　江南运河文化论坛

图 8-19　无锡大运河生活节

(三)联手推出文化项目

扬州要借助大运河申遗牵头城市和大运河遗产保护管理牵头城市的地位,联手各沿线城市推出一批文化项目、出版项目、产业项目来振兴运河文化,发展运河经济。大运河文化带建设一定要有沿线城市间的合作,形成合力。不能让各个城市单打独斗,自说自话。

一要联手对大运河文化及沿线各城市文化的价值与精神内涵作深度梳理与挖掘,形成一批论文、丛书等研究成果,创作一批反映运河文化的文学影视作品,建设一批运河旅游小镇,打造一批运河文化展示馆。通过加强对现存运河遗产资源的摸底调查、发掘研究、宣传展示,让大运河遗产的文化价值呈现在世人面前。

二要联手将运河非遗与物质遗产深度融合，如让剪纸、扬剧、苏绣进园林；将文化与旅游深度融合，让扬州评话、苏州评弹、杂技木偶等表演上游船，在运河长线旅游时，让游客欣赏到不同城市的非遗表演。

三要联手用运河边成长起来的文学艺术形式去创作新的运河文艺作品，如用京剧、昆曲、扬剧、淮剧编演运河大戏。要推动更多的城市像杭州一样排演运河大戏，走出国门宣传。利用大运河这一世界级的文化遗产，通过活化运河历史文化，输出文化产品，讲好运河故事，宣传中华优秀文化，让世人感知到中华文明的渊源博大。要继续做大做响"运河风情"品牌，联手更多的沿线城市共同演绎运河故事，更多地开展运河文化展演和巡演，让更多的人了解运河、热爱运河，从而投身运河文化的宣传、弘扬、传播（图8-20、图8-21）。

图8-20 联合国教科文组织特别授予《遇见大运河》团队文化遗产传播保护使者荣誉称号

图8-21 在苏州沧浪亭上演的实景版昆曲《浮生六记》

（四）联手建立大运河阅读跨区域协作机制

大运河文化的保护传承离不开运河书香文脉的传承，大运河作为一个文化遗产廊道，今天仍然是传播中华优秀文化的重要载体。全民阅读工作也可以借助大运河这一载体来探索跨区域的联动合作，从而让运河书香文脉永远流传下去。

要合理修缮、利用阅读遗存。扬州修缮了测海楼、街南书屋等运河私人藏书楼，利用运河建筑遗产建设24小时城市书房。杭州就在著名的运河遗产富义仓开办了运河书房。扬州利用曾藏有《四库全书》的天宁寺，展示了商务印书馆重制的原大、原色、原样仿制版《四库全书》文津阁本，已成为外地文化人来扬州必须参观的文化景点。在运河沿线建起的一座座城市书房，给市民点亮一盏盏24小时永不熄灭的读书灯，成为扬州的文化地标。

要牵头组织成立大运河沿线城市阅读联盟，在全民阅读工作中探索跨区域合作的机制。成立大运河沿线城市阅读联盟，可进一步整合力量，发挥各自资源优势，联手打造运河城市阅读品牌和活动，轮流承办各类运河阅读推广活动，通过跨区域的合作机制，推动阅书、阅城活动互鉴推广，让大运河沿线城市的书香文脉看得见、听得到。让书香飘荡在大运河沿线的每个城市，让大运河文化永世传承下去。

要联合开展阅读推广活动。早在2016年的江苏书展上，江苏省新闻出版广电局就推出了"大运河书香文脉传承发展论坛"。2018年，北京阅读季办公室又发起了运河十八城阅读行动计划接力行动，2019年又继续启动了大运河阅读行动，并扩大到隋唐大运河和浙东运河沿线城市。运河沿线城市可轮流坐庄举办运河书香文脉传承论坛，举办大运河书博会，开展运河阅读遗存品鉴活动等，开展各种形式的阅读推广活动，发动运河沿线城市的社会组织、公益组织开展读运河、爱运河、建运河活动，传承运河城市书香文脉。让人们了解大运河，了解大运河的前世今生，增强文化自信，增强民族自豪感；让人们认识大运河文化，认识大运河的文化价值，更好地传承大运河文脉；让更多的人因了解而热爱大运河，传播大运河文化，投入运河遗产保护的事业，让运河书香文脉长久流传，让运河文化弘扬光大（图8-22、图8-23）。

图8-22　大运河阅读接力活动

图8-23　纪念申遗成功五周年大运河阅读接力行动

三、在利用上体现联合

国家发改委有关负责人提出，中央各相关部门要充分发挥指导和协调作用，按照职能分工，完善配套政策，强化沟通协调，配合各地区及时解决工作中存在的问题。加强规划协调和衔接，与国家发展规划和国土空间规划相关要求精准衔接，及时编制地方国土空间规划和修订完善省级、市县级发展规划等，健全相关技术标准规范，确保各项任务落实落地并取得实效。而扬州在大运河文化的利用上也要推动沿线城市联合起来打造运河文化旅游品牌、发展运河文化产业、打造运河城市带。

(一) 联合打造运河文化旅游品牌

大运河作为世界遗产不仅可以吸引国内游客亲水休闲，而且具有相当高的国际吸引力。但是目前大运河旅游的深度开发不够，未能形成叫得响的旅游品牌。原因是大运河文化旅游开发也存在各自为政，导致条块分割、相互竞争的现象，缺少将中国大运河作为一个整体规划打造文化旅游产品的机制，未形成协同发展态势。文旅融合大背景下，大运河作为承载了千年时光，具有厚重文化积淀的旅游产品，亟需塑造一个统一的旅游品牌。《大运河文化保护传承利用规划纲要》提出要整体打造具有国际影响力的"千年运河"文化旅游品牌体系。笔者认为大运河旅游应该打出"上北京看长城，下江南游运河"的品牌。这一创意取自帝王南巡，过去皇帝南巡都是沿着运河，民间传说较多的是隋炀帝下江南、乾隆皇帝下江南的故事，因此，将"下江南"与"上北京"对照起来，更具有宏观的意义，吸引全国的游客。同时将长城与大运河这两项世界遗产放在一起宣传，更可以吸引国外的游客，使大运河成为国际旅游目的地。在统一的品牌下，还要构建各具特色的城市品牌，避免同质化竞争。如天津"天子渡口 河海津韵"、济宁"孔孟之乡 运河之都"、洛阳"运河古都 牡丹花城"、无锡"江南水弄堂 运河绝版地"、苏州"悠扬运河 天堂苏州"、嘉兴"运河水城 秀美嘉兴"等城市品牌。

据统计，2018年江苏段大运河遗产河道、遗产点和主航道所在区县游客量达8.8亿人次，旅游总收入1.3万亿元，但涉及运河本体的旅游产品并不多，城市间相互合作的旅游项目更是严重缺乏。因此需要打破行政区划，整体规划大运河旅游，如从山东微山湖到浙江杭州这一段，不但全线通航，而且沿岸文化景点众多，生态环境优美，可以推动沿线城市联合打造运河旅游品牌，将岸上的景点通过水路串联起来，形成联动效应。这方面，江苏省已进行了有益的探索，在2019年5月召开的江苏省大运河文化旅游博览会上，"大运河美食联盟"和"大运河城市全媒体联盟"正式成立，《江苏大运河文化旅游消费白皮书》、首批"十佳文旅示范单位"、7个大运河重点投资项目、24道大运河地标美食等相继发布。国际运河城市文化旅游精品展达成合作意向238个，旅游装备展现场销售近700台（套）产品，房车、游艇等参展企业达成合作意向365个。江苏文投集团还与世界运河历史文化城市合作组织等签署8项与大运河文旅投融资相关的合作协议。当然在大运河文化带建设中，其他的研究项目、宣传推广项目、公众

图 8-24　江苏省组织的文旅合作论坛

参与项目、教育项目、展示项目也需要运河沿线城市的联合打造。

扬州要在此基础上，尝试更大范围的文化旅游品牌打造，联合沿线城市打造一个在全球叫得响的运河旅游品牌，并开辟一些跨地区的运河旅游线，如大运河水工之旅、大运河古镇游、大运河宗教文化遗产游、大运河商业遗存游、大运河工业遗存旅游等，在国际旅游市场上争取大运河应有的地位。同时，扬州还可牵头成立大运河旅游营销联盟，开展大运河旅游产品品牌塑造和推广营销活动，推动大运河成为与万里长城、丝绸之路齐名的中华文化旅游经典品牌（图 8-24 ～图 8-26）。

（二）联合发展运河文化产业

大运河代表了中国人的创造精神，应深入挖掘大运河沿线的优秀文化资源和深厚文化底蕴、创新创意思想，构建一个中国文化产业发展的高地。只有在保护挖掘现有运河文化资源的基础上，才能创造出大运河文化的新内涵。大运河沿线城市应在保持大运河遗产的真实性、完整性的基础上，将运河遗产和资源转化为具体的文化产品，在生产实践中既保留运河文化的本真性，又将文化内涵和运河价值融入物质产品中，打造运河文化产业带。大运河文化带建设就是要用文化来带动运河城市带构建，带动运河经济带构建，要在保护、传承的基础上进行合理利用，利用大运河的交通动脉和文化廊道的功能，整合各地运河文化资源，发展高端产业，建设中国东部地区文化产业带，拓展中国东部发达地区的运河经济，打造运河经济增长带。

图 8-25　江苏省文化旅游博览会

在发展运河文化产业时，扬州需要与其他城市错位竞争，利用扬州的资源优势，发展具有自身特色的文化产业，而不能人云亦云，不顾自己的资源状况，追着跟风。扬州的传统工艺比较发达，非遗项目较多，应该在非遗项目的生活化传承、生产化发

图 8-26 运河古镇游

展上走出自己的特色之路。扬州的旅游资源丰富，加上大运河这一世界级的文化符号，可以打造国际旅游目的地城市。扬州生态环境良好，又处于长三角的纵深地带，可以作为上海等一二线城市的白领休闲度假的后花园。同时，扬州还要联合其他运河城市共同打造跨地区的文化产业园区，根据同类相融、上下游相配套的原则，错位竞争，构建不同功能的文化产业园区，形成大运河文化产业廊道。在2018年世界运河城市论坛上，由设在扬州的世界运河历史文化城市合作组织主导，扬州蜀冈—瘦西湖风景名胜区、杭州西湖、北京颐和园等运河城市景区联合发起建立运河城市精品景区合作机制，联合打造大运河旅游精品新线路，大运河沿线省、市间文化产业发展的联动日益活跃（图8-27～图8-30）。

图 8-27 杭州桥西运河文化产业园

图 8-28 宿迁运河文化园

图 8-29 北京南新仓历史文化街区

图 8-30 常州运河五号文化产业园

（三）联合打造运河城市带

大运河文化带建设的提出是一个战略性的举措，绝不仅仅是文化建设的内容，大运河连接起"沙漠丝绸之路"和"海上丝绸之路"，构成我国对内对外经济文化交流的一个闭环。我国对外提出"一带一路"建设，对内提出大运河文化带建设，都是一个统的概念，聚合的作用，将不同区域的经济文化资源统一在一个共同的目标下去推进，将京津冀地区、长三角地区，加上山东、河南、安徽这些东部发达地区放在同一个文化带、同一个经济带、城市带去整合发展。

据全国政协文化文史委员会调研组的数据，2018年，大运河沿线8省市文化产业增加值已超过全国的50%；文化产业增加值占8省市GDP比重达到5%以上，高出全国平均水平近1个百分点；沿线有93个5A级景区，1217个4A级景区，旅游总收入超过5万亿元，大运河沿线已经成为我国文化和旅游业发展的脊梁带。大运河文化带建设就是要求大运河沿线城市通过文化立足，通过整合大运河文化资源，形成高品位、高效益的文化型城市群。

江苏省社科院副院长陈爱蓓在《大运河文化带（江苏段）建设与城市发展》一文中提出：大运河江苏段的三大都市圈——苏锡常都市圈、南京都市圈、徐州都市圈，可以通过大运河串联起大运河江苏段城市群，在大运河文化带建设中江苏三大都市圈要联动发力。她建议省委、省政府层面要推动三大都市圈就大运河文化带建设、大运河国家文化公园的协同创新。她提出，大运河城市群需要文化立群，在大运河文化带建设的背景下，全面梳理沿线城市文脉，整合多样的文化资源，以文化事业和文化产业为载体，培育积极协作的城市群文化机制，使之在区域一体化中发挥更大的作用。

充分发挥大运河重要节点城市的窗口作用,促进大运河城市的国际人文交流。在信息化的基础上,推进商业网点、医疗机构以及国家公园、博物馆、图书馆、印象记忆馆等为市民提供精神文化服务的公共文化设施建设,把大运河城市群都市圈打造成一个宜居、宜业、宜游的优质生活圈。[1]建设大运河文化带形成的统领协调作用,可以帮助各个城市结合自身特色,构建不同功能的文化产业园区,打造不同的运河文化旅游品牌,避免同质化竞争。

扬州要从本地文化旅游资源特点出发,通过联合发展,找到自己城市的准确定位,实现合理的分工,形成分工协作的机制。运河沿线都是经济强省、文化大市,可以通过运河文化的建设推动运河经济的发展,打造东部地区经济增长极。扬州要寻找自身在长三角城市群和大运河沿线城市群中的定位,立志服务提升自身的地位,积极将自身融入大运河沿线城市带建设中,将大运河文化融入经济建设中,同时通过运河经济的大发展,推进运河文化的大繁荣,实现经济与文化的相互促进,实现文化强市的目标(图8–31~图8–33)。

图8–31 大运河城市发展

图8–32 2017年世界运河企业合作论坛

图8–33 扬州协同创新研究院

(四)联合建设大运河国家文化公园

就在本书交稿前,2019年的金秋九月,以"运河文化的保护传承与利用"为主题的世界运河城市论坛和世界运河大会如约而至。世界运河城市论坛诞生在扬州,2019年已是第13次在扬州举办,而世界运河大会也是五年来第二次在扬州召开。扬州用自

---

1 陈爱蓓.大运河文化带(江苏段)建设与城市发展[C].大运河文化带建设智库峰会论文集,2019.

己的行动确立了自己在世界运河城市中的龙头地位,以世界运河城市论坛和世界运河大会为平台,以运河为媒,与世界各运河城市深化交流合作、促进文化互鉴,为千年世界文化遗产留下时代华章和扬州烙印,为传承中华文脉展现扬州作为、交出精彩答卷,为全球运河保护、传承、利用贡献中国智慧和扬州实践,携手开创世界运河城市发展更加美好的未来(图8-34、图8-35)。

图8-34 2019世界运河城市论坛暨世界运河大会现场

图8-35 运河花船巡游

2019年7月24日,中央全面深化改革委员会第九次会议审议通过了《长城、大运河、长征国家文化公园建设方案》。按照《建设方案》,大运河国家文化公园根据文化遗产和文化资源整体布局、禀赋差异及周边人居环境、自然条件、配套设施等情况,结合国土空间规划,重点建设管控保护、主题展示、文旅融合、传统利用四类主体功能区。一是管控保护区。由文物保护单位范围、世界文化遗产区及新发现发掘文物遗存临时保护区组成,对文物本体及环境实施严格保护和管控,对濒危文物实施封闭管理,建设保护第一、传承优先的样板区。二是主题展示区。包括核心展示园、集中展示带、特色展示点3种形态。三是文旅融合区。由主题展示区及其周边就近就便和可看可览的历史文化、自然生态、现代文旅优质资源组成。四是传统利用区。即传统生活生产区域,合理保存传统文化生态,适度发展文化旅游、特色生态农业,适当控制生产经营活动,逐步疏导不符合建设规划要求的设施、项目。

大运河国家文化公园建设主要包括四大任务。一是修订制订法律法规。推动保护传承利用协调推进理念入法入规,也就是要推动大运河河流域性立法,同时要求沿线省市也要结合实际修订制定配套的法规规章。二是编制建设保护规划。按照多规合一要求,结合国土空间规划,编制大运河国家文化公园建设保护规划,要求相关省市也要对前期规划建议进行修订完善,形成区域规划。三是实施文物和文化资源保护传承利用协调推进基础工程。主要包括保护传承、研究挖掘、环境配套、文旅融合、数字再现五个基础工程。四是完善建设管理体制机制。构建中央统筹、省负总责、分级管理、分段负责的工作格局。目的就是要通过大运河国家文化公园的建设，以大运河沿线一系列主题明确、内涵清晰、影响突出的文物和文化资源为主干，生动呈现中华文化的独特创造、价值理念和鲜明特色，促进科学保护、世代传承、合理利用，积极拓展思路、创新方法、完善机制，做大做强大运河中华文化重要标志。

2019年9月27日，大运河国家文化公园建设推进会在江苏扬州召开。文化和旅游部党组书记、部长雒树刚在会上提出，要重点建设大运河管控保护、主题展示、文旅融合、传统利用四类主体功能区，实施保护传承、研究挖掘、环境配套、文旅融合、数字再现五个基础工程。建设大运河国家文化公园要坚持保护第一、传承优先、规划先行，不能一哄而上、盲目投资；要借鉴江苏省加强组织推动、规划引领、政策支持、文化研究等方面好的经验做法；要以大运河沿线一系列主题明确、内涵清晰、影响突出的文物和文化资源为主干，生动呈现中华文化的独特创造、价值理念和鲜明特色，促进科学保护、世代传承、合理利用，积极拓展思路、创新方法、完善机制，做大做强大运河中华文化重要标志；要积极探索新时代文物和文化资源保护、传承、利用的新路，使大运河国家文化公园成为宣传大运河文化、展示中国形象、展示中华文明、彰显文化自信的亮丽名片。

同日，大运河国家文化公园标志在运河三湾风景区东门广场揭幕。该标志是由汉字运河组成的水纹，水纹可以首尾连接，连续不断，象征大运河绵延不断地从历史中缓缓流向未来。作为大运河遗产保护管理的牵头城市，大运河扬州段是全线历史最为悠久、文化遗存最为丰富、活态利用最好的段落，具备开展大运河国家文化公园建设试点的良好条件，既要奋力打造大运河国家文化公园江苏段的先导工程和样板工程，又要联合沿线城市，注重强化运河文化内涵、底蕴、特色与亮点，协调好相互之间的关系，建立统筹保障机制，共同建设大运河国家文化公园，在大运河国家文化公园的建设中体现扬州的时代担当（图8-36、图8-37）。

作为我国国家文化公园试点中的重要项目，大运河国家文化公园建设目前还没有先例可循，扬州要走在前列，当好示范，必须靠我们在实践中进行探索。笔者认为，打造大运河国家文化公园"扬州样板"有以下几条路径。

一是坚持保护第一、生态优先。严格落实保护为主、抢救第一、合理利用、加强管理的方针，真实完整保护传承运河文化，保护好扬州段列入世界遗产的151公里河道和10个遗产点，保护好运河其他文物和运河非遗等文化资源，保护好运河生态，修复运河生态环境。要结合国土空间规划，对各类文物本体及环境实施严格保护和管控，

图 8-36　大运河国家文化公园推进会　　　　图 8-37　大运河国家文化公园标志碑

严防大拆大建、监管失控,合理保存传统文化生态,注重对文化元素、建筑材质、环境景观的融合协调,完美展现运河风貌。要以保护为目的,以传承为手段,以利用为载体,适度发展运河文化旅游、特色生态产业。

二是坚持文化引领、研究先行。加强对运河文化的研究,深入挖掘大运河的精神内涵,推进运河学的建立,整合市内各种研究力量,成立大运河研究会,使扬州成为中国大运河研究的中心。要大力传承运河文脉,利用扬州运河文化中开放、包容、创新的思想,塑造新时期城市精神,传承扬州运河文化蕴含的崇文尚德的思想观念,传承包容开放创新的人文精神,仁爱爱人的道德规范,为扬州高质量发展提供精神支柱和力量源泉。要突出活态传承和活化利用,促进运河文化的创新性传承和创造性发展,大力发展运河文创产业,充分体现运河文化中的创新创造精神,并应用到经济社会发展中,促进时代进步。

三是坚持总体设计、统筹规划。坚持规划先行,突出顶层设计,统筹考虑资源禀赋、人文历史、区位优势、公众需求,与现有的运河保护相关法律法规相衔接,发挥大运河文化的综合效应。由于大运河是跨省域、跨部门的重点保护项目,还要注重跨地区跨部门协调,要推动省和中央层面建立健全工作协调协商机制,要加强与省内其他参与大运河国家文化公园试点的苏州、无锡、淮安等运河城市的对接。扬州大运河国家文化公园试点规划既要注重与扬州正在推进的公园城市建设相协调,也要注重与扬州其他历史文化资源的整合,通过国家文化公园的建设,融入多元城市功能,带动扬州整体复兴和城市活力的提升。当前,扬州市在中国大运河博物馆周边地区规划的三湾文旅文创片区,注重规划建设历史文化与现代文明交相辉映、国家标志与地域特色有机结合、个体建筑与山水环境高度协调,就充分体现了总体设计,两规合一的理念。

四是坚持以人为本,还河于民。建设好大运河国家文化公园,终究是为了推动大运河的保护、传承与利用，增进社会对中华优秀文化的理解和认同，促进文化与生态、城乡建设的协同发展。大运河是人民的大运河，要将大运河文化公园建设与人民群众精神文化生活深度融合、共建共享，通过建立运河绿带、运河步道，让大运河成为群众的生活乐园；通过构建多层次的运河遗产展示体系和讲解体系，为全国乃至全世界人民提供平等的参观、体验机会；通过积极发动各类社会组织、广大志愿者参与运河遗产保护和运河文化传播，让人民群众参与保护和共享运河文化，最大限度调动各方积极性，实现共建共赢。

五是坚持两规合一，同频共振。大运河国家文化公园的建设要选择大运河文化带中那些在全国乃至世界范围内具有突出文化价值、鲜明文化特色、重要文化影响的"最扬州"元素，从而充分体现大运河的真实性、完整性、延续性。要处理好大运河国家文化公园建设与大运河文化带建设的密切关系，大运河国家文化公园是"带上的明珠"，应以运河本体为中心的园、带、点等建设为重点，以中国大运河博物馆为代表的文博园馆展示区为载体，展示扬州段运河的代表性文化。建议我市将大运河文化带与大运河国家文化公园的建设两规合一，将大运河国家文化公园试点纳入大运河文化带建设规划之中，以国家文化公园建设为突破口，带动大运河文化带的建设，探索出保护、传承、利用大型线性文化遗产的"扬州模式"。

大运河国家文化公园建设功在当代，利在千秋，扬州要加强统筹协调，突出规划引领，坚持"点、线、面"相结合，切实加大投入，高标准高质量推进大运河国家文化公园建设，着力以经典之作呈现千年运河深厚底蕴，以精品项目焕发运河生机活力，奋力打造大运河国家文化公园江苏段的先导工程和样板工程，努力为全国推进国家文化公园建设探索路子、积累经验，为谱写新时代大运河文化保护传承利用新篇章贡献"扬州智慧"，创造"扬州经验"。

中华人民共和国成立70周年前夕，围绕大运河文化保护、传承、利用，扬州还举办了三项活动：一是9月28日举行的大运河文化带建设智库峰会。来自中国文化遗产研究院、南京博物院、江苏省水利厅的专家，分别围绕大运河文化遗产的保护、利用、展示等主题发表演讲。二是运河文化嘉年华。"2019运河文化嘉年华"于9月26日至10月6日举行，以"千年运河·精彩生活"为主题，旨在进一步保护好、传承好、利用好大运河历史文化资源，塑造好"千年运河"的文化旅游品牌。根据计划安排，嘉年华在宋夹城景区、古运河、扬州"三把刀"集聚区、运河三湾景区、生态科技新城五大区域举行，共计19项活动，受到了国内外运河沿线城市代表和扬州市民及外地游客的追捧。内河航道国际组织主席大卫·爱德华兹·梅说：扬州是一座令人印象深刻的运河城市,通过这场盛会,扬州向世界传递出一个强有力的信号,共商共建共享文化遗产的概念。三是运河城市文化旅游企业家峰会。此次峰会包括7大板块:运河城市文化旅游企业家峰会、运河景区发展论坛、运河酒店高峰论坛、运河餐饮传统文化与创新发展论坛、运河剧院发展论坛、大运河文旅基金投资圆桌会议和运河文化美食交流等(图8-38~图8-40)。

在大运河迎来又一段新的发展史的关键时刻,扬州又站在了新的制高点上。大运河将使扬州迎来新的发展机遇。在新的目标下,"运河长子"扬州开始了一段新的征程。新时代的扬州人一定会牢记使命担当,奋力拼搏,书写出璀璨的新时代运河壮美诗篇。

图8-38 运河嘉年华

图8-39 运河城市文化旅游企业家峰会

图8-40 大运河文化带建设智库峰会

附 录

决胜多哈：大运河申遗成功现场亲历记

2019 年是中国大运河申遗成功五周年。2014 年的 6 月 22 日,中国大运河在第 38 届世界遗产大会上申遗成功(图 1、图 2)。五年后的 2019 年 6 月 22 日,作为原大运河联合申遗办专职副主任、亲身参与大运河申遗成功的最后 45 小时的笔者追忆申遗往事,回想起决胜多哈的关键时刻,回顾那惊心动魄却骄傲荣光的时刻,满怀深情地写了一篇回忆文章《决胜多哈:大运河申遗成功现场亲历记》。

图 1　第 38 届世界遗产大会现场

图 2　第 38 届世界遗产大会会场门厅俯瞰

2014年6月15日，第38届世界遗产大会在卡塔尔首都多哈开幕。根据大会提供的资料，成员国向大会提交了40项关于加入自然或文化世界遗产名录的申请报告，其中包括9项自然遗产申请、2项自然与文化双重遗产申请、29项文化遗产申请。中国向本届大会提交了"中国南方喀斯特二期"自然遗产申请和"大运河"文化遗产申请，还与吉尔吉斯斯坦、哈萨克斯坦联合提交了"丝绸之路：起始段和天山廊道的路网"文化遗产申请报告。由于在先前的ICOMOS（国际古迹遗址理事会，专门负责世界文化遗产申报项目的考察）考察报告中对大运河的意见是建议补充材料来年再报，因此，中国代表团事先准备了两套新闻通稿，一套是成功的，一套是不成功的。但中国代表团是带着力争翻盘的任务去的，国家文物局有关人士表示有信心争取大运河列入世界遗产名录。我作为中国代表团的一员，参加了第38届世界遗产大会，亲历了大运河申遗成功的最后时刻。

经过前面几天的会议议程，当地时间6月20日下午4点，第38届世界遗产大会开始申报项目的审议（图3、图4），首先审议的是文化遗产项目，第一个项目是巴勒斯坦的耶路撒冷河谷葡萄园和橄榄园文化景观项目，ICOMOS代表苏珊介绍项目并陈述评估结果，建议意见是不予列入，黎巴嫩代表发言要求考虑到这一遗产受到战争的威胁，建议立即列入，土耳其、塞内加尔也支持，但后来德国要求秘密投票，芬兰和克罗地亚支持此动议，因此启动了秘密投票程序。5点半，投票开始，结果7票弃权，14票有效票中11票赞成，3票反对，大会仍通过该项目列入世界遗产名录。第一个项目就成功翻盘，在场的中国同仁都说，但愿大运河也能成功翻盘。第二个项目是加纳的一个文化景观项目，审议中又闹出了笑话，在讨论中，印度代表要求加纳代表发言，但加纳代表不在现场，到处找不到。最后，会议决定同意ICOMOS的意见，重新申报。

21日上午9点，大会继续审议，第六个项目是日本加塞进来的富冈丝织厂遗址项

图3　中国代表团在会场上

图4　大运河联合申遗办代表团在会场上

目。接着又审议了几个项目，当地时间中午 12 点，大会主席宣布上午议程基本结束。就在大家都认为下午第一个项目会是大运河项目时，风云突变，大会主席宣布，下午有几个国家的项目提出要提前审议，有墨西哥的、法国的、越南的、韩国的共 5 个项目。如果这样，当天就没有时间审议大运河项目了。可我们大运河联合申遗办的成员已订好当天夜里的机票，并退掉了宾馆，如果再推迟到第二天，就不能见证大运河申遗的关键时刻了。中国代表团向执行主席提出申诉。午饭时，大家都在焦急地等待组委会的回复。同时代表团请示了领导，领导同意延期。于是退掉了机票，重新订了宾馆，就是为了见证大运河申遗的结果。

下午会议重新开始，执行主席换成塞内加尔的人。针对上午提出的 5 个项目提前审议，哈萨克斯坦代表提出会议议程不能随便改，中国大运河沿线几个城市的代表是按会议的议程定的行程，当晚的机票都买好了，如果更改议程，就不能现场参加运河项目的审议了。当主持人宣读了当天下午的审议名单，大运河项目的审议又被推到第二天了！国内许多报纸都留下了版面，央视甚至在新闻联播和晚间新闻都留下了空间，因此纷纷打电话询问前方代表团，听到大运河和丝绸之路项目被推迟审议的消息大家都在抱怨。但有人认为这对大运河未必不是好事。

经过一夜的等待，22 日早晨一起来就收到国内同事发来的一则消息说：余杭新闻网登载了消息，大运河与丝绸之路已经申遗成功了，中国拥有 47 项世界遗产了。原来是杭州代表团的同志前一天回去了，不了解现场的情况，想当然地认为按时间进度，大运河和丝绸之路项目申遗成功了，闹出个乌龙。在哭笑不得之余，我们认为这是给大运河申遗项目发了一个吉兆。

上午 9 点，会议开始了，主持人宣布当天要讨论剩下的 24 个项目，因为项目多，建议大家节约时间。会场上发出了当天讨论的项目排序表，大运河排到了第二个。北京时间 22 日 14 点 30 分，多哈当地时间 22 日 9 点 30 分，大运河项目开始审议了。法国专家米歇尔代表 ICOMOS 介绍大运河项目，大运河项目的 PPT 做得实在太漂亮了，淮扬运河、五亭桥等大运河的图片简直将其他遗产都盖了，我们一下子感到信心爆棚（图 5、图 6）。在会场上，我一边听，一边通过 QQ 向国内同仁直播审议的进程。米歇尔对大运河的介绍真详细，都超时 5 分钟了，还在说真实性、完整性。还好主持人也听得入迷了，没有叫停。终于介绍完了，但 ICOMOS 的建议是补充材料再报。牙买加代表发言了，认为 ICOMOS 提的意见可以在成为世界遗产后再进行完善。印度代表与哈萨克斯坦、马来西亚、葡萄牙的代表纷纷发言，都支持立即列入。黎巴嫩代表提出在中国大运河符合世界遗产的标准中再增加一条："符合第六条标准：与具特殊普

图 5　ICOMOS 代表介绍中国大运河项目

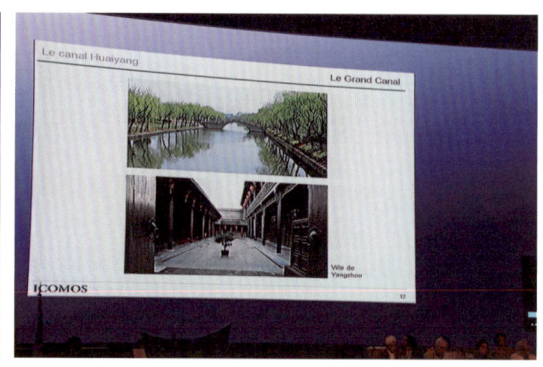

图 6　扬州古邗沟及卢氏盐商住宅展示在世界遗产大会现场

遍意义的事件或现行传统或思想或信仰或文学艺术作品有直接或实质的联系。"这又是为大运河加分的建议。还有国家代表认为 ICOMOS 提出的缓冲区问题可以在大运河列入世界遗产名录后解决。中国代表团副团长、时任国家文物局副局长童明康陈述了对 ICOMOS 代表提出意见的回复，表示中国政府有信心保护好大运河。ICOMOS 代表米歇尔对各国意见进行回应，他解释说因为大运河体量太大，牵涉遗产较多，本来建议 Refer（补充材料再报），给大运河更多的时间准备，但认为中国大运河的价值是举世公认的。米歇尔话音刚落，主持人卡塔尔公主玛雅萨就敲响了锤子，宣布大运河列入世界遗产名录。成功了，全场一下子沸腾了。中国代表激动地拥抱庆祝，各国代表纷纷来到中国代表团席，向中国代表团表示祝贺。时间定格在当地时间 22 日 10 点 20 分，北京时间 22 日 15 点 20 分，8 年的努力终于得到了回报，现场许多人喜极而泣（图 7～图 9）。通过大量的工作和艰辛的努力，中国大运河终于申遗成功，把大事办好、把难事办成，体现了国家有关部门和大运河沿线各级政府"敬终为始，善作善成"的精神，彰显了各级政府和文物工作者敢于担当的品格和攻坚克难的作风，证明了大运河遗产保护前所未有的凝聚力和向心力。

紧接着，中国与哈萨克斯坦、吉尔吉斯斯坦三国共同申报的丝绸之路项目也成功了，中国的世界遗产数量达到了 47 项，跻身世界第二位。

会议结束了，我们打算拿出事先准备好的横幅庆贺时，才发现由于宾馆退了又订，匆忙中从国内带来的横幅找不到了，好在联合申遗办的老主任顾风先

图 7　大会执行主席卡塔尔玛雅萨公主宣布大运河列入世界遗产

图8　中国代表团副团长、国家文物局副局长作表态发言

图9　外国代表纷纷向中国代表团表示祝贺

生事先准备了几幅书法作品：大运河申遗梦想成真、沟通江海、积健为雄等。我与扬州代表团冬冰局长、刘尚杰处长等人在会场上将其展示出来，现场很多国家的代表都争相拍照（图10、图11）。

在大家纷纷庆祝的时候，我的手机响个不停。作为大运河联合申遗办的专职副主任，我与国内许多媒体都保持着热线联系，他们纷纷打电话表示祝贺，并对我进行电话采访。我记得我说的最多的一句话就是："文化遗产保护永远没有终点，我们一直在路上。"在接受《北京青年报》记者采访时，我说："大运河申遗成功只是新的开始，保护管理的担子更重。我们将按世界遗产的标准，保护好扬州段运河遗产。同时，积极将大运河联合申遗办改名为大运河遗产保护管理办公室，继续承担大运河沿线遗产的保护管理牵头协调工作。"

图10　联合申遗办代表在现场庆祝

图11　作者与童明康副局长在大会现场合影

对《扬州晚报》的采访,我说了以下这段话:"在大运河申遗过程中,我们打了一仗又一仗,离不开市委市政府的重视,全体申遗人的努力,相关单位的配合。"我还说:"作为大运河申遗牵头城市,扬州在过去的8年身先示范,赢得尊敬。放眼未来,如何继续发挥好牵头城市的作用,引领全线做好运河遗产的保护和利用,已成为扬州人肩头的时代使命和责任。"

如今,在大运河成功申遗,使世界遗产的保护理念在中国8省(市)、13个部门和占中国总人口六分之一的人群中得到广泛传播并深入人心的基础上,以习近平总书记为核心的党中央又提出了建设大运河文化带的构想,开启了大运河保护、传承、利用的新征程,大运河必将焕发出新的生机与活力(图12)。

图12 大运河的壮丽景观

大运河，中华民族的母亲河；大运河申遗，沿线人民的集体梦想和共同荣光。

谨以此文纪念那段不平凡的岁月，与大运河沿线所有参与大运河申遗事业的同仁们共勉（图13～图15）。

（原文刊登于2019年6月28日《新华日报》）

图13　作者与哈萨克斯坦代表合影

图14　第38届世界遗产大会会场外景

图15　考察中国大运河的韩国专家姜东辰与中国代表在世界遗产大会现场合影

后 记

　　这本书是"中国大运河系列"的第四本书。在完成了"中国大运河三部曲"的出版后，有朋友建议我写一部关于扬州运河的书。其实作为很长一段时间负责大运河联合申遗及扬州段申遗工作的文化人，早就想写扬州运河，但一直缺少动笔的勇气。一是感觉写扬州运河的书已有不少，特别是介绍扬州运河的历史，记叙扬州大运河申遗过程的书籍这些年出了好几部；二是面对浩瀚而久远的扬州运河史，心存敬畏，一直不敢动笔。扬州与大运河的关系太密切了，扬州的一切都离不开运河。扬州历史上西汉、隋唐、清代的三度辉煌都是运河的恩赐。进入新的时代，扬州提出了建设"人们心目中的扬州"、"世界人民向往的扬州"，争创城市"第四次辉煌"的奋斗目标。争创"第四次辉煌"离不开大运河，离不开对运河文化的传承、弘扬和利用。经过这两年多的大运河文化带建设实践，我深切地体会到目前还没有一部从运河文化的角度来解读扬州运河的书。有感于扬州运河文化的博大精深，得益于在扬州市文广新局工作的这两年时间，参与大运河文化带建设，对扬州的运河文化及文化带建设的进程有了一定的了解，回到市委宣传部工作后又全面接触到扬州的大运河文化带建设，特别是与分管文化带建设的李广春先生、周学军先生的多次交流，终于让我下决心写一部关于扬州运河文化的书。从2019年3月开始，到2019年9月底完成了写作。原来定的书名为《"运河长子"的时代担当——扬州运河文化与大运河文化带建设》，后来经出版社的老师提醒，改为《中国大运河·扬州》，与前面的"中国大运河三部曲"形成系列。正赶在2019年世界运河城市论坛举办之际交稿，也算是献给中华人民共和国成立70周年的一份薄礼。

　　本书既有本人在大运河联合申遗办工作期间积累的关于扬州运河的演变史和对扬州牵头大运河申遗过程的亲身经历的回顾，又有对扬州运河的遗产价值及扬州运河非遗的介绍，更有对扬州运河文化资源及扬州运河文化特点的分析。特别是从大运河文化带建设角度对扬州运河文化的保护传承利用进行了全面的论述，这部分内容主要来

后记

源于近两年来笔者关于大运河文化带建设的研究成果,有些内容在学术期刊及报纸上发表过,有些是首次面世。本书既介绍扬州运河的历史,又分析扬州运河今天的遗存情况及扬州运河文化的特征,进而展望扬州运河的未来。通过对扬州运河文化特点的剖析,提出扬州运河文化对城市高质量发展的作用,从而让读者既能够了解到博大精深的扬州运河文化,又能感受到今天的扬州大运河文化带建设火热的现实。特别是本书对当前正在开展的大运河文化带建设进行了探讨,对扬州大运河文化带建设的实践进行了回顾与分析,提出了大运河文化带建设存在的不足,对下一步扬州的大运河文化带建设提出了目标与路径,更能为扬州运河文化的进一步发展传承弘扬提供一种思路,为大运河文化带建设提供扬州经验,为大运河国家文化公园建设提供扬州智慧。

在扬州大学、扬州市委宣传部、扬州市文广旅局、扬州市社科联等单位的帮助下,参考书目数十种,历时半年终于成稿。张廷皓、侯卫东、吴家安、安作璋、刘士林、荀德麟、赵昌智、张谨、赵云、冬冰、谢青桐、孟瑶等诸位先生在此之前对运河文化和扬州文化所作的研究给予我正确的方向指引。本书参考了国家发改委编制的《大运河文化保护传承利用规划纲要》、环境部和生态资源部编制的《大运河环境生态修复规划》及扬州市发改委编制的《大运河文化带扬州段建设规划》(征求意见稿)。本书的写作过程中得到了张谨博士、黄晓帆先生、李广春先生、王克先生在资料收集与分析方面的大力帮助,得到了宋佑隆、宋桂杰、梁宝富、文蓉、潘娟、薛志坚、刘尚杰、陈跃、文啸、高南健、吴益群、张芸、张益、孙明光、杨萍、朱育林、李国耀、马嬿、朱翔龙、刘奇斌、崔金、周泽华、黄建军、崔佳明、高干、李响、沈娟娟、江勇、陈相辉、李相林、尤萌、华斌、赵桂左、周倩、董辉、刘江瑞、张卓君及大运河沿线城市的同行在图片、制表等方面的大力帮助,在此一并致谢。感谢中国建材工业出版社章曲等编辑老师的辛勤劳作。特别是要感谢我的老师、原国家文物局副局长、中国文化遗产研究院院长刘曙光先生亲自为本书作序。还要感谢大运河联合申遗办及运河沿线城市一起战斗过的各位同仁。部分图片因时间久远,未能找到作者,请作者与本人联系,以便奉上稿酬。

扬州运河文化浩如烟海,希望以这样一本书来帮您浏览扬州 2500 年的运河文化,同时希望与您共同打开扬州运河文化下一个 2500 年的美丽画卷。

谨以此书献给我的父亲。

姜师立

2019 年 10 月 1 日于扬州